钱锺书的学术人生

王水照 著

中华书局

图书在版编目(CIP)数据

钱锺书的学术人生/王水照著. —北京:中华书局,2020.11
(2021.11重印)
ISBN 978-7-101-14729-2

Ⅰ.钱… Ⅱ.王… Ⅲ.钱锺书(1910~1998)-生平事迹
Ⅳ.K825.6

中国版本图书馆 CIP 数据核字(2020)第 166106 号

书　　名	钱锺书的学术人生
著　　者	王水照
责任编辑	郭时羽
出版发行	中华书局
	(北京市丰台区太平桥西里 38 号　100073)
	http://www.zhbc.com.cn
	E-mail:zhbc@zhbc.com.cn
印　　刷	北京市白帆印务有限公司
版　　次	2020 年 11 月北京第 1 版
	2021 年 11 月北京第 3 次印刷
规　　格	开本/880×1230 毫米　1/32
	印张 11　插页 6　字数 200 千字
印　　数	14001-18000 册
国际书号	ISBN 978-7-101-14729-2
定　　价	58.00 元

钱锺书先生在家中

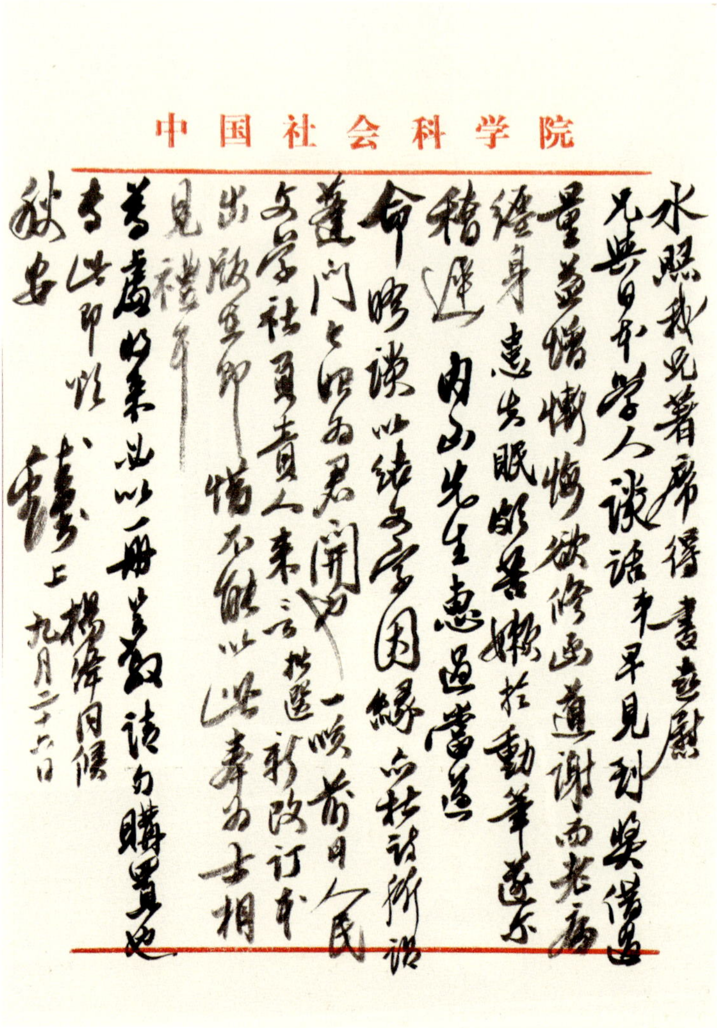
中国社会科学院

水照我兄著席：得书甚慰。兄与日本学人谈话未果，见到奖借逾量，益增惭悚。欲修函道谢，而老病缠身，远出眼昏，尚懒于动笔，遂尔稽迟。内人先生惠过，当遵命晤谈，以结文字因缘，亦杜诗所谓"蓬门今始为君开"也。一笑。前日人民文学社负责人来言，拟选新改订本出版，至印期惜不能以此奉为士相见礼耳。著为此集出，以一册奉赠，请勿购置也。专此即颂

秋安

钱锺书上 杨绛同候

九月二十六日

钱锺书先生致本书作者信件 1

当遵命晤谈，以结文字因缘，亦杜诗所谓“蓬门今始为君开”也。

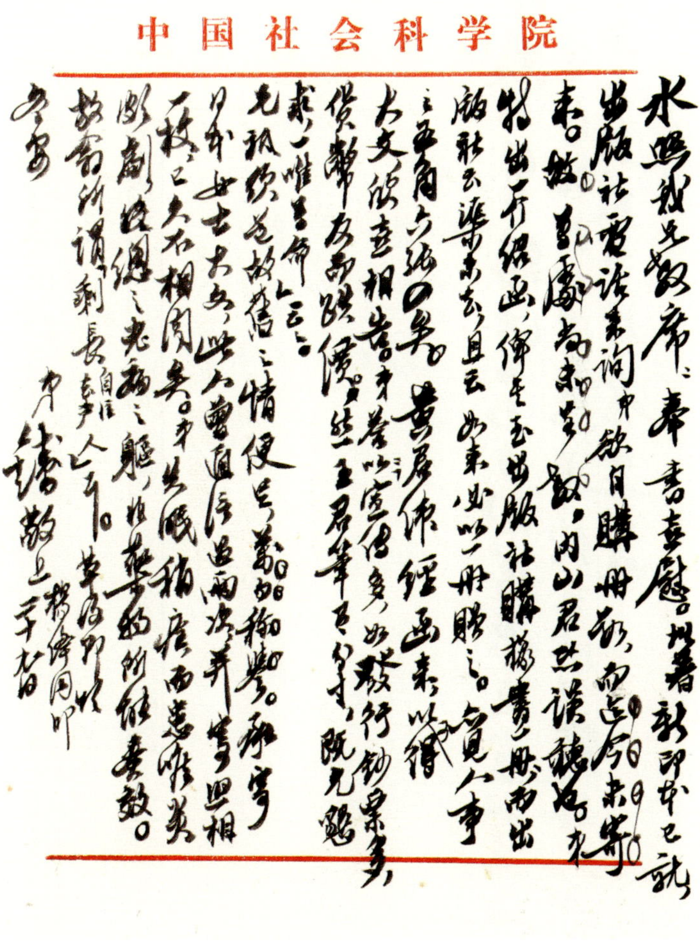
中国社会科学院

钱锺书先生致本书作者信件 2

宣传多，如发行钞票多，货币反而跌价。

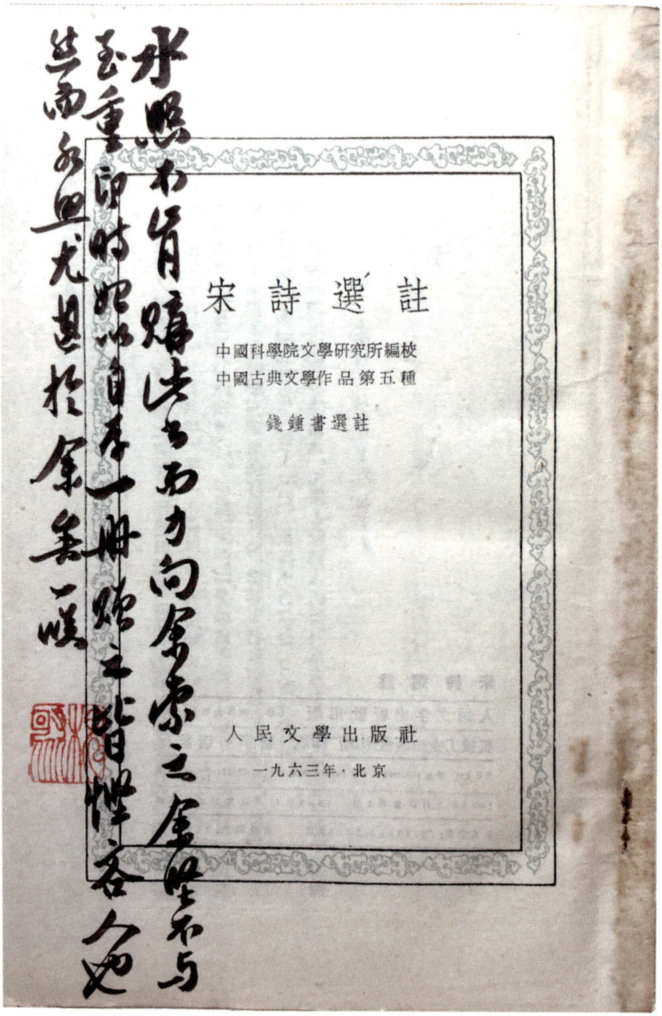

钱锺书先生赠本书作者之《宋诗选注》

水照不肯购此书，而力向余索之。余坚不与，至重印时始以自存一册赠之。皆悭吝人也，然而水照尤甚于余矣。一笑。

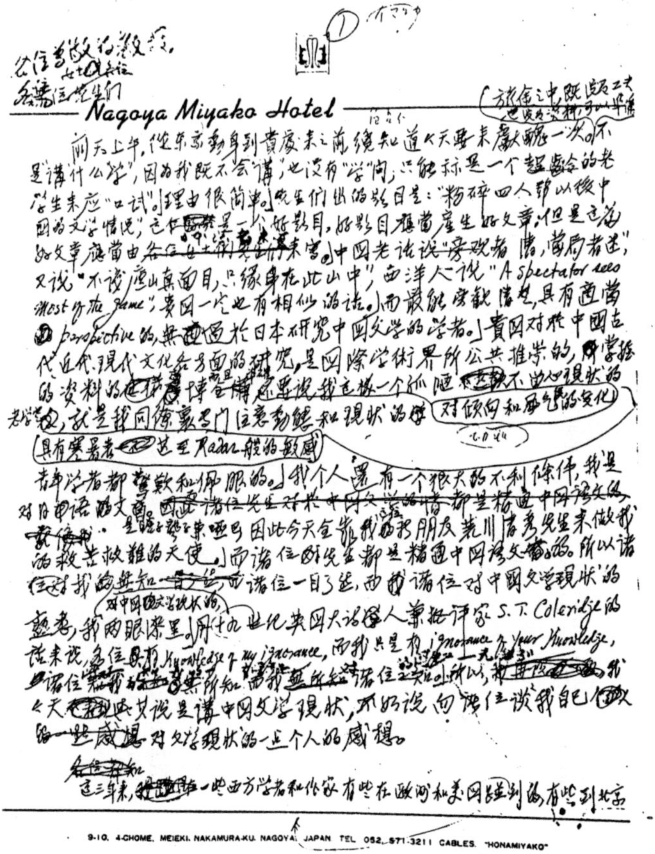

Nagoya Miyako Hotel

前天上午，從东京動身到貴處來，纔知道今天要來獻醜一次。不是講什么"学"，因为我既不会"講"，也沒有"学问"，只能算是一个超齡的老学生来应"口试"。理由很简单。先生们出的题目是："粉碎四人帮以後中国的文学情况"，这是一个好题目，好题目應當產生好文章，但是这样的文章應當由各位来寫。中国老话说"旁观者清，當局者迷"，又说"不识庐山真面目，只缘身在此山中"，西洋人说"A spectator sees most of the game"，贵国一定也有相似的话。而最能旁觀者清，具有適當的perspective的，無過於日本研究中国文学的学者。贵国对於中国古代近代現代文化各方面的研究，是国际学術界所公共推崇的，……

……我个人還有一个很大的不利條件，我是对日本语文是聾子兼啞巴，因此今天全靠我的朋友荒川清秀先生来做我的救苦救難的天使。而诸位都是精通中国语文的。所以诸位对我是知……，而我对诸位对中国文学现状的意見，我两眼漆黑。用十九世纪英国大诗人兼批评家S. T. Coleridge的话来说，各位具有knowledge of my ignorance，而我只是有ignorance of your knowledge……今天与其说是講中国文学现状，不如说向诸位谈我自己对文学现状的一些个人的感想。

这三年来，一些西方学者和作家有些在欧洲和美国碰到，有些到北京

9-10, 4-CHOME, MEIEKI, NAKAMURA-KU, NAGOYA, JAPAN TEL 052-571-3211 CABLES "HONAMIYAKO"

钱锺书先生于1980年在日本爱知大学所作学术报告手稿1/5

钱锺书先生生平讲演，不喜事先起草。唯此次因须供日语翻译准备，故写有5页手稿。分别写于名古屋都酒店及东京新大谷饭店笺纸上。文中及周边有翻译者与钱先生沟通时做的笔记。

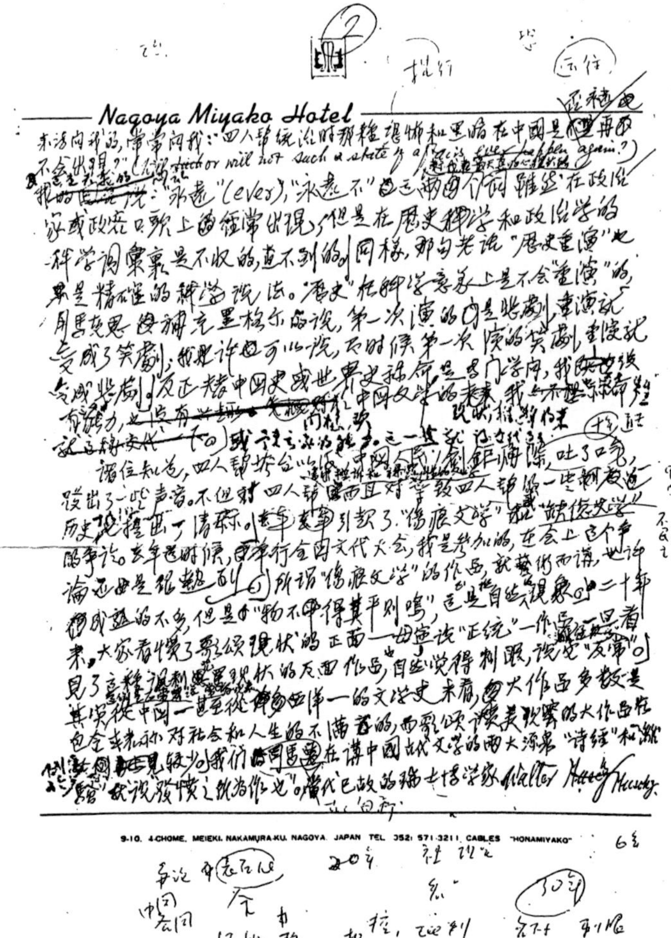

Nagoya Miyako Hotel

9-10, 4-CHOME, MEIEKI, NAKAMURA-KU, NAGOYA, JAPAN TEL. (052) 571-3211 CABLES "HONAMIYAKO"

钱锺书先生于1980年在日本爱知大学所作学术报告手稿 2/5

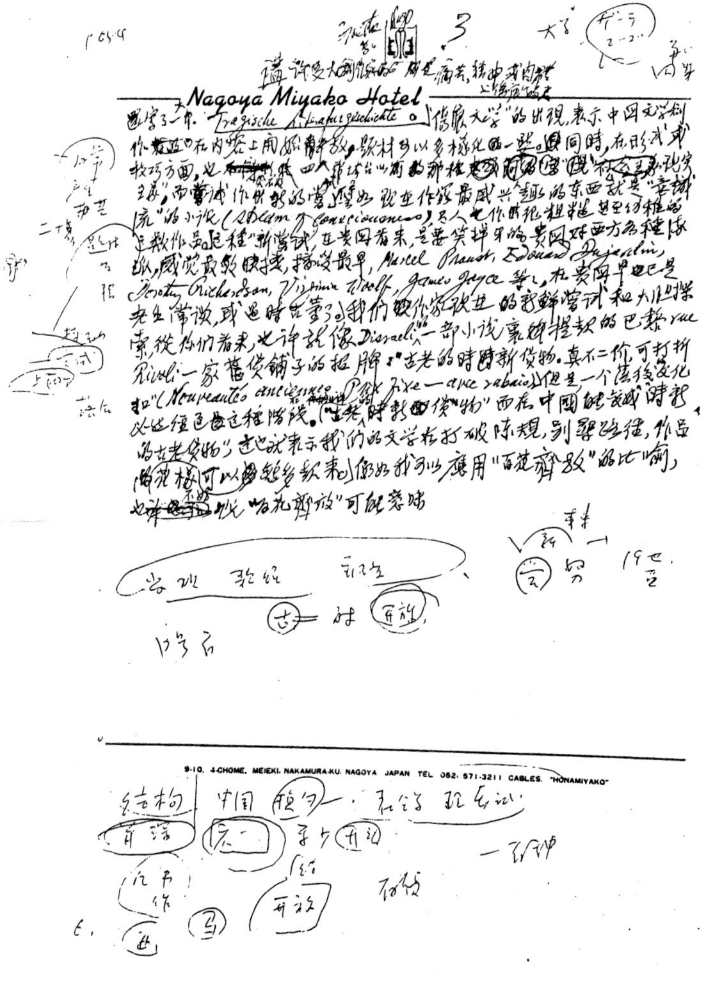

Nagoya Miyako Hotel

写了一部《Tragische Literaturgeschichte》。"伤痕文学"的出现，表示中国文学创作在内容上有所解放，题材可以多样化一些。同时，在形式或技巧方面，也……"四人帮"时期那种……"社会主义"……，而尝试作出……。许多作家最感兴趣的东西就是"意识流"的小说（stream of consciousness），有人也作出很粗糙甚至幼稚的这种作品。这种"新尝试"，在贵国看来，是要笑掉牙的。贵国对西方各种流派，感觉最敏捷，接受最早，Marcel Proust, Edouard Dujardin, Dorothy Richardson, Virginia Woolf, James Joyce 等等，在贵国早已是老生常谈，或过时古董了。我们作家现在的新鲜尝试和大胆探索，从你们看来，也许就像Disraeli一部小说里提起的巴黎 rue Rivoli 一家旧货铺子的招牌："古老的时髦新货物。真不二价，可打折扣"（Nouveautés anciennes. Prix fixe — avec rabais）。但是，一个艺术变化必然经过这种阶段："古老的时新货物"，而在中国现阶段就是"时新的古老货物"。这也就表示我们的文学在打破陈规，别辟蹊径，作品的花样可以多种多样了。假如我可以应用"百花齐放"的比喻，也不妨说"百花齐放"可能意味

9-10, 4-CHOME, MEIEKI, NAKAMURA-KU, NAGOYA JAPAN TEL 052-571-3211 CABLES "HONAMIYAKO"

钱锺书先生于1980年在日本爱知大学所作学术报告手稿 3/5

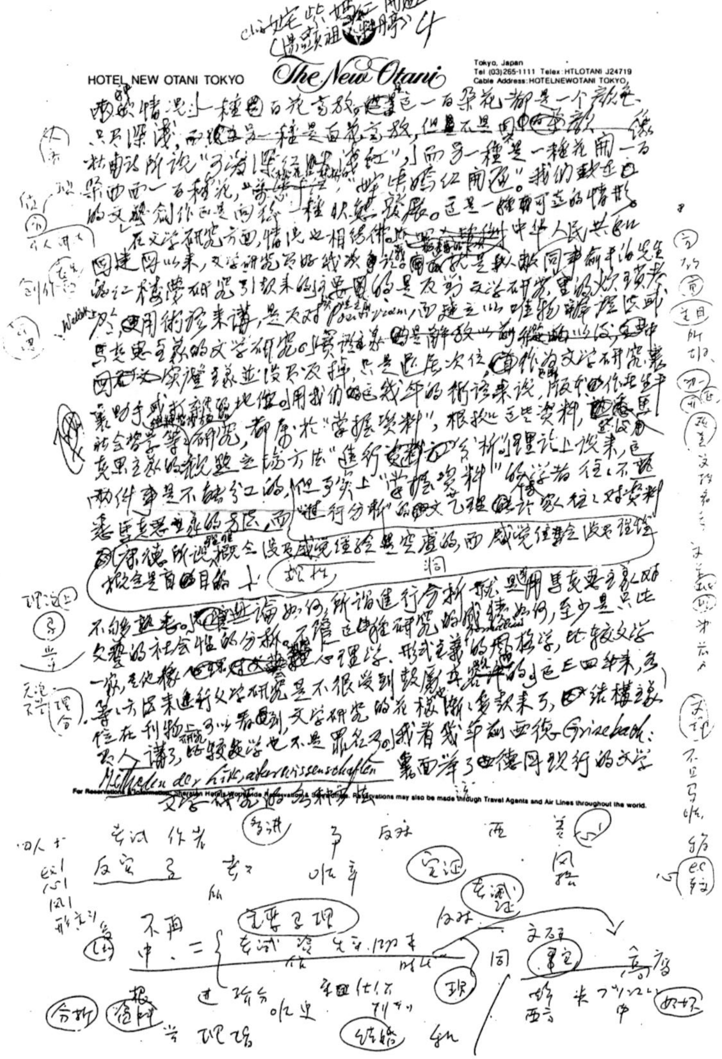

钱锺书先生于1980年在日本爱知大学所作学术报告手稿 4/5

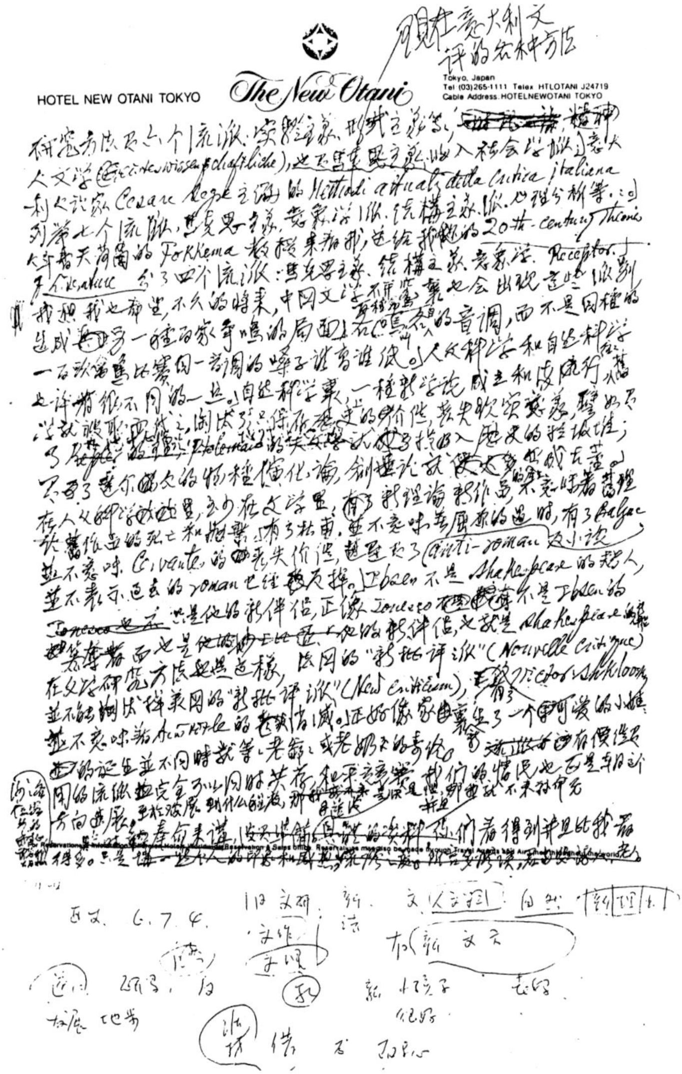
HOTEL NEW OTANI TOKYO
The New Otani
Tokyo, Japan
Tel (03)265-1111 Telex HTLOTANI J24719
Cable Address: HOTELNEWOTANI TOKYO

钱锺书先生于1980年在日本爱知大学所作学术报告手稿 5/5

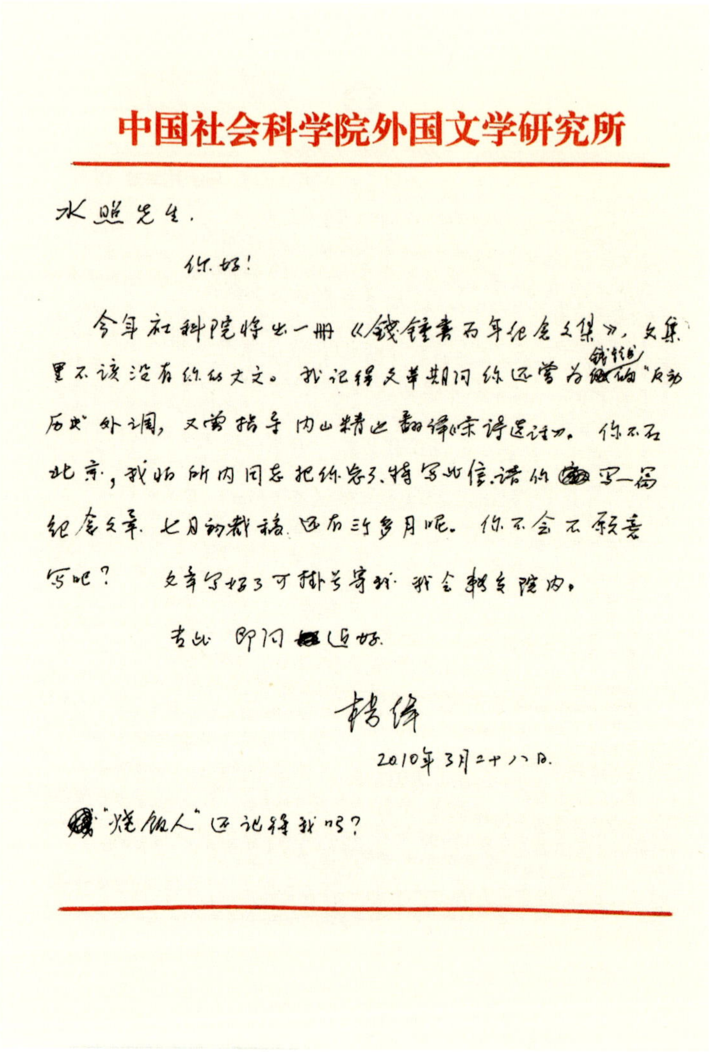

中国社会科学院外国文学研究所

水照先生：

你好！

今年社科院将出一册《钱锺书百年纪念文集》，文集里不该没有你的大文。我记得文革期间你还曾为钱锺书的"反动历史"外调，又曾指导内山精也翻译《宋诗选注》。你不在北京，我怕所内同志把你忘了，特写此信，请你写一篇纪念文章。七月初截稿，还有三个多月呢。你不会不愿意写吧？　文章写好了可挂号寄我，我会转交院内。

专此　即问近好。

杨绛

2010年3月二十八日。

"烧饭人"还记得我吗？

杨绛先生为《钱锺书百年纪念文集》致本书作者信件

今年社科院将出一册《钱锺书百年纪念文集》……请你写一篇纪念文章。

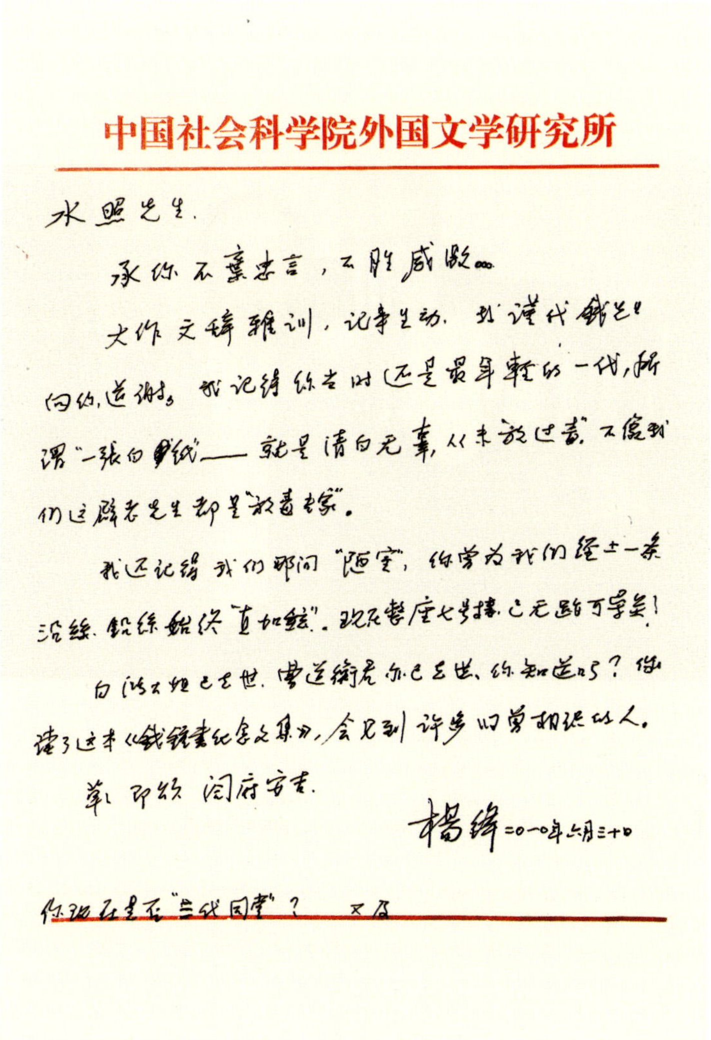

中国社会科学院外国文学研究所

水照先生：

承你不弃忠言，不胜感激。

大作文辞雅训，记事生动，我谨代钱先生向你道谢。我记得你当时还是最年轻的一代，所谓"一张白纸"——就是清白无辜，从未放过"毒"，不像我们这群老先生都是"放毒专家"。

我还记得我们那间"陋室"，你曾为我们缠上一条铅丝，铅丝始终"直如弦"。现在整座七号楼已无迹可寻矣！

白沉大姐已去世，曹道衡君亦已去世，你知道吗？你读了这本《钱锺书纪念文集》，会见到许多旧日相识的人。

草草即颂 阖府安吉。

杨绛 二〇一〇年六月三十日

你现在是不是"当代同学"？ 又及

收到文章后，杨绛先生的回信

我还记得我们那间“陋室”，你曾为我们缠上一条铅丝。铅丝始终“直如弦”，现在整座七号楼已无迹可寻矣。

杨绛先生与本书作者合影（2006 年 4 月）

目录

自序：走进“钱学”
——兼谈钱锺书与陈寅恪学术交集之意义 / 1

第一辑　历史与记忆中的钱锺书先生

记忆的碎片——缅怀钱锺书先生 / 2
一、不敢以弟子自称 / 3
二、学术领域绝不通融马虎 / 6
三、与青年学子平等论学 / 7
四、拒绝为他立传的背后 / 9
五、“钱学”、理论体系与学术走向世界 / 12

钱锺书先生的闲谈风度 / 17

一、别样的考题："用不着什么准备，准备也没有用" / 18
二、从闲谈中感受才情横溢、妙语连珠的快意 / 19
三、"世界上有那么多我所不要看的书" / 22
四、"百种禽鸟鸣叫各自的音调"与新不废旧 / 23

钱锺书先生参与《毛泽东选集》英译过程点滴 / 26
一、《毛选》英译本出版过程 / 28
二、钱先生承担的工作 / 31
三、与徐永煐先生的交往 / 33

钱锺书先生横遭青蝇之玷 / 38
一、不愿去父母之邦 / 39
二、与李克、李又安夫妇的关系 / 42
三、匪夷所思的诬告 / 45
四、生存智慧、人生与学术的交集 / 50

第二辑　钱锺书先生的学问与趣味

钱锺书先生的《西游》情结 / 58

一、孙猴儿钻进谁的肚子 / 59
二、猴入马厩,可免马疫 / 64
三、如意金箍棒 / 66

“皮里阳秋”与“诗可以怨” / 70
一、钱先生答不出“皮里阳秋”? / 70
二、如何解读“诗可以怨” / 74

钱锺书先生与宋词研究 / 82
一、至少看过三遍《全宋词》 / 83
二、岳飞《满江红》的真伪问题 / 84
三、对“体制内”词学家的补益之功 / 86
四、文本误植之因及其他 / 89

钱先生的两篇审稿意见 / 93
一、“文学批评中之‘考据’必须更科学、更有分析” / 94
二、“不要死于古人句下,不要迷信票面价值” / 99

钱锺书世界的文化阐释
——读《营造巴比塔的智者·钱锺书传》有感
/ 110

第三辑　钱锺书先生的宋诗研究

《宋诗选注》的一段荣辱升沉 / 114
一、从备受推重到遭受批判 / 115
二、风向转变 / 116
三、夏承焘：不信千编真覆瓿，安知九转定还丹 / 118
四、小川环树：宋代文学史必须改写了吧 / 121
五、“大批判”馀波 / 124

《正气歌》所本与《宋诗选注》“钱氏手校增注本”
/ 127
一、《宋诗选注》何以不选《正气歌》 / 127
二、《宋诗选注》“钱氏手校增注本” / 136

《宋诗选注》删落左纬之因及其他
——初读《钱锺书手稿集·容安馆札记》 / 153

一、选本的时间性 / 153
二、左纬诗开晚唐体 / 160
三、钱先生关于宋人学杜诗的见解 / 166
四、对宋人“晚唐体”的观察 / 169
五、钱先生给出的宋诗体派发展图 / 174
六、《容安馆札记》的文献考辨成果 / 176

钱锺书先生与宋诗研究
——初读《宋诗纪事补正》 / 183
一、《宋诗纪事补正》一斑 / 185
二、《宋诗选注》的篇目之争 / 187
三、《宋诗选注》的工作方法 / 190

钱锺书先生的南宋诗歌发展观 / 194
一、钱先生到底有无“理论体系”？ / 194
二、《容安馆札记》中具有“坐标点”作用的三则 / 198
三、《宋诗选注》提供的南宋诗歌发展图景 / 200
四、如何钩稽、丰富诗史主线索 / 202

关于《宋诗选注》的对话 / 207

一、日本学者对《宋诗选注》的评价 / 207
二、《宋诗选注》的四种“读法” / 211
三、关于选目的疑问 / 217

祝《宋诗选注》走出国门
——《宋诗选注》日译本序 / 221

第四辑　《钱锺书手稿集》管窥

《钱锺书手稿集·容安馆札记》“初学记” / 228
一、垂青一般选本所冷落的诗人 / 230
二、电脑检索不能替代对艺术创作奥秘的深刻把握 / 232
三、有学术的人生 / 234
四、有人生的学术 / 238

解读《钱锺书手稿集·容安馆札记》/ 240
一、《容安馆札记》：半成品的学术著作 / 240
二、《容安馆札记》的特点：私密性与互文性 / 241
三、不衫不履不头巾 / 254

读《容安馆札记》拾零四则 / 256
一、钱先生与《唐诗选》/ 256
二、韩愈与古文运动 / 261
三、杨万里与“诚斋体”/ 274
四、论“江湖派”/ 279

关于《钱锺书手稿集·中文笔记》的对话 / 285
一、钱先生的三种手稿 / 285
二、《手稿集》与钱先生的日常读书生活 / 288
三、钱先生的读书兴趣 / 291
四、寻找《管锥编》续编 / 294
五、精微·会通·自得：钱先生的学术境界 / 303

附录　本书所涉与钱锺书先生相关文献 / 311

自序：走进“钱学”
——兼谈钱锺书与陈寅恪学术交集之意义

今年（2020 年）是钱锺书先生诞辰 110 周年。一位朋友在病中与我通电话，建议我把这些年来所写的有关钱先生的文字汇辑成集，以作纪念。我十分犹豫。我和钱先生相识相交算来共有 38 年：前 18 年在北京的中国社会科学院文学研究所，跟随他治学和工作，承他耳提面命，不弃愚钝，对我的成长花费不少心力，他是我学术道路上最重要的引路人；后 20 年虽分隔京沪两地，仍不时请益，常得教言。值此冥寿之际，理应奉上一瓣心香。然而，自审已经发表的文字，对钱先生的人生经历了解不深，对他的学识涵养、格局眼界更尚未摸到门径，好像一份不合格的作业，如何拿得出手？我曾经主持的国家社会科学基金项目“钱锺书与宋诗研究”，虽已结项却未成书；打算撰作的《钱锺书学术评传》仅只完成第一章，真是愧对先生。但毕竟曾亲炙于先生者，至今日已为数不多，我还是有向年轻学子述说自己感受的冲动，似乎也是一种责任。

本书内容大致包含钱先生其人、其事、其学三项，厘为四辑：第一辑涉及生平经历和日常学者风范，第二辑记述与学术有关的事件，第三、四两辑则关于"钱学"，又大致依《宋诗选注》《宋诗纪事补正》《钱锺书手稿集》几部著作为重点展开，尤倾力于《手稿集》的研读，特立专辑，内容均集中在宋代文学，兼及唐代文学。为便于读者阅读，每篇均增设若干小标题，以醒眉目。这一设计希望能使原先零散无序的文章，略具条理性和系统性。各辑分类容有不当，钱先生的人生本来就是有学术的人生，他的学术又与生命息息相关，是不容截然分离的。

这次编集，除了文字的修订外，我新写了此篇《自序》《读〈容安馆札记〉拾零四则》及两则附记，都是近年来萦绕脑际的问题。衰年作文，既力不从心，又不吐不快，只好期待读者的"了解之同情"了。

有位年轻朋友当面对我说："你写的有关钱先生文章是'仰视'，我们则认为应该用平视的视角。"我欣赏他的直率，更佩服其勇气。我也听懂他话外的意思：一是切勿随意拔高，二是力求叙事真实。这确应引以为戒。我曾作过一次《记忆中的钱先生》的讲座，题目是主办方出的。这个题目，钱先生在世一定不能认可：他既反对别人研究他，又对“记忆”做过调侃：“而一到回忆时，不论是几天还是几十年前，是自己还是旁人的事，想象力忽然丰富得可惊可喜以至可怕。”(《〈写在人生边上〉和〈人·兽·鬼〉重印本序》，《钱锺书集》之《围城 人·兽·鬼》，生活·读书·新知三联书店，2007年)鲁迅也写过回忆性散文，就是《朝花夕拾》。他在《小引》中说：“这十篇就是从记忆中抄出来的，与实际容或有些不同，然而我现在只记得是这样。”鲁迅的“现在只记得是这样”，不失为可以践行的一条原则，也不算违背“修辞立其诚”的古训吧。本书所记不少是我亲见亲闻，自信力求真实，即使是传闻之事，也经过一些考查。至于“仰视”云云，则情形比较复杂。我不能花两个星期温一遍《十三经注疏》；不能看过宋人三百多家别集，一一做过笔记；不能读遍明清人别集(钱基博《〈读清人集别录〉小序》中言：“余父子集部之学”可与钱大昕史学“后先照映”)；不能按照图书馆书架一整排一整排地海量阅读；更不能留下多达七十一卷的手稿集……仅此数端，“仰视”视角自然形成。装作“平视”甚或“俯视”，不是太不自然了吗？当然，不要因“仰视”而影响论析的客观性、科学性，这是很好的提醒。

早在2006年白露节，一位研究宋代文学卓有成就的朋友给我来信，郑重而认真地对钱先生学问提出全面质疑。信函多达四页，畅所欲言，略无避讳，“自来与兄坦诚相见”，令我十分感动。他讲了六点意见，概括起来是两条：一是钱先生只是资料罗列，知识堆积；二是缺乏思想，更无体系，“纵观全部著述，没有系统”。这两条实是互为表里、互证互释的。我一时无力作答，延宕至今，有愧朋友切磋之道。但在我以后所写有关钱先生的文字中，内心始终悬着这两条，循此而与他进行讨论和探索，只是没有明言罢了。这次编集本书时，我踌躇再三，决意全文公布钱先生给我的一封论学书简和两份学术档案，也是为了继续讨论和探索这两个问题。

1984年秋，我应日本东京大学之邀，去该校授课。离国前曾去北京教育部办理手续，并向钱先生话别，谈了一个上午，主要内容一是日本学者的中国学研究，二是关于陈寅恪先生的《柳如是别传》（钱先生对此书做过评注）。他告诫我在外面不必过于谦抑。我到日本后，除授课外，主要精力放在去各大图书馆访书。原以为不会有多大收获，不料偶然见到两种中土久佚而仍存彼邦的我国古籍：一是《东坡先生年谱附眉阳三苏先生年谱》，二是《王荆文公诗李壁注》（朝鲜活字本）。我写信向他汇报，他习惯性地夸奖几句后，即写下一大篇关于不要迷信资料、死于句下的文字，是有关资料与研究辩证关系的极重要的精辟论述，也可以视作对他某种质疑的一次回应。他说："学问有非资料详备不可者，亦有不必待资料详备而已可立说悟理，以后资料加添不过弟所谓'有如除不尽的小数多添几位'（《宋诗选注·序》）者。"资料是研究学问的前提和基础，这是毋庸置疑的；但不必迷信资料，片面贪多务得，成为资料的奴隶。他接着讲了两个亲历的故事：一是他论述《老子》中神秘主义基本模式，并不"求看"新出土之马王堆汉写本《德·道经》；二是参观美国国会图书馆，发出"我亦充满惊奇，惊奇世界上有那么多我所不要看的书"之叹！没有博览群书、海量阅读的底气，这番惊骇现场的豪语就会变成狂言了。"虽戏语，颇有理，告供一笑。"在研究工作中理应详细地占有资料，但切忌买菜求益，唯多是求，这个"理"是严肃认真的。然而，信的末尾，他又笔锋一转，告我新本《谈艺录》即将问世，"偶检存稿"，发现"可增删处往往而有"，至少论但丁和梅尧臣两处应分别补充意大利人博亚尔多和苏东坡的相关材料。足见念兹在兹，资料是基础和前提这条根本法则是不容动摇的，重要的是实现对资料的自主占有和驾驭。

粗读钱先生的著作，总会感到引证繁复，不免目迷色眩，但细加覆按，他的排列和选择是有内在理路的。《宋诗选注》的注释精博富赡，乃他人不可及之处，却被称为"挖脚跟”，实在是种误读。他送给我该书1962年再版本，我曾与初版本加以对勘，光是诗例引证一项，至少有三种形式：一是按时代顺序排列，有些平列感；二是从比较中点评各个诗例的特点；三是引例后发表大段议论。尤其是撤换了大量例证，个中原因，实堪玩索。仅举开篇郑文宝《柳枝词》“不管烟波与风雨，载将离恨过江南”两句，他先说此诗很像唐韦庄的《古离别》，但比韦诗“新鲜深细得多了”，这是讲承前。接着讲启后：周邦彦《尉迟杯》词是整首改写郑诗，石孝友《玉楼春》把船变为马，王实甫《西厢记》把船变为车，陆娟《代父送人还新安》又把愁和恨变成“春色”。尤其令人寻味的，删去初版苏轼等六个诗例，那些诗例也是披沙拣金、辛苦搜集到的。这只能说明，资料在钱先生手中，是自由挪捏、依理驱遣的活材料，而不是死于材料之下，这才是对资料的正确态度。

钱先生说，获取资料是为了“立说悟理”，从资料到知识，再到思想和体系，应是研究工作的一般进程。匡亚明先生主编《中国思想家评传丛书》有个重要主张，凡是对人类文化作出杰出贡献的人，必有杰出思想甚或思想体系，因而他不仅收入传统意义上的“思想家”，还收入众多旧时只能进入“畴人传”的自然科学方面的杰出人物。他在丛书“总序”中作过深刻的说明。钱先生存世的文化遗产可谓洋洋大观，怎么成了“纵观全部著述，没有系统”的思想碎片的汇集？这是我的困惑和焦虑。我在悼念钱先生的《记忆的碎片》中写道：

> （钱先生）没有给出一个现成的作为独立之“学”的理论体系。然而在他的著作中，精彩纷呈却散见各处，注重于具体文艺事实却莫不“理在事中”，只有经过条理化和理论化的认真梳理和概括，才能加深体认和领悟，也才能在更深广的范围内发挥其作用。研读他的著述，人们确实能感受到其中存在着统一的理论、概念、规律和法则，存在着一个互相“打通”、印证生发、充满活泼生机的体系。感受不是科学研究，我无力说个明白。

这段文字写于钱先生逝世后第三天，似乎给我自己定下了一个努力的目标。虽然也作过一些谋划，然而由于主客观条件的限制，大都未能完成，愧悚不已。也曾试图从《宋诗选注》的“四种读法”、由《容安馆札记》梳理钱先生的南宋诗歌发展观、“晚唐体”是把握南宋晚期诗歌风格的核心概念等个别角度展开讨论，都未能从全局上解决问题。

我想可以扩大思路，从多种角度去探讨所谓“体系”问题。这里提出一个钱先生与陈寅恪先生学术思想观点的交集问题，或可从中抽象出一些系统性的问题。

陈先生长钱先生整整二十岁。吴宓先生在清华工字厅提出的“陈钱并称论”，其着重点在于极度推重钱氏，若推测当事人的内心反应，陈先生或许一笑了之，而在钱先生那里，则可能颇为微妙。后来学术界逐渐发现两人学术观点多有差异（主要是钱质疑陈），但出于对他们的尊重和礼貌，并未展开讨论。近年来讨论才热烈起来，形成了“陈钱异同论”这个极有学术价值的议题。本来，展开平心静气的学术争辩是正常的现象，大学生时代的钱锺书就富于挑战权威的精神，与周作人关于新文学源流的争论，就是著名的事例。他还在暑期夜晚纳凉时与父亲钱基博先生论争陈澧《东塾读书记》与朱一新《无邪堂答问》的高下问题，父崇陈而子重朱，往复几个回合，最后以陈为经生之书、朱为烈士之作而勉强取得一致。（见钱基博《古籍举要序》）我在复旦大学讲授宋代文学，也戏向学生出个论文题目“当朱老遇到钱老”：朱东润先生推重梅尧臣和陆游，为他俩各贡献了三种著作，钱先生的《谈艺录》等著作却对梅、陆多有苛评，其间的区别大概也有志士和才子不同立场的投影吧。陈先生和钱先生最直接、最根本的不同学术取向，乃是历史学家和文学家的区别。作为历史学家，陈先生观察世上的万事万物都是“历史”，“诗”也是史料，于是“以诗证史”“诗史互证”成为他倡导并运用成熟的研究范式；钱先生却在“打通”的基础上，强调“史必证实，诗可凿空”“史蕴诗心”，甚至想写一部哲学家的文学史，由此形成他若干一以贯之的思想原则。

我这次编集本书时，全文收入钱先生给我的两篇审稿意见，一论韦庄，一论唐诗，却不约而同地向陈先生发出质疑，就包含上述内容。

我的《韦庄与他的〈秦妇吟〉》一稿，讨论对象是向迪琮先生所编的《韦庄集》。钱先生说，此书“始托‘诗史’之名，借以抬高韦庄”，“抬出与杜‘诗史’并称”，韦庄一生“崇奉”杜甫。这里“崇奉”“抬高”“诗史”三个关键词，其实都或明或暗地针对陈先生。钱先生明确写道：“忆陈寅恪先生《秦妇吟笺释》即以‘浣花名集’为韦崇奉杜之证……同一捕风捉影，文学批评中之‘考据’必须更科学，更有分析。”这是迄今所见钱先生第一次点名批评陈氏的文字，且系给《文学评论》编辑部的审稿意见，应属半公开性质的。钱先生对陈氏“崎岖求解”（张载语，见朱熹《诗集传·诗传纲领》）的历史考据方法的非议是不假讳饰的。陈氏《韦庄秦妇吟校笺》（见《寒柳堂集》）中论定《秦妇吟》“为端己平生诸作之冠”，又以“生平之杰构，古今之至文”十字评赏之，可谓“抬高”之至。而钱先生在《容安馆札记》第789则却又详细指摘此诗艺术上缺失之处，如“支蔓失剪”“详略失当”，结尾“令人闷损”等（参看本书第四辑第三篇《读〈容安馆札记〉拾零四则》），两者对照鲜明。至于“诗史”一语，钱先生从根本上加以摈斥。《管锥编》第四册第1390页云：

> 盖“诗史”成见，塞心梗腹，以为诗道之尊，端仗史势，附合时局，牵合朝政；一切以齐众殊，谓唱叹之永言，莫不寓美刺之微词。远犬吠声，短狐射影，此又学士所乐道优为，而亦非慎思明辨者所敢附和也。学者如醉人，不东倒则西欹，或视文章如罪犯直认之招状，取供定案，或视文章为间谍密递之暗号，射覆索隐。一以其为实言身事，乃一己之本行集经；一以其为曲传时事，乃一代之皮里阳秋。楚齐均失，臧谷两亡，妄言而姑妄听可矣……苟作者自言无是而事或实有，自言有是而事或实无，尔乃吹索钩距，验诚辨诳……专门名家有安身立命于此者，然在谈艺论文，皆出位之思，馀力之行也……康德论致知，开宗明义曰：“知识必自经验始，而不尽自经验出”，此言移施于造艺之赋境构象，亦无伤也。

诗是诗，史是史，两者虽可用以互证，却各有其本质属性，不容混一。于艺术真实和历史真实的区别，大畅其旨，具见钱先生着眼所在。在《宋诗选注·序》中，他又有一段论述：

> “诗史”的看法是个一偏之见，诗是有血有肉的活东西，史诚然是它的骨干，然而假如单凭内容是否在史书上信而有征这一点来判断诗歌的价值，那就仿佛要从爱克司光透视里来鉴定图画家和雕刻家所选择的人体美了。

陈先生是否有对“诗史”的直接论述，待考。但钱先生此处所言，仿佛都有其影子在。陈先生论《长恨歌》，于赐浴华清池那段绝妙好辞，指责时间不合，应在“冬季或春初寒冷之时节”，且“其旨在治疗疾病，除寒祛风”，而非“消夏逭暑”；于“六军”谓数字不合，考当时唐皇室军队实只有四军；于“峨眉山下少人行”句，又谓地理有误，唐明皇未行经该地，但此例尚“不足为乐天深病”，算是网开一面；而华清池之长生殿，乃“祀神之斋宫，神道清严，不可阑入儿女猥琐”，这就是白居易的“失言”了。（均见《元白诗笺证稿》）钱先生所谈的“吹索钩距，验诚辨诳”，“专门名家有安身立命于此”，用爱克司光透视人体美等语，不免令人联想到陈先生的身影。钱先生批判“诗史”概念，对他与陈先生在诗学观念上的根本分歧，作了深刻的阐述。

这是钱、陈观点交集的第一例。

我在《唐诗选·前言》中，从士族、庶族的社会身份分野，论述唐代进士科“以诗取士”，进而探讨唐代一般诗人的社会身份，以及唐诗繁荣原因，都深受陈先生论史的影响。以门阀士族和寒素家族的对立论史，是他史学的基石，近年出版的万绳楠《陈寅恪魏晋南北朝史讲演录》（贵州人民出版社，2007 年），全书即以此为中心线索予以论述。在《唐代政治史述论稿》中，陈先生写道：“沈曾植先生之言曰：‘唐时牛李两党以科第而分，牛党重科举，李党重门第。’寅恪案：乙盦先生近世通儒，宜有此卓识。”而牛、李两党，其社会身份即各为“庶族新兴阶级”和“门阀世族”，牛党所重“科举”即特指进士科，李党所重“门第”即世家大族。陈先生很少在著作中称引当世学者见解而自重，此处乃为特例；且推重为“卓识”，无疑也是对己说的自信和自许。对于这个陈先生自以为“卓识”的见解，钱先生却表示异议。他在审稿意见中写道：“……与郑覃事合观（抬出《诗三百篇》来抵制文宗“诗博士”之举），便知仇视‘进士’不仅是世家子弟反对选举，还包含着自周、隋以来经学对词章的仇视，即‘儒林’对‘文苑’的仇视（在宋如道学家之于诗文人，在清为考据家之于词章家，在现代欧美如科学家之于人文学家，所谓‘两种文化之争’），此点文中不必详说，但措辞须稍减少简单化，除非能证‘明经’派都是贵族世家。韩愈《答殷侍御书》可以一读。殷即殷侑，大经学家——足征‘进士’和‘经书’是两门学问，但‘进士’与‘明经’不一定是出[于]两个社会阶层（殷当时已官为侍御）。”在钱先生看来，认同或贬斥进士科之争，不是牛、李两党之争，也不是士族和庶族两个社会阶层之争，而是“两种文化之争”，这与陈先生颇异其趣。

陈先生的这个观点在学术界引起过讨论。对于牛党出于庶族、李党出于士族，中外学者多从成员的个案调查结果来加以反驳，如在中山大学任教的岑仲勉先生和日本京都大学的砺波护等。然而，陈先生的见解有其材料的坚实基础和理论上的自足性，不是简单方法就能完全驳倒。他首先说明，“牛李党派之分野在科举与门第”这是个“原则之大概”，但“牛李两党既产生于同一时间，而地域又相错杂，则其互受影响，自不能免”，牛党可以变李，李党可以为牛，但不影响这个大判断。接着又分析三种复杂情况：一是牛李两党的对立，根本在于山东旧族（华山以东的王、崔、卢、李、郑等士族）与由进士词科进用之新兴阶级两者互不相容。而李唐皇室原属关陇集团，与山东旧族颇有好感，但唐中叶后，其远支宗室地位下降，已大别于一般士族，处于中立地位。二是有的号为山东旧族者，门风废替，家学衰落，此类“破落户”已与新兴阶级同化，无所分别。三是凡牛党或新兴阶级所自称之门阀多不可信。凡此种种，单用实证主义户籍调查式的考辨方法就无济于事了。

钱先生却从“两种文化斗争”的角度质疑，可谓另辟蹊径。这是一个颇有历史穿透力的大判断。论述未畅，留下许多未发之覆，可供后辈进一步探讨。钱先生也不是一般地反对文学群体与社会身份相系联，比如对南宋“江湖派”，他就提出“江湖诗人之称，流行在《江湖诗集》之前，犹明末之职业山人”（见于给我的信），与江湖派起于陈起编印《江湖诗集》的旧说相左。他认为这是一个“江湖之士以诗驰誉者”（陈振孙《直斋书录解题》）的社会群体，而不是真正意义上的文学诗派。（参见本书第四辑第三篇《读〈容安馆札记〉拾零四则》）说唐代进士问题之争怀疑其存在士族、庶族的社会阶层背景，说江湖诗人却承认此乃一游走江湖的社会群体，在文学与阶层的关系上，一截断，一相联，均反映出钱先生论学的文学本位立场。

这是钱、陈观点交集的第二例。

1978 年 9 月，钱先生在意大利参加欧洲研究中国协会第 26 次会议，第一次以“不点名而点名”方式公开对陈寅恪先生发出质疑。他说：

> 文学研究是一门严密的学问，在掌握资料时需要精细的考据，但是这种考据不是文学研究的最终目标，不能让它喧宾夺主，代替对作家和作品的阐明、分析和评价。

他接着举例说：

> 譬如解放前有位大学者在讨论白居易《长恨歌》时，花费博学和细心来解答“杨贵妃入宫时是否处女”的问题——一个比“济慈喝什么稀饭”“普希金抽不抽烟”等西方研究的话柄更无谓的问题。今天很难设想这一类问题的解答再会被认为是严肃的文学研究。（《古典文学研究在现代中国》，《钱锺书集·人生边上的边上》第179页）

话题是杨贵妃宫闱隐秘，批评却是严肃的。参加这次会议的中国代表团，是“四人帮”粉碎后由中国社会科学院首次派往国外的，由副院长许涤新带团，夏鼐、钱锺书、丁伟志为团员（三人后亦任副院长），规格甚高。陈、钱两先生，两度同在清华，却无交往；仅有一次是后来陈先生主动将《元白诗笺证稿》寄赠于钱，而杨贵妃问题恰恰就在此书第一章论《长恨歌》中提出。这表明钱先生并不因私谊而放弃自己的学术理念，旗帜鲜明地向一种研究风气进行挑战。

陈寅恪先生的“诗史互证”法是他运用纯熟、新见迭出、影响深远、广受好评的研究方法，《元白诗笺证稿》即是代表著作。钱先生的“打通”法也是他研究的重要方法，他的诗史互证也获得丰富而精彩的成果。然而，两位同擅“诗史互证”法，其出发点和落脚点及考证风格却大异其趣。钱先生的不满，简言之有二：一是“喧宾夺主”，文学是“主”，历史考据是“宾”，历史考据“不是文学研究的最终目标”，不能“代替对作家和作品的阐明、分析和评价”。他在批评中，处处突出以文学为本位的原则。他判定考据杨贵妃入宫事是“无谓的问题”，是严格限制在文学范围之内的，连举的两例（济慈喝稀饭，普希金抽烟），也是两个文学家的“话柄”。二是“深文周纳”，“以繁琐为精细”的考证风格。其实早在“文革”中成书的《管锥编》里，已表示对讨论杨贵妃入宫事的厌烦。该书第四册第1227页写道：“闲人忙事，亦如朱彝尊《曝书亭集》卷五五《书〈杨太真外传〉后》、恽敬《大云山房文稿》初集卷一《驳朱锡鬯〈书杨太真外传后〉》以来之争辩‘处子入宫’，烟动尘上，呶呶未已。”陶潜因有二子“不同生”诗句，引发争论陶潜私事（有一妻一妾，或丧妻续娶，或为孪生），“推测纷纭”；“处子入宫”事与其相提并论，均为“无谓的问题”。此时尚未及陈先生，足见钱先生一贯的贬斥态度。

从陈先生立场来看，此事又当别论。首先，这不是一个伪问题。若放在历史领域中，可能别有意义。正如替陈先生辩护的学者指出，《唐代政治史述论稿》开宗明义即引朱熹之语：“唐源流出于夷狄，故闺门失礼之事不以为异。”因而值得考辨，从中可以窥见“李唐皇室的家风”，就是说，在文学领域以外，这就不是“无谓的问题”。这个辩护自有理据。但也必须指出，陈先生本文中并无涉及此点。他认定的性质是“宫闱隐秘”，是一场“喜剧”。

其次，从学术史而论，陈先生说，这是“唐史中一重公案”。他细心地梳理正方（主张“处子说”）诸家，在杭世骏、章学诚、朱彝尊等人中，认为“朱氏之文为最有根据”，其他人不过沿承朱说，因而把朱彝尊作为驳难的主要对象。他的反驳，论证细密，剖析毫芒，长达七八页，足为“非处子说”定谳，“了却此一重考据公案”。

第三，陈先生明言，他辨明朱氏之误，“于白氏之文学无大关涉”，表明他非常清楚自己是在文学之外讨论此事。而且实际上与文学亦非毫无关系。令人感到有趣的，是我们文学所的《唐诗选》在注释《长恨歌》“杨家有女初长成”“一朝选在君王侧”句，有一长注：“开元二十三年，册封为寿王（玄宗的儿子李瑁）妃。二十八年玄宗使她为道士，住太真宫，改名太真。天宝四载册封为贵妃。”这不是陈先生那一大篇考据文章的提要吗？他的考辨成果已被钱先生也参与过的唐诗选本所吸取。再说，我们读李商隐的《龙池》《骊山有感》等诗，陈先生的成果也会产生文学性效果。“新台之恶”毕竟不符合我国传统悠久的道德标准，朱熹的“不以为异”的说法值得考虑，只是不像唐以后看得那么严重罢了。

这是钱、陈观点交集的第三例。

陈先生《论韩愈》一文（收入《金明馆丛稿初编》）对韩愈的推崇超迈宋儒，世所仅见。他把韩愈定位为“唐代文化学术史上承先启后、转旧为新关捩点之人物”，即“结束南北朝相承之旧局面”，“开启赵宋以降之新局面”。在这个前提下，他高度肯定古文运动：“退之发起光大唐代古文运动，卒开赵宋新儒学新古文之文化运动，史证明确，则不容置疑者也。”这里把“唐代古文运动”和“宋代新儒学新古文运动”，视作一脉相承的关系，语气决断，“不容置疑”。所谓“新儒学”，他又说：“退之首先发见《小戴记》中《大学》一篇，阐明其说，抽象之心性与具体之政治社会组织可以融会无碍，即尽量谈心说性，兼能济世安民，虽相反而实相成，天竺为体，华夏为用，退之于此以奠定后来宋代新儒学之基础。退之固是不世出之人杰，若不受新禅宗之影响，恐亦不克臻此。”这些著名的观点，钱先生均提出异议。

钱先生首先指出韩愈虽标榜“文道合一，以道为主”，实际上他的“文”和“道”是“两橛”的，并不等同于“文”必然服从、附庸于“道”。在《中文笔记》第十册中，他举李汉《韩昌黎文集序》说，此文以“文者，贯道之器也”发端，但一路写来，只见李汉光推重韩愈之文而不及其道，所谓的“摧陷廓清”，也是指文：“先生于文摧陷廓清之功。”最后钱先生说：“皆分明主‘文’”，“可见昌黎为文与学道，分成两橛”。韩愈在“儒学”上并未独立成家。这一观点，在《容安馆札记》中有更详尽的发挥。如第720则云：

> 《进学解》云：“抵排异端，攘斥佛老”，即《原道》之说也。（方孝孺《逊志斋集》卷十一《答王秀才书》言韩舍《原道》外，无“言圣人之道”者……）然自道其学为文章则云：“下逮《庄》《骚》，太史所录。”《送孟东野序》又云：“其末也，庄周以其荒唐之词鸣。楚，大国也，其亡也，以屈原鸣。……汉之时，司马迁、相如、扬雄，最其善鸣者也。”合之《送王秀才序》云：“学者必慎其所道。道于杨、墨、老、庄、佛之学，而欲之圣人之道，犹航断港

绝潢，以望至于海也。”足征昌黎以“文”与“道”分别为二事，斥庄之道而称庄之文，如《答李翊书》《送高闲上人序》即出《庄子》机调。

接着，钱先生又分析李汉《昌黎先生文集序》（内容与《中文笔记》所记相似，不赘），最后总结道：

证之昌黎《答窦秀才书》“专于文学”、《上兵部李侍郎书》“性本好文学”、《与陈给事书》“道不加修，而文日益有名”等语，乃知宋人以昌黎入道统，尊之而实诬之也……近人论韩，更如梦呓矣！

钱先生的有关论述还有很多（参见本书《读〈容安馆札记〉拾零四则》），不赘述。

可以明显看出，钱先生的立论是从文学本位立场出发的。“古文运动”本来是中国文学史中的一个概念，据目前检索到的资料，殆始见于胡适在1927年由北京文化学社出版的《国语文学史》，是书次年改名为《白话文学史》，由上海新月书店出版，风行全国，后出的各类文学史多沿其说，遂成重要研究论题。古文运动是借助于儒学复古旗帜而推行的文体、文风和文学语言的革新运动，还是如陈先生所言，是新儒学新古文的文化运动，这是根本认识上的歧异。

陈先生的《论韩愈》发表于1954年《历史研究》，是他在新中国成立后最早问世的少数重要史论之一，论文高屋建瓴，议论纵横，大气包举，透露出学术自信与自负。仅如“天竺为体，华夏为用”的提法，就与通常所说“中学为体，西学为用”不同，似有深意存焉。高深学问常常易于被人误解，我们后辈实不宜对陈、钱二位宗师说些不知深浅之语。事实上，目前不少学者研究唐宋古文运动，还在沿承陈先生的路数，强调其思想史方面的性质。问题应是开放性而非终结性的。

这是钱、陈观点交集的第四例。

钱、陈观点交集中，也有相反相成，或可互补互融的一面。兹举对杜甫“欲往城南望城北”句的不同解释为例。

陈先生在《元白诗笺证稿》中，论《卖炭翁》“回车叱牛牵向北”句时，从长安城市建置特点，即“市在南而宫在北”出发，认为杜甫此句“望城北”亦指望皇宫，意谓诗人“虽欲归家，而犹回望宫阙为言，隐示其眷念迟回，不忘君国之本意”。

文学研究所《唐诗选》杜甫部分是我注释的，当年曾把此句作为“难点”提出集体讨论。我总结讨论意见，最后写道："'望城北'有三种说法：一说'肃宗行宫灵武在长安之北……望着城北，表示对唐军盼望之切'；一说'唐代皇宫在城北，回望城北，表示对故国的眷念'；一说'望即向，望城北即向城北之意'。"结论是："后一说较妥。当时作者百感交集，忧愤如焚，一时间懵懵懂懂地走反了方向，于情理或更切合。"第二说就是陈寅恪先生的意见，第一说解为盼望在灵武的肃宗与唐军，实际上与陈氏同一思路，把诗意引向对"故园""唐军"的期盼，突出杜甫"每饭不忘君"的意义。第三说只从"情理上"揣摩诗人其时之心理状态，或许与诗意更贴切些。这主要是吸取钱先生在讨论会上的意见。后来他在《管锥编》第三册第988页中却有更深入的发挥。他说："杜疾走街巷，身亲足践，事境危迫，衷曲惶乱。"并引五条书证：张衡《西京赋》所谓"丧精亡魂，失归忘趋"；胡仔《苕溪渔隐丛话》前集引王安石集杜句；陆游《老学庵笔记》卷七"言皇惑不记孰为南北也"；《敦煌掇琐》之《女人百岁篇》"出门唤北却来东"；李复《兵馈行》"一身去住两茫然，欲向南归却望北"，"即本杜句"。并拈出"向"以与"望"为互文，"望"可作"向"解。

一位是着眼于安史之乱、国破家亡、皇权失坠的记忆，"每饭不忘君"的杜甫思想定位等历史因子；一位是超越于特定的历史时空，而聚焦于文学是人学，对一般人情、人性的熨帖，注重于诗性的因子。两说各有所长，但仍体现出不同的学术趋向。

我们注释《唐诗选》时，遇到存在异说而需下断语时，常用“某说是”“某说较胜”“两说并存”三种形式。我在注释杜甫此句时的按语是第三说“于情理或更切合”，来表示倾向于钱先生之说，但也承认陈先生说“可备一说”。白居易“回车叱牛牵向北”之“北”，指涉是确定的，确指皇宫，因该篇主旨乃“苦宫市也”；但杜诗此句的“北”，没有足够的证据径断为皇宫方位。然而反过来说，也同样无充足证据断其为非。综合两说，可以扩大对诗歌的理解空间，所谓“诗无达诂”有其正当性。

这是钱、陈观点交集的第五例。

以上五例，观点歧异，泾渭分明，都有钱先生的文字为依据（我不取耳食之言，甚至不取面谈之语），表明陈、钱两位论学旨趣的差别。钱先生也是主张“打通”的，他说过：“吾辈穷气尽力，欲使小说、诗歌、戏剧，与哲学、历史、社会学等为一家。参禅贵活，为学知止。”（《谈艺录》第352页）所说五例，论韦庄、论杨贵妃入宫、论杜诗三例属于“诗史互证”，论韩愈、论门第排斥进士科，则各与哲学、社会学有关，借用钱先生自己的话来概括其旨趣和方法，就是他在《宋诗选注·序》中的一段论述：

文学创作的真实不等于历史考订，因此不能机械地把考据来测验文学作品的真实，恰像不能天真地靠文学作品来供给历史的事实。历史考据只扣住表面的迹象，这正是它的克己的美德，要不然它就丧失了谨严，算不得考据，或者变成不安分、遇事生风的考据，所谓穿凿附会；而文学创作可以深挖事物的隐藏的本质，曲传人物的未吐露的心理，否则它就没有尽它的艺术的责任，抛弃了它的创造的职权。考订只断定已然，而艺术可以想象当然和测度所以然。在这个意义上，我们不妨说诗歌、小说、戏剧比史书来得高明。

这是对文学研究与历史考订区别的说明，其精神也同样适用于文学与哲学、文学与社会学研究。文学是“人学”，必然与各个学科发生关联，因而，单纯地从文学到文学的研究路线是不足取的，必须同时进行交叉学科的研究，但最重要的，必须坚持文学的本位，文学始终是出发点和最终目标，坚持从文学—文化—文学的路线，不能让其他学科代替文学研究本身，这是贯穿钱锺书先生全部著述的一个“系统”，对当前我国古代文学研究界，更有着特别迫切的启示作用。

序言末尾照例要表达感谢之意。除了前面所说的三位朋友外，还得提到我的学生们，费心劳力校核了全书，尤其是《钱锺书手稿集》的校对难度颇大；他们都有“弟子服其劳”的精神，我就不一一列名了。承蒙中华书局接受本书出版，备加关注，责任编辑郭时羽女士为此书花费很多精力，克服新冠疫情期间的种种不便，一并在此表示言轻意重的谢忱。

王水照

2020 年 6 月

第一辑

历史与记忆中的钱锺书先生

记忆的碎片——缅怀钱锺书先生

1998年12月20日晚，从电视上获知钱先生辞世的消息。尽管先生缠绵病榻已四经寒暑，还是感到突然，痛惜万分。当晚与杨绛先生身边的同事通了电话，告我先生走得安详平静，又觉一丝安慰。又听说了他的遗嘱："遗体只要两三个亲友送送，不举行任何仪式，恳辞花篮花圈，不留骨灰。"我问最后一句的具体含义，得到的回答是：明天下午火化后，我们就回家。与其他人的骨灰混在一起深埋地下。我愕然无语。这在钱先生，或许是精神的超越与升华，人生境界的大完成；而我却未能免俗，不禁悲从中来。

灯下，默默地翻出他的赠书、照片、信函、审改文稿的手迹，乃至送我而已被我用旧的手套等等，真想不到，这些物品顷刻之间已成了遗物遗著遗墨！先生已鹤化西去，不留痕迹（后知从停止呼吸到火化完毕，全过程为57个小时），但留下了巨大的精神财富，还留给我们后辈不尽的思念。

一、不敢以弟子自称

1960年我大学毕业后分配到中国社会科学院（时称中国科学院哲学社会科学部）文学研究所，才见到钱先生。那时所里为每位初来的研究人员指派一位导师，我的导师就是钱先生。但他始终不认我这个学生。记得1984年我出版第一部论文集《唐宋文学论集》时，请他为我题签，并真心实意地感谢他多年来的教导之恩。他很快寄来了题签，信里却说："吾友明通之识，缜密之学，如孙悟空所谓自家会的，老夫何与焉。""明通之识，缜密之学"，当不得真，他对后辈往往奖饰溢量，这我心里有数；而说"自家会的"，则更不真实。后来见面时，我也大胆地打趣说："师生关系有'文'为证，当年我的进修计划和您的审批意见俱在，白纸黑字。"他哈哈大笑："给你写的题签，特地盖上我的印章，已经表示咱们的交情了。"嗣后赐函，就称"贤弟"，但不久又"贤友""吾兄""学人"混称了。然而，我从不敢在他人面前自称是他的学生，原因很简单：不配。

面前的一张纸片也许可作"证据"。还在河南明港干校时，一次军宣队主持开大会，我恰与他坐在一起偷偷交谈"开小差"。那时正好毛泽东对严复所译《天演论》有个批示，我们总算多了一本允许阅读的书。严译中有“京垓年岁之中，每每员舆……”的句子，我对严复用“京垓”代亿万，用“员舆”代地球的用法表示疑问，并问他对严译的评价（有传闻说他对严译也如对林译一样评价很高），随手写在这张纸上向他请益。他认为，此种代字法，“好为艰深之辞以文浅易”，不足为训，并一口气写了唐徐彦伯以“虬户”代“龙门”、以“篠骖”代“竹马”，宋欧阳修讽刺宋祁撰《唐书》法为“宵寐匪祯，札闼洪庥”（代“夜梦不祥，书门大吉”），扬雄以“蠢迪检柙”代“动由规矩”等三四个例子，振笔直遂，欲罢不能，若不是反面是军宣队要我办事的介绍信（我那时是仓库保管员），可能还会“演示”下去。他写完最后一句“如君所举皆此类也”，不无得意地把纸片塞给我，而我却顿觉自己的贫乏和无知。何谓有学问，此即无言之教。

和钱先生最初接触，惊服于他的才情横溢，锋芒毕露，尊敬之中敬畏成分为多。时间长了，只觉他胸无城府，表里澄澈，有时竟表现出孩提般的赤诚。面对年轻后辈更充满呵护、提携之情。我手边的《宋诗选注》是他赠送的。他在扉页上写道：“水照不肯购此书，而力向余索之。余坚不与，至重印时始以自存一册赠之，皆悭吝人也。然而水照尤甚于余矣，一笑。”这一“自存本”上有他的不少改笔，我一下子明白了它的分量。他的戏笑之语洋溢着深挚的师弟情谊，更蕴涵着热切的期待。此时此刻，摩挲此书，油然联想起苏轼悼念文同之文为什么要多载与文同“畴昔戏笑之言”了。苏轼的往日之“笑”，也是此时“废卷而哭失声”之“哭”，且比“哭”更深一层。我也谨记先生“畴昔戏笑之言”以哭先生！

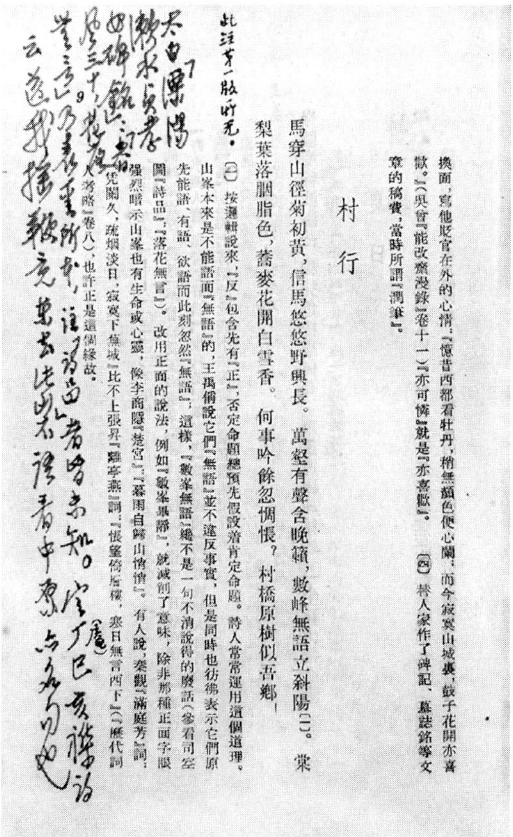
換面，寫他貶官在外的心情：『憶昔西都看牡丹，稍無顏色便心闌；而今寂寞山城裏，鼓子花開亦喜歡。』（吳曾『能改齋漫錄』卷十一）『亦可憐』就是『亦喜歡』。(四) 替人家作了碑記、墓誌銘等文章的稿費，當時所謂『潤筆』。

村行

馬穿山徑菊初黃，信馬悠悠野興長。萬壑有聲含晚籟，數峰無語立斜陽(一)。棠梨葉落胭脂色，蕎麥花開白雪香。何事吟餘忽惆悵？村橋原樹似吾鄉！

(一) 按邏輯說來，『反』包含先有『正』，否定命題總預先假設着肯定命題。詩人常常運用這個道理，山峯本來是不能語而『無語』的，王禹偁說它們『無語』並不違反事實，但是同時也彷彿表示它們原先能語、有語、欲語而此刻忽然『無語』。這樣，『數峯無語』纔不是一句不消說得的廢話（參看司空圖『詩品』：『落花無言』）。改用正面的說法，例如『數峯畢靜』，就減削了意味，除非那種正面字眼強烈暗示山峯也有生命或心靈，像李商隱『楚宮』：『暮雨自歸山悄悄』。有人說，秦觀『滿庭芳』詞：『霓闌久，疏煙淡日，寂寞下蕪城』比不上張昇『離亭燕』詞：『悵望倚層樓，寒日無言西下』（『歷代詞人考略』卷八），也許正是這個緣故。

此注第一版所無。

钱先生赠本书作者的“自存本”《宋诗选注》上的改笔

二、学术领域绝不通融马虎

钱先生和我日常相处亲切厚待，无拘无束，但一到学术领域却严肃不苟，绝不通融马虎。我还保留两份手迹，是对我两篇文章的审读意见。对我所写的《唐诗选·前言》，记得他在小信纸上密密麻麻地写了六七张，但我一时尚未翻检出来；对我另一篇文章的意见，他写了一千多字，则在眼前。他首先肯定此文“有新见，能分析细致，文笔亦明洁”，但接着作了严厉的批评。那是一篇驳论文字，他指出我所论难的题目本身并不存在：“欲擒故纵，欲破先立，虽见心思，而不免系铃解铃之病”，反驳的论题，纯是为了展开自己的见解而虚拟的，“由作者造成”的。这个批评中肯而尖锐。然后他为我设想了改写的具体方案。最后还有一行字：“以上是四月五日写的，其他意见琐细，于四月十日与水照同志面谈了。”遗憾的是这些所谓“琐细”而实不“琐细”的意见，我现在已完全记不起来了。但治学必应严谨老实的教诲，却终生不会也不敢忘记。

日本博士生内山精也君来复旦大学留学期间，曾有幸造访过先生。回校后，他又提了有关《宋诗选注》的十三个问题，请先生指点。钱先生一一作了批答。其认真细致的态度，可与鲁迅先生批答增田涉所提日译《中国小说史略》的问题前后辉映。比如关于柳开的字，有“绍元”“绍先”两说。先生批云：“‘绍元’‘绍先’记载各异。我采‘绍先’，因‘先’包含柳宗元是祖宗的意思，而‘元’字犯了祖宗名讳，等于直呼祖名了”，作出明确而圆满的结论。关于《宋诗选注》的选目，钱先生已经说过：“由于种种缘因，我以为可选的诗往往不能选进去，而我以为不必选的诗倒选进去了。”内山君进一步追问：如果现在重新编选的话，钱先生“要选什么样的作品”？钱先生批云：“说来话长；又事隔数十年，懒于更提了。请原谅。”胡适评《宋诗选注》，极口称赞其注和评，但对选目则有所保留；海内外的一些书评对此也有微辞，我曾对“种种缘因”作过一点解释。现不敢自秘，顺将先生晚年的这段话叙出，宋诗研究者或许更愿闻知。毕竟《宋诗选注》已是宋诗学研究中的一部名著，有关种种背景材料均甚重要。钱先生未把要“说”的“话”留下来，我们仍可从他遗存的著述中（包括《围城》中小说人物的谈论），对他的宋诗观进行深入的探讨。

三、与青年学子平等论学

钱先生是举世公认的大学者，但又谦逊宽容，具有海不择流、有容乃大的宽广襟怀。他与不少素不相识的后生晚辈进行完全平等的学术交流，真正实现了“在学术面前人人平等”的原则。不妨举几个我所知道的例子。王安石《重游草堂寺次韵三首》其一云：“鹤有思颙意，鹰无变遁心。”上句用周颙鹤事，没有什么疑义；下句用支遁鹰事，就有些纠葛。李壁注云：“支遁好养鹰马而不乘放，人或讥之，遁曰：贫道爱其神骏耳。”钱先生《谈艺录》指出：李注未言所引何书。他于是广征文献，大都只言支遁养马而未道及养鹰之事；且指出“神骏”只能形容“马”而不能形容“鹰”，言“鹰”则习用“俊”字。但当年尚属年轻学子的刘永翔先生，向他提供一条材料：李注原文出于晋许恂集，见于唐许嵩《建康实录》所引。钱先生获知后大喜过望，“珠船忽获，疑冰大涣”，并进而博引书证，推断许恂集当时即流行不广，致使唐初以来人们但知支遁好马而未及养鹰，把此事原委分疏得更为清晰。钱先生不仅数次致书刘君，褒奖、感谢兼并，而且特在 1987 年《谈艺录》增订本补正中，标出刘君大名，“以志勿忘所自”（《钱锺书致刘永翔三通》，收入《现代作家书信集珍》）。前辈虚怀若谷的风范确是感人肺腑。我有次突接先生来函，要我转告日本留学生内山精也君，因他们在日译《宋诗选注》，说此书还有一处须改，原来安徽一青年向先生提出，书中赵汝鐩生卒年原作“未详”，实可据刘克庄

《刑部赵郎中墓志铭》补出。他指示日译本中一定也要申明此乃该君“告知”。《管锥编》增订本中此类例子多多。长者不掩人善的坦荡胸怀，更令人仰羡不已。

钱先生对后辈的呵护、提携和奖勉并不仅仅着眼于某一个人，实是对整个民族学术文化传薪的期待。他晚年常常自叹“老年炳烛馀明，著书愈不易”，而把满腔热情投注于后辈晚生：“年事方壮，如日中天，不朽事业，有厚望焉。”这可以视作他对我们晚辈学子的学术嘱托。我们这一代人的责任不轻。

四、拒绝为他立传的背后

对学术文化的传承和弘扬光大，当然应包括“钱学”即“钱锺书研究”在内。不论钱先生在或不在，他的论著和创作仍会流传下去，他所创造的文化世界也将影响久远。但钱先生生前一再“诚诚恳恳地”奉劝别人不要研究他：一是反对写他的传记；二是反对建立“钱学”或“钱学体系”。但他的意见别人无法遵奉，因为要研究中国现代文化的特征及其走向，已无法绕过这座“文化昆仑”。然而，先生的这两条意见，并不是一般的谦虚，而是包含颇深的学理和对人情世态的洞察的。

学人传记也是一种研究方式，自然也要传达出传主个人的性格色彩。钱先生是位有鲜明个性特点的学者，“钱教授的风趣”就是如此。他才富思锐，辩才无碍，表里如一，不自掩饰。这有时不免开罪于人，更多时候会在传闻过程中发生增生或变异，谣传更是屡见不鲜的。钱先生的褒贬人，言词容或锐利，存心却是坦然磊落的。即如近来引起议论的他与吴宓先生的关系，其实并没有发生什么严重的问题，钱先生的《吴宓日记序》、杨先生的文章已经说得清清楚楚。当年吴宓先生看到钱先生的拟投稿件（最后也未正式发表），确实引起过不快，曾告诉好友贺麟先生，“麟谓钱未为知宓，但亦言之有理云云”。“言之有理”，这至少是对钱先生文章的一种毫无偏袒的当下反映。尤其是嗣后吴先生仍“大度包容，式好如初”。他积极向有关校方推介钱先生，听到一些有损于钱先生的言论，他感到“殊无公平爱才之意，不觉慨然”，“皆妾妇之道也，为之感伤”，甚至欲把钱先生“荐为浙大外文系主任，宓则往为教授”。他又几次借读李赋宁先生所记钱先生的授课讲义《当代小说》《文艺复兴时期的文学》，“甚佩”“亦佳”“并甚佩服”，赞不绝口。这些都是《吴宓日记》中的明确记载。直至新中国建立后，吴先生往访钱、杨先生于北京寓所，“三人灯下娓娓话家常，谈体己，乐也融融”。事情的原委本末并不复杂。经历或闻见过近几十年来种种人整人运动的我辈后人，对于前代长辈之间人际交往关系的理解，对于他们文化性格中所承受的中国文化人传统影响的理解，有时存有隔阂，未达一间。“矫傅会之恶习，而具了解之同情”，陈寅恪先生指出的这一治学态度，诚为切要。

钱先生的风趣，如果从语言智慧的自然展现和文化性格的多姿多态来理解，或许能接触到一些有意义的底蕴。他总是妙语如珠，滚滚而来。写信向他祝寿，他说：“‘祝寿’可以‘促寿’，‘延年’能使‘厌年’，此又物极必反之理也。”他自叹近况：“谢客而客愈多，谢事而事不减。”他辞谢招收研究生当助手：“不是助手，而是助脚。”不愿差遣跑腿，误人子弟。安慰他病会痊愈，他答道：“白香山诗云：‘病与乐天相伴住。’”应允接待晤谈，“以结文字因缘，亦杜甫所谓‘蓬门今始为君开’也”。此以古代诗句为典实，有时则用洋典。他要赠书给我而出版社一再拖延，他写道：“西班牙旧日万事拖延，号称 mañana 人(Tomorrower)，今则此尊号宜上于中国人矣。”这些都是随机生发，信口说出，摇笔自来，我揣摩可能是他的自我愉悦之道，营造一种于人于己都轻松愉快的生存环境。随着社会环境的日益宽松，文人个性的自由发展，但愿我们能与拘谨自闭、呆滞木讷、语言乏味、面目可憎告别，我们就有可能更理解钱先生了。若用一种非学术的异样眼光来“研究”，恐非“钱学”研究之幸。

五、“钱学”、理论体系与学术走向世界

钱先生的名作《读〈拉奥孔〉》原发表于《文学评论》，后收入《旧文四篇》时特地加了一节引言，强调片段资料的重要性，有时它能“说出了益人神智的精湛见解”，而“许多严密周全的哲学系统经不起历史的推排消蚀，在整体上都已垮塌了”。这是很深刻的见解。陈寅恪先生也说过，今人所著的有些中国哲学史，“其言论愈有条理统系，则去古人学说之真相愈远”，意思是一致的。这就是钱先生拒绝或谢绝建立“钱学”和“钱学体系”的缘由，也是他的主要学术著作大都采取读书札记（《管锥编》）、诗话（《谈艺录》）、选本（《宋诗选注》）等传统著述体裁的缘由之一。因而他一再说，“我有兴趣的是具体的文艺鉴赏和评判”（《中国诗与中国画》，见《旧文四篇》，上海古籍出版社，1979 年），而没有给出一个现成的作为独立之“学”的理论体系。然而在他的著作中，精彩纷呈却散见各处，注重于具体文艺事实却莫不“理在事中”，只有经过条理化和理论化的认真梳理与概括，才能加深体认和领悟，也才能在更深广的范围内发挥其作用。研读他的著述，人们确实能感受到其中存在着统一的

理论、概念、规律和法则，存在着一个互相“打通”、印证生发、充满活泼生机的体系。感受不是科学研究，我无力说个明白。好在钱先生在《读〈拉奥孔〉》的同一段文字中说过：“自发的简单见解正是自觉的周密理论的根本。”在他的数量惊人的“具体的文艺鉴赏和评判”中是可以抽象出“自觉的周密理论”的。因此，“钱学”研究的重点或中心点不能不是从其学术著作中努力阐发其义蕴，寻绎其本身固有的“自觉的周密理论”。这是一项需花大力气进行的严肃困难的科学工作，但于我们后辈学人完全值得。

说“值得”，是因为它在当前具有重大的特殊意义。钱先生博古通今、学贯中西的治学特点最符合当今学术文化的历史走向。在“全球一体化”趋势日益高涨之际，学术文化已展示出新一轮的中外互融互补的灿烂前景。在这个时刻失去钱先生，是令人格外痛惜的。谨再举一例。有次他来信告诉我：“上周有法人来访，颇称拙著中《老子》数篇，以为前人无如弟之捉住《老子》中神秘主义基本模式者。因问弟何以未提及马王堆出土之汉写本《德·道经》，弟答以‘未看亦未求看’，反问曰：‘君必细看过，且亦必对照过Lanciotti君意文译本，是否有资神秘主义思想上之新发现？’渠笑曰：‘绝无。’”他写这段话，是教育我治学虽必以材料为基础，却又切忌死于材料下。实际上他当然掌握马王堆本，且“对照过”意文译本，胸有成竹，才能如此反诘。在当今中国，要实现“让世界了解中国，中国了解世界”的目标，钱先生是与西方作“文化对话”的最有资格的代表，这段与法国学者对话的小插曲，可以当做一种象征。

先生走了，我真诚地希望对他的研究能进一步健康发展，产生出一批与他的博大精深相称的研究著作。这是对先生的最好纪念。

1998.12.23

附：钱锺书先生致本书作者函（1984.12.22）

水照贤友教席：

东游前承枉顾取别，锡以多珍，愧喜交并。弟不能赠君以车，又未暇赠君以言（如送别序、送行诗等），殊乖古谊，内疚至今。急景催春，又将换季，敬祝吾友岁釐年祥，道光文富！

顷奉长函，忻悉幽讨穷探，发未尽之藏，读未见之书，真不虚此行，尤足使彼辈自惭眼不见睫也。尊注坡选，早已研读，精实不特超出所睹此类选注难以道里计，抑且不可与此类较短长。盖此类充其量不过教本之良，尊著则卓然优入著作之林，成一家之学。小川士解先生叹赏，殊为具眼，亦征月旦之公。日人阴薄吾国“汉学”，弟告兄以彼土于两先生讲学后来信内容，即是一例。然人苦不自知，其著作中之稚浅迂谬（不仅“支那学”，于西洋文哲学亦然），正复贻笑通人者不少。

学问有非资料详备不可者，亦有不必待资料详备而已可立说悟理，以后资料加添不过弟所谓“有如除不尽的小数多添几位”者。上周有法人来访，颇称拙著中《老子》数篇，以为前人无如弟之捉住《老子》中神秘主义基本模式者。因问弟何以未提及马王堆出土之汉写本《德·道经》，弟答以“未看亦未求看”，反问曰：“君必细看过，且亦必对照过Lanciotti[一]君意文译本，是否有资神秘主义思想上之新发现？”渠笑曰：“绝无。”弟因告以五年前访美时，参观国会图书馆，馆中有司导观其藏书库，傲然有得色，同游诸公均啧啧惊叹，弟默不言，有司问弟，弟忍俊不禁，对曰：“我亦充满惊奇，惊奇世界上有那么多我所不要看的书！”主者愕然，旋即大笑曰：“这是钱教授的风趣了！”虽戏语，颇有理，告供一笑。

上月我应读者要求，将《旧文四篇》大改订一下，又将《也是集》（香港出版，内地不能销售）中白话论文三篇合并一集，本欲授本院出版社印行，而魏同贤同志热情难却，仍交上海。兄明年返国，当可问世，必呈教也。《谈艺录》新本大约元旦后出书。上周偶检存稿，即见可增删处往往而有，如开卷山谷诗注中引但丁写观画时于无声中闻声，更可补稍后于但丁之Boiardo[二]诗咏此明白易晓；引梅圣俞论诗语，更可补东坡柳子厚诗跋中语（涵义稍狭而词同），等等。老年炳烛馀明，著书愈不易，兄年方壮，如日中天，不朽事业，有厚望焉。奉复。

即颂

旅绥！

钱锺书上 二十二日夜

杨绛同候

整理者注：

［一］Lanciotti，即意大利汉学家兰侨蒂（Lionello *Lanciotti*，生于1925年），历任罗马大学、威尼斯大学、那不勒斯大学中文教授，《东方与西方》杂志联合主编，研究领域为中国古代文学、哲学、宗教，论著与翻译作品颇丰。

［二］Boiardo，即意大利诗人博亚尔多（Matteo Maria Boiardo，1441—1494），代表作品为传奇叙事诗《热恋的罗兰》，另有抒情诗集《歌集》传世。

钱锺书先生的闲谈风度

从1960年到1978年，我在中国社会科学院文学研究所古代文学组工作，又具体分在唐宋段，即受钱先生的亲切指导。在编写《中国文学史》和《唐诗选》的两项集体工作中，更多次获得耳提面命的机会。编写《唐诗选》时，有个“疑难杂症”的“会诊”会，由我先把大家在注释中遇到的一些难点，整理印发，大约每两周讨论一次，这时钱先生谈辩锋出，纵横无碍。也在这个时期，我在他的干面胡同寓所有过多次长谈。他喜欢在房间里边走边高声谈话：有时为自己的善譬妙喻爽朗大笑；有时逼近我的面前，提个问题考考，如果我偶尔能答上一二，他就不无揶揄地夸说几句；有时取出他的读书笔记本说上一番。他的读书笔记本也颇与众不同，满页密密麻麻，不留天地，一无空隙，但他一翻即能找到所需之处。每次谈话，总是整整一个下午，直到不能不告辞的时候。这些讨论和谈话，我在当时都有记录或事后的追记，还查核过他在谈话中提及的典籍，可惜在浩劫中被我自己销毁了，具体内容尚待追索。但可以说，从他的这些日常谈话中，我才稍稍窥探到中国学术文化深邃浩瀚的境界，才领悟到一些真切的艺术底蕴。

一、别样的考题："用不着什么准备，准备也没有用"

钱先生谈艺衡文，活而不空，融而不玄，听者常能得到一般课堂教学中所得不到的启迪。他对文学作品的"鉴赏和评判"，着重于对艺术审美的真正把握。20 世纪 60 年代初，他第一次招收研究生，我的一位北大同学打算报考，托我问他应该阅读哪些参考书。他回答说："用不着什么准备，准备也没有用。"后来我们在帮他评卷时，才发现这样一些试题：试卷上抄录了若干首无主名的诗作，要求辨认出它们是学习唐宋哪些大家的风格；抄录了白居易的一首代表作，要求指出其中有否败笔，为什么是败笔，等等。这些题目的难度或许偏高，却是对考生艺术分析能力的真正测验。答卷中居然有人大谈白居易那首诗的思想特点一二三、艺术成就甲乙丙的，很可能紧张之中没有看清题目，就按流行的试题套式作答了。

钱先生的随意闲聊更充满这种耐人寻味揣摩的东西。

比如我曾研究过韦庄《秦妇吟》，他就说：此诗长达 1666 字，为现存唐诗之最，结尾仅说“愿君举棹东复东，咏此长歌献相公”，是不是缺乏与全诗相称的艺术力量？中国长篇叙事诗的结尾似乎好的不多。崔颢的名作《黄鹤楼》，既说“晴川历历”，又说“烟波江上”，如何理解？韩愈的《原道》与明清的八股文之间有否暗脉相通之处，又是为什么，等等。这些篇章，常习不察，突被点醒，够我好好思索钻研一番的了。

二、从闲谈中感受才情横溢、妙语连珠的快意

从钱锺书先生的闲聊中，似乎可以捉摸出一些他的艺术思维的路数和特点，再来读他的著作，对其中开启心扉、点拨心灵之处有时会获得冥契神会的乐趣。

《宋诗选注》与《管锥编》《谈艺录》等著作，虽有白话和文言之别，但都具有点到即止、高度浓缩、“蕴而不发、发而不尽”的特点，需要我们寻找多方面的参照系来加深领会和理解。钱先生的日常谈话实在是不可多得的启发比照资料。我于 1984 年至 1986 年间在日本东京大学任教，有次应爱知大学之邀去作学术报告。替我翻译的荒川清秀先生对我说：“1980 年秋钱先生曾在我校作了一次即兴式的讲演，还留下手稿。”我知道钱先生访美时，不喜作有事先准备

的讲演，而是用一口标准的"牛津英语"当场答难解疑，举座惊服。他精通数国语言，唯独不谙日语，这次只好写稿供翻译之用。我就请荒川先生复印一份给我，并说："如果我早知道钱先生来演讲过，我就不敢来献丑了。"手稿一共有五页，三页用的是东京新大谷饭店的笺纸，另两页则是名古屋饭店的。在异国他乡，读着熟悉的挥洒飞舞的手迹，如亲謦欬，我不仅想象到他旅途倥偬、振笔直遂的情景，更感受到他日常谈话时那种才情横溢、妙语连珠的快意。就连礼节性的开场白也不同一般："……先生们出的题目是《粉碎"四人帮"以后中国的文学情况》，这是一个好题目，好题目应当产生好文章；但是这篇好文章应当由日本学者来写。中国老话说'旁观者清，当局者迷'，又说'不识庐山真面目，只缘身在此山中'，西洋人说'A spectator sees most of the game'，贵国一定也有相似的话。……我个人还有一个很大的不利条件。我对日本语文是瞎子、聋子兼哑巴，因此今天全靠我这位新朋友荒川清秀先生来做我的救苦救难的天使，而诸位先生都是精通中国语文的。所以我对中国文学现状的无知，诸位一目了然；而诸位对中国文学现状的熟悉，我两眼漆黑。用十九世纪英国大诗人兼批评家 S. T. Coleridge（柯勒律治）的话来说，各位有 knowledge of my ignorance，而我只是有 ignorance of your knowledge，诸位对我的无所知有所知，而我对诸位的所知一无所知……”亦庄亦谐，而又有一股英迈凌厉之势。这篇《粉碎“四人帮”以后中国的文学情况》经我整理，已收入《钱锺书集》之《人生边上的边上》，由生活·读书·新知三联书店于2007年出版。在这之前不久，他曾在东京早稻田大学作过一次演讲《诗可以怨》（已收入《七缀集》，生活·读书·新知三联书店，2007年），开头也有一段“客套话”，讲了不懂号码锁、又没有开撬工具去发现知识宝库的“穷光棍”，讲了自称发明了雨伞、孤陋寡闻的意大利“土包子”，妙趣横生，新颖生动。两次开场白皆表自谦之意，但用语和设譬竟毫不雷同。读到这种地方，我往往想起他的著作。例如《宋诗选注》讲苏轼用“博喻”之妙：“一连串把五花八门的形象来表达一件事物的一个方面或一种状态。这种描写和衬托的方法仿佛是采用了旧小说里讲的‘车轮战法’，连一接二地搞得那件事物应接不暇，本相毕现，降伏在诗人的笔下……”（《宋诗选注》，人民文学出版社，1963年）或许可以说，只有像钱先生这样的才具，才能如此深刻地理解苏轼的“博喻”，并用生花妙笔加以精辟的表述。他的客套的“普通话”实不“普通”。他的日常谈吐实在也是一种艺术创造。我们在文学研究所时，平常如遇到可恨可恼或可喜可慰的事情，却又苦于无法表达时，同事间总会说：“如果钱先生在，一定又会有几句妙语来勾勒了!”

三、“世界上有那么多我所不要看的书”

钱先生平生不藏书。他的旧寓中只有一只书柜,几部外文工具书外,大都是他父亲钱基博先生遗留的珍贵典籍文献。但他却无书不读,从经史子集到稗官野史、小说笔记、佛藏道书、方志舆地,无不采择。他似不专攻古典小说,但在访美的一次座谈会上,有位研究生以论《平妖传》的毕业论文请教,他便与之讨论书中的几个人物形象的评价;他读《西游记》竟至十多遍。他读“破”过几部英文辞典;他读马克思、恩格斯以及黑格尔,用的是德文原著。“文化大革命”前,他常去文学所书库找书、借书,新分配来所的大学生如在书库中碰上他,往往能听到他的现场介绍,历历如数家珍。文学所藏书颇丰,他可能是书后借书卡上签名最多的一位。他读书速度之快,掌握要点之准,实为罕见。有次他对我说:“最近我花了两个星期,把十三经全部温了一遍,又发现好些好东西。”接着就滔滔不绝地讲他的“发现”。读得快正由于读得熟、读得精。

文学所的年轻同志中间流行过一句话:何其芳同志的理论素养+钱先生的丰富知识=治学的最高目标。现在仔细想来，这话对两位都是一种误解。对钱先生的误解是双重的。他博览群书，却又看“透”资料，绝不迷信书籍。他给我的信中说：“学问有非资料详备不可者，亦有不必待资料详备而已可立说悟理，以后资料加添不过弟所谓‘有如除不尽的小数多添几位’者。”他在访问美国国会图书馆时，“馆中有司导观其藏书库，傲然有得色，同游诸公均啧啧惊叹，弟默不言，有司问弟，弟忍俊不禁，对曰：‘我亦充满惊奇，惊奇世界上有那么多我所不要看的书！’主者愕然，旋即大笑曰：‘这是钱教授的风趣了！’虽戏语，颇有理，告供一笑。”他实现了以我为主的对资料的真正“占有”。

四、“百种禽鸟鸣叫各自的音调”与新不废旧

更重要的，钱先生不屑于脱离具体的文学事实去建构庞大的理论“体系”，但他通过对具体文学事实的“鉴赏和评判”，已经多方面地揭示出实实在在的、牢确不移的艺术规律，理在事中，体大精深，形成了自己独特的美学理论体系。有次陈子展先生对我说：老一辈学者中只有两位美学家，其一即是钱先生。在研究方法上，他也融会百家而自成一家。在上述爱知大学的演讲中，他就提倡文学研究的多样性和多元化。他在随口介绍德国、意大利、荷兰三种论述研

究方法的著作（他们都重视马克思主义的研究方法）以后说："我也希望，不久的将来，中国文学研究里也会出现这些派别，造成另一种百家争鸣的局面。百种禽鸟鸣叫各自的音调，而不是同种的一百头禽鸟比赛同一音调的嗓子谁高谁低。"

他还指出，人文科学和自然科学有一点不同：自然科学里，一种新学说的成立和流行，旧学说往往被取而代之，只保存历史上的价值；在人文科学里，至少在文学里，新理论新作品的产生，并不意味着旧理论旧作品的死亡和抛弃。有了杜甫，并不意味着屈原的过时；有了巴尔扎克，并不意味着塞万提斯的丧失价值；甚至有了反小说，并不表示过去的小说已经反掉。易卜生不是莎士比亚的替人，只是他的新伴侣，正像欧内斯库（按：法国荒诞派戏剧家）不是易卜生的篡夺者，而也是他的新伴侣，也就是莎士比亚的新伴侣。在文学研究方法上也是这样，法国的'新批评派'并不能淘汰掉美国的"新批评派"，有了什克洛夫斯基（按：俄国形式主义文论家）并不意味着亚里士多德的消灭。正好像家里新生了一个可爱的小娃娃，他的诞生并不同时等于老爷爷老奶奶的寿终。（《粉碎"四人帮"以后中国的文学情况》）他认为各种有价值的流派，"完全可以同时共存，和平竞赛"。他还指出外国的"古老的时新货物"（这是迪斯瑞尔利小说中一家旧货铺子的招牌中的句子)，在中国变成了“时新的古老货物”的现象，但又精辟地指出这种现象可能是一种“必然经过的阶段”。这些话是在1980年秋天说的，他的文学思考是与我们时代同步的，甚至是超前的。因此，尽管《宋诗选注》是部“普及性读本”，《谈艺录》《管锥编》更是采取我国传统“诗话”“札记”的著述体裁，文字典雅朴奥，却完全是现代人对整个学术文化，特别是文学艺术的理论思考。

一位熟悉钱先生的学者说过，钱先生可能会有一种特殊的“孤独感”，因为很少有人能与他处于同一水平、可以相互酣畅地对谈，很多场合下是单向的施受而不是双向的交流。杨绛先生也说过，她父亲和钱先生在诗文上有同好，有许多共同的语言，常用一种“精致典雅”的风格说些俏皮话，相与笑乐。我觉得这些观察都很深刻，颇堪玩索。当然，钱先生的日常谈话风格也是多样的，因人而异；但咳唾珠玉，都映射出钱先生整个学识、人格的光彩。功夫在“书”外，联系钱先生的学识、人格来读《宋诗选注》等著作，可能是最重要的一种“读法”。

钱锺书先生参与《毛泽东选集》英译过程点滴

英译《毛泽东选集》(以下简称《毛选》)是新中国成立初期的一次重要的译事活动,因其特殊的政治性质和当时的保密制度,至今仍显得神秘莫测。钱锺书先生是参加时间最长、用力最勤、且最受倚重的译者之一,但他的具体工作情况亦不为外人所知。汤晏的《一代才子钱锺书》对史实搜讨详尽、查证严谨,是目前可信程度较高的一部"钱传",而于钱先生此段经历却付之阙如。钱先生平日健谈无饰,对此事却三缄其口。只是有次听他发感慨道:从事文字工作,最容易的是编写大部头书,洋洋洒洒,易掺水分;其次是论文,自应要有新观点、新材料,但若有自己尚未弄懂的问题,尽可按下不表;再其次是注释,字字句句都得追究,万一遇到拦路虎,还可以不注或径作"不详""待考",一般也是容许的;最难的是翻译,就连一个字都逃不过去了,用他在

《林纾的翻译》(见《旧文四篇》)中的表述,是“原作里没有一个字可以滑溜过去,没有一处困难躲闪得了”。当时听他这番议论,我立刻联想到其中恐有他参加《毛选》英译的甘苦体会在内。这一著作、论文、注释、翻译的难易次序,虽是一时戏笑之言,却包涵一定的道理,恰与目前流行的学术评价标准相反,至今不少地方对古籍整理、注释和译介等是不算“成果”的。

钱先生在1955年填写的中国作家协会会员表中说:“自1950年7月起至去年(1954)2月皆全部从事《毛泽东选集》英译工作(现在尚部分从事此项工作),故无暇及其他活动。”又据杨绛先生《我们仨》记载,钱先生于1949年8月“到清华工作一年后,调任《毛选》翻译委员会的工作”,而“于1954年底告一段落”,又“于1958年参加翻译《毛选》的定稿工作”。钱先生后来还曾参加《毛泽东诗词》英译工作,几段经历加起来花去了多年时间,实是无法抹去的人生历程,也是重要的学术活动。以前只断断续续听到一些“故事”:如他指出《毛选》原稿说孙悟空钻进牛魔王的腹中有误(《一个极其重要的政策》一文),应为铁扇公主,从而使《毛选》正文避免了一次疏误;又如他译“吃一堑,长一智”为“A fall in pit is a gain in wit”,使有的英译专家“拍案叫绝”(绿原《几次和钱锺书先生萍水相逢》,载《新文学史料》

2002年第3期)。有些传闻也饶有兴味,如《七律·到韶山》"红旗卷起农奴戟,黑手高悬霸主鞭"中的"黑手",究竟是地主之手,镇压农民运动,还是农奴之手,夺取地主武装,据说英译组也有争论。他们还把有些疑难问题直接向毛主席请示,但总得不到批复。总之有关英译情况,至今只见到程镇球《〈毛选〉英译回忆片断——纪念毛泽东一百周年诞辰》(载《中国翻译》1993年第6期)等少许篇章,才露出冰山一角,期待有更详细的资料能予披露。

一、《毛选》英译本出版过程

《毛选》英译工作是由中宣部《毛选》英译委员会(后称英译室)负责的,主持人是徐永煐。在他百岁诞辰之际,其子女编辑印行了一部纪念文集,披露了不少珍贵资料,可以大致勾稽出其工作进程和概况,点点滴滴的遗闻逸事更映照出当年历史情貌,值得推介。

《毛选》的编辑,据说是毛主席访苏时,斯大林向他提出的建议。其前三卷的英译工作与中文版《毛选》同步完成,时在1950年至1953年。参加翻译和审订的有钱锺书、金岳霖、王佐良、郑儒箴、浦寿昌等。译稿完成后交英共中央,1954年由英国 Lawrence&Wishart 出版社出版了《毛泽东选集》前三卷的英文版。国内前三卷的中文版，则分别出版于1951年、1952年、1953年，时间稍前。这个英国出版的英译版本被称为“初版稿”。围绕这个“初版稿”，与英共之间颇有一些周折。在出版前，1954年3月29日，时任英共总书记的波立特给中共中央来信，提出他们准备将《战争和战略问题》（《毛选》第二卷）一文的第一、第二两节从英译本中删去。5月，中共中宣部起草了给波立特的复信稿，认为可以同意波立特的意见。这封复信稿送中央审阅时，受到毛泽东的批评。他在8月13日给陆定一的信中直截了当地指出：“中宣部在这个问题上犯了错误——同意英国党的错误提议——应当注意。”同月，由中联部重新替中央起草了复波立特的信，明确表示不同意删去该文的头两节内容，“因为毛泽东同志在该文件中所说到的原则，是马列主义的普遍真理，并不因为国际形势变化，而须要作什么修正”。以上情况均见《建国以来毛泽东文稿》第四册，《关于不同意英译本〈毛泽东选集〉第二卷所作删节的批语》一文及注释，中央文献出版社1990年公开出版，颇易寻读。《战争和战略问题》开篇即云：“革命的中心任务和最高形式是武装夺取政权，是战争解决问题。这个马克思列宁主义的革命原则是普遍地对的，不论在中国在外国，一概都是对的。”第二节中又提出“枪杆子里面出政权”的著名论断。而波立特的来信引述他们的“纲领”——《英国到社会主义之路》，认为“鉴于变化了的国际形势，苏联夺取政权的方式并不适用于英国”。经历过1960年代了解国际共产主义运动的人们，很容易发现这是往后“反修”斗争的前兆。

“初版稿”出版后，在1954年至1960年间，又由一位英共作家主持了对“初版稿”的修改，其修改稿被称为“旧改稿”。应这位英共作家之邀，钱锺书参加了修改审订，徐永煐、浦寿昌曾参加部分工作。至于为什么要修改，据绿原先生说：“不料过了些时，却听说外文局的英国专家史平浩（Spring hall），或称‘春堂先生’，竟对这个译本（指英国初版本）提出了批评，说是‘译的太雅了，我们伦敦码头工人读不懂’。”绿原当时在中宣部国际宣传处工作，与“《毛选》英译室”同在堂子胡同的一所大宅院内办公，一起用餐，与钱先生有“同桌之雅达半年之久”，故而知闻。此“旧改稿”后没有正式出版。

然后在1960年至1965年，由中央联络部重新组织对《毛选》前三卷的审订修改，最后由外文出版社出版，始有国内出版的英译本。

以上是《毛选》前三卷英译工作的大致情况。至于第四卷的英译，据前引程镇球的回忆，他在1960年夏参加仍由徐永煐主持的第四卷英译工作，同时参加的有杨承芳、陈龙、吴景荣、方巨成、于宝榘、郑儒箴、赵一鹤等。为译稿作润色的有外国友人马尼娅(Manya Reiss)与柯弗兰(Frank Coe)等。工作地点在万寿路十八所。初稿完成后,又由章汉夫组织审定,地点在东交民巷十五号宾馆,至 1961 年春全部完成并出版。因而就国内出版而言,《毛选》第四卷英译本比之前三卷英译本提前面世,这是一个颇有意味的现象。

二、钱先生承担的工作

《毛选》英译分为翻译和定稿两个工作程序,钱锺书先生没有参加第四卷的翻译工作,但也作过"润色"。程镇球文中说:"钱(锺书)五十年代初即参加过《毛选》前三卷的英译定稿工作,亦曾为《毛选》第四卷英译文进行过润色。徐永煐一直对他很倚重。"徐永煐写于 1962 年 3 月的《关于英译〈毛选〉稿再次修改问题》的请示报告,提出对前三卷"英译旧改稿"的修改工作,"建议由程镇球、SOL(即 Sol Adler,中文名爱德勒)、钱锺书三人,组成咨询小组,专责整理历次修改建议"。在介绍钱锺书时,他写道:"(钱)汉文英文却都很好,特别是始终地和全面地参加了初版稿和旧改稿的工作。文学研究所现在让他每星期在翻译组工作两天。他只能参加一部分稿子的校改。又因为陷于会议，更不能发挥全面和深思熟虑的作用。……如果把这三个人摆到一起，担任全面地、细致地衡量性的工作，则能收政治和技术、英文和汉文、旧人和新人的结合的效果。”钱先生大概是作为“技术”“旧人”的一方被“结合”进去的；至于“英文汉文”兼擅于一身，比之程、SOL两位似更具优势；而“始终地和全面地参加了初版稿和旧改稿的工作”，则是无人可比了。可见钱先生在整个翻译工作中的地位和作用，也难怪绿原先生在文章中称他“是英译室的主持人”了。

这次译事活动不仅英译高手云集（大都是老清华学生），中外专家齐聚，而且其要求之严、标准之高，均是罕见的。徐永煐说：“上星期我参加一次审稿会议，一下午完成了英文四百字。”如果能把当年他们字斟句酌、一丝不苟的事例整理出来，一定是份不可多得的英语教材。“五湖四海”这个成语，英语中没有相应说法，后来译成We hail from all corners of the country，就是经过反复斟酌的。又如“本本主义”的译法，定稿时有人觉得难以找到贴切译文，主张造一新词Bookism，经过讨论，提出两种译法，即Bookism和Book Worship，各述理由供上面抉择，最后由毛主席亲自决定用Book Worship（据程镇球文）。这些一鳞半爪的事例反映出翻译工作的严细和对精确性的追求。

三、与徐永煐先生的交往

徐永煐生于1902年，长于钱先生8岁；1916年考入清华，1924年毕业，早于钱氏9年，为其学长。1927年入党，他是清华学生中第一批共产党员之一，长期在外交部工作，后任外交部顾问，因病半休，1968年辞世。

他与钱先生正是在《毛选》英译工作中，切磋琢磨，相互“较真”，结下深厚的友谊，成了莫逆之交。有次徐永煐生病住院，他的亲戚前去探望，适钱先生亦在座，听他俩在讨论《纪念白求恩》结尾问题：“一个高尚的人，一个纯粹的人，一个有道德的人，一个脱离了低级趣味的人，一个有益于人民的人。”钱云：这前四种人，直译成英文，不容易有差别。而徐仍坚持直译，相互反复讨论。徐永煐也并不一概主张直译，如对“力争上游”一词，在英语里，没有“上游”比“下游”好的意思，徐认为不妨用短语 aim high 来译“力争上游”，指往高处射箭，于中文原意较合。对工作殚精竭虑的共同态度促使他俩的友情日臻深挚。

徐永煐是位学者型的官员。他在1962年以《翻译的共同认识》为题，写了一篇3万多字的大文章，系统总结由《毛选》英译而引发的翻译理论与实践问题。该文包括“理论认识”和“具体认识”两部分，其“理论认识”部分，又以《论翻译的矛盾统一》为题，公开发表于《外语教学与研究》刊物，惜“具体认识”部分，现尚未见。在公开发表的这篇文字中，他用“矛盾统一”的观点和方法，来论述翻译的性质和标准。他指出，“翻译不是表达译者本人的思想，而是译者用一种语言（归宿语言）来表达原作者用另一种语言（出发语言）表达的思想”，“翻译过程里的矛盾便是表达同一思想的两个面对面的语言的矛盾，便是归宿语言和出发语言之间的矛盾”。他还提到，“不懂出发语言而精通归宿语言的译者，最显著的例子是林琴南。林琴南介绍西洋文艺的功绩是不可磨灭的，不过，他的翻译方法是不足为训的”。

这篇文章当时就“油印好了请大家研究”，“供大家讨论”（徐永煐《关于英译〈毛选〉稿再次修改问题》，1962 年 3 月），钱先生必已寓目并参与“讨论”；他于 1963 年 3 月写成的《林纾的翻译》一文，对此也有所回应。

《林纾的翻译》，初刊于《文学研究集刊》第一册，1964 年 6 月由人民文学出版社出版，后收入《旧文四篇》，1979 年由上海古籍出版社出版。此文主要讨论翻译的功能作用、理想目标和实践困惑，以“媒”（“诱”）“化”“讹”三者展开论述，重点也在“讹”的不可避免性。译事活动是“从一种文字出发，积寸累尺地度越那许多距离，安稳到达另一种文字里，这是很艰辛的历程”，“译文总有失真和走样的地方，在意义或口吻上违背或不尽贴合原文，那就是‘讹’”。钱先生在注文中说：维耐与达勃而耐合著《英法文风格比较》(1958)，“称原作的语言为‘出发的语言’(langue de départ)、译本的语言为‘到达的语言’(langue d'arrivée)。徐永煐同志《论翻译的矛盾统一》(《外语教学与研究》1963 年第 1 期)也分为‘出发语言’和‘归宿语言’。这比英美习称的‘来源语言’(source language)和‘目标语言’(target language)似乎在比喻上更配合”。我们注意到钱先生在新中国成立后的论著中，一般很少称引健在学人的文章，此处特引徐永煐文为证，是个较少见的例外。至于他对林纾翻译的评价，更是对徐文观点的拓展和深化。

徐永煐的长子徐庆东《父亲琐忆》中的一则趣闻，近日我第一次读到，深深为之感动：

> 有一次，钱叔叔来家里和父亲聊了一天，天色已晚，起身回家。我跟父亲母亲送他。出门的过程中，两人谈话始终不辍。那天下着大雪，他们站在雪地里聊，好像有说不完的话。母亲看快到吃饭的时间，就跑回家拿了棵白菜给钱叔叔(困难时期，大白菜是细菜)，钱把白菜往腋下一夹，就走了。一小时后，杨绛阿姨打来

电话，问母亲是不是给了钱锺书一棵白菜。原来，钱叔叔回家后，杨绛阿姨发现他夹着白菜，问是哪儿来的，回答说不知道。

他俩之间真“有说不完的话”，遗憾的是后人已不明具体内容了。这篇回忆文章又说：“他们谈话内容很丰富，天南地北。记得有一次，他们聊宋代诗人王安石的诗句‘春风又绿江南岸’。父亲说，把‘绿’字当动词用，王安石不是第一人，从前就有人这样用过。钱叔叔很以为然，回去查了一下，在他的《宋诗选》注释里，加上了这个意思。”《宋诗选注》的确举过丘为、李白、常建的诗例，说明“绿”字用法在唐诗中“早见而亦屡见”，然后提了五个问题：

王安石的反复修改是忘记了唐人的诗句而白费心力呢？还是明知道这些诗句而有心立异呢？他的选定“绿”字是跟唐人暗合呢？是最后想起了唐人诗句而欣然沿用呢？还是自觉不能出奇制胜，终于向唐人认输呢？

这一连串的问题，倒颇似当年他俩交谈的口吻，很有现场感，姑且作这样的胡猜乱测，来弥补现场了解上的缺失吧。

杨绛先生说：钱先生“在徐永煐同志领导下工作多年，从信赖的部下成为要好的朋友”（《我们仨》，生活·读书·新知三联书店，2003 年），是对他俩关系的确切表述。

钱锺书先生横遭青蝇之玷

多年前，读到谢泳先生的一篇短文《钱锺书与清华“间谍案”》(载《新文学史料》2003 年第 4 期)，勾起四五十年前沉甸甸的历史记忆，引发对上一代知识分子的生存环境的思索。往事确实无法如烟，不会随风飘灭，事情的“有”“无”和事理的是非，不能回避。

谢泳先生的文章披露了一份重要的材料，即高等教育部关于北京大学的调查报告，文件名为《北京大学典型调查材料》。1956 年初，中共中央召开知识分子问题会议，这份“调查材料”就是会议参考资料之一。它对当时北大的知识分子作了分类排队，钱先生被明确列入“反动教授”。第一条“罪证”就是指控钱氏与所谓间谍案有关。《调查材料》说：“反动的：一般是政治历史复杂并一贯散布反动言论。如文学研究所钱锺书在解放前与美国间谍特务李克关系密切。”文学研究所当时仅是北大的“附设单位”，原是由政务院文教委员会决定成立的，在业务上并不受北大直接领导，但《调查材料》仍不放过他这个“编外”人员。“间谍”“特务”所干的是窃取机密、阴谋煽动甚至杀人放火等等勾当，钱先生怎么会与这种人“关系密切”呢？

一、不愿去父母之邦

我在文学研究所工作时，曾看过《两个美国间谍的自述》一书（群众出版社，1958 年）。此书由李克（Allyn Rickett）、李又安（Adele Rickett）合著。他夫妇俩曾因“间谍罪”被人民政府逮捕，后得到释放，故原书名为 *Prisoners of Liberation*。书中记述人物，一律用化名，但仍能找出一些蛛丝马迹。如第 34 页讲到在 1950 年暮春，他们请清华的两对教授夫妇吃饭，其中的“赵先生”讲起“现代诗”问题：“你说是‘现代’诗吗？哼……我认为还不如说是‘绝代’诗倒更恰当些。五十年以后就不会有人再听到这些东西了。”用这种语言修辞机智来表达思想，“现代”“绝代”，正是钱先生的习惯，正如他婉谢别人“祝寿”是“促寿”“延年”是“厌年”一样。说完后作者李克在下面又添了一句：“他那一口训练有素的牛津口音更加衬托了他对中国新起诗人的鄙视。”“训练有素的牛津口音”一语更可坐实“赵先生”之为钱先生了。1979年，钱先生访美时，他的一口标准的“牛津英语”就给当地人士留下深刻印象，夏志清等人都曾叙及。

在这次家宴中，李克又问起“赵先生”：牛津大学过去两年来一直在请他去任教，他是不是会接受他们的邀请。“赵先生慢慢地摇了摇头说：‘不，我不打算接受，我虽不完全同意吴先生（按，指同宴的另一位客人）的说法，但这儿还是我的祖国，这儿正在发生巨大的变化，我还是留在这儿做自己的一份事情好。’”这使我们马上想起邹文海在《忆钱锺书》（见《文化昆仑：钱锺书其人其文》，人民文学出版社，1999年）中说到，在1948年先是香港大学聘请钱先生，“其后牛津大学又约他去任reader”，邹氏曾催促他成行，未果。李克的这段叙述正好照应了钱先生不应邹氏促驾之举。这是我读到的钱先生对易代之际去留问题表态的最早一段珍贵材料，掷地有声，感人至深。

追问一批“高知”在解放前夕的去留问题及其背后所蕴含的政治、文化意义，时有文章见诸报端，例如陈寅恪先生为何留在大陆，惜无陈先生本人的说明。钱先生不同，除了此处对李克的回答以外，杨绛先生在《干校六记》中也写到她和钱先生在菜园窝棚前的一段对话：

我问：“你悔不悔当初留下不走？”

他说："时光倒流，我还是老样。"

这不是故作豪言壮语，而是代表了一代"老知识分子"的心声。杨先生在致《一代才子钱锺书》(上海人民出版社，2005 年)一书作者汤晏的信中也说道："钱锺书不愿去父母之邦，有几个原因。一个重要的原因是他深爱祖国的语言——他的 mother tongue，他不愿用外文创作。假如他不得已而只能寄居国外，他首先就得谋求合适的职业来维持生计。他必需付出大部分时间保住职业，以图生存。凭他的才学，他准会挤出时间，配合职业，用外文写出几本有关中外文化的著作。但是《百合心》是不会写下去了，《槐聚诗存》也没有了，《宋诗选注》也没有了，《管锥编》也没有了。"这封信写于 2001 年 10 月，着重从民族语言角度来解释"不愿去父母之邦"的一个原因。到了 2003 年出版的《我们仨》中，杨先生再一次重申："我们如要逃跑，不是无路可走。可是一个人在紧要关头，决定他何去何从的，也许总是他最基本的感情。我们从不唱爱国调。非但不唱，还不爱听。但我们不愿逃跑，只是不愿去父母之邦，撇不开自家人。"

上述四处关于"留在大陆"的自释文字，以与李克对答的时间最早(1950 年)，说明半个多世纪以来，历尽劫波，

"我们是文化人,爱祖国的文化,爱祖国的文字,爱祖国的语言"的痴心不变。有人统计旧《观察》撰稿人中(钱先生也是其中之一),几乎所有人都有条件在解放前夕离去,但绝大多数毅然留下,这就不单是个行止的抉择问题,而是这批虽受欧风美雨熏陶的所谓"民主个人主义者",尽管与共产党的关系或亲或疏,但都具有强烈的爱国心和深厚的民族感情,跟这片神州大地有着难以割舍的精神纽带(当然选择离去的也不一定不爱国)。

二、与李克、李又安夫妇的关系

李克夫妇的"间谍案",是新中国成立初期第一批美籍间谍案之一,有关档案卷宗至今未能查阅。《两个美国间谍的自述》一书虽多用化名,但由隶属公安部的群众出版社出版,所记内容基本可信。另一部《建国初期北京反间谍大案纪实》,2006 年由中国社会科学出版社出版,其中的《新中国"大墙"内的一对美国间谍》亦述此事件,作者朱振才虽运用了一些报告文学的写作手法,但他系公安干部,并自称"从事北京反间谍斗争史料的征集和研究工作,更全面地了解了建国初期北京反间谍斗争的全貌"(见该书《写在前面的话》),故其记述可供参考。李克、李又安夫妇于 1948 年

10月来到中国，据《人民日报》1955年2月28日载，李又安“以清华大学英文讲师身份为掩护，解放前后从事搜集有关学生爱国运动、人民解放军围城部队、土地改革、抗美援朝等情报”，她“被判处有期徒刑三年六个月”，于2月27日“刑期已满”，释放回国。同年九月，李克也被“遣送出境”，《人民日报》（1955年9月22日）刊载了他对香港记者“用中文写成的书面谈话”，在文中，他承认自己“是一个间谍”，曾向北京的美国领事馆提供过情报，直到1950年领事馆闭馆撤离。在1951年被捕后，他深刻认识到“我不应该到别的人的国家去想强迫他们接受我喜欢的社会制度”，并在最后说他“原来被判决六年，因为受了中国人民的宽大，我被提前释放而且在遣返的过程中，受到最大的照顾”。其后，李克夫妇1974年11月、1980年春先后两次以“文化友人”的身份重访中国。

钱先生是1949年8月从上海举家到清华大学任教的，《调查材料》说他“在解放前与美国间谍特务李克关系密切”，“解放前”云云，显然错误；“关系密切”也夸大其辞。李克在清华交游广泛，与许多教授往来。论关系的深浅，恐怕要推冯友兰最为密切。李克来华，出于他的老师德克·卜德（Derk Bodde）的推介，卜德是冯友兰《中国哲学史》最早的英译者，他当时也在北京，1949年冬返回美国。李克是从“冯博士”处获知他平安抵家的消息，还在给卜德的信中特别报告了“冯博士”的近况。卜德后来成为美国汉学摆脱欧洲汉学影响、以求独立发展的代表性学者。论交往频率，朱德熙则是李克的私人汉语老师，每周讲授两次；李克每周听许维遹的课，课后切磋甚密。李克研究《管子》，1985 年普林斯顿大学出版了他的专著，在序言中对清华、北大一大批教授的指导和帮助表示感谢，钱先生仅是其中之一。应该说，钱先生跟李克的关系，与其他同事一样，都在正常学人交往和学术交流的范围内，只是在当年抗美援朝的时代，在全国一片反对美帝国主义的浪潮中，被赋予了严重的意义。因此，事过境迁，人们并不讳言这种交往关系。比如杨绛先生在 20 世纪七八十年代仍与李又安有过联系。她在《回忆我的父亲》中说到，为了核实她的父亲杨荫杭先生早年在美国宾夕法尼亚大学的硕士论文《日本商法》一事，“写信给美国友人宾夕法尼亚大学的李又安(Adele Rickett)教授，托她找找有没有这本书(按，即《日本商法》)。据她回信，锺书一点也没记错。那本书一找就见，在法学图书馆”。并在 1985 年出版《回忆两篇》而写的《前言》里又特意向李又安致谢。

三、匪夷所思的诬告

《调查材料》另一条骇人听闻的“罪状”是“污蔑”《毛选》，杨先生在《干校六记》《丙午丁未年纪事》《我们仨》中都反复叙明此事。《调查材料》称：“1952 年他在《毛选》英译委员会时，有人建议他把《毛选》拿回家去翻译，他说：‘这样肮脏的东西拿回家去，把空气都搞脏了。’”到“文革”时，这明显属于“炮打”的“现反”材料，性质严重。文学所的同事都心知肚明，这不是真实的。不说别的，“语气就不像”，“钱某要说这话，一定还说得俏皮些”。试想当时是重视保密的环境，能否把《毛选》英译资料随便带回家(其中不少文稿还未定稿，中文版《毛选》尚未公开出版)？他们在城内堂子胡同办公，钱先生其时住在西郊北大中关村，携带是否安全？再说那时每家每户都有毛泽东著作，怎能设想拒绝毛著进门的家庭？凡此种种，可谓破绽百出。我还可以补充亲历的事情。1967 年夏，“文革”运动进入“解放”干部阶段。文学所古代组初步讨论决定第一批“解放”钱先生等四人“下楼”，但要做好调查工作。大概在五月份，先根据所内原人事部门同事提供的线索，展开外调。虽在特殊时期，这次外调还是颇为认真的。外文出版社先后去了两次，找了叶君健等四位先生(叶与钱一起参加过毛泽东诗词英译工作)。他们异口同声地说钱先生当时工作认真负责,帮助解决了不少译事上的难题,也从未听说过此类“大不敬”之语。叶先生说得更干脆:“钱锺书决不能说这种话。”甚至找到原举报人,也矢口否认。那年 8 月 1 日向全所大会报告了调查结果,对此事的结论是四个字:“查无实据。”全所各组分别讨论,一致同意钱等四位“下楼”;8 月 2 日起他们就参加“革命群众”的学习了。

最近读到时任《毛选》英译委员会主任徐永煐的一份向上级写的报告——《关于英译〈毛选〉稿再次修改问题》(1962 年),其中说:“我建议由程镇球、SOL、钱锺书三人,组成咨询小组,专责整理历次修改建议,与初版稿和旧改稿对照,并且提出抉择意见”,再供上级领导裁夺。他还说钱锺书“汉文英文却都很好,特别是始终地和全面地参加了初版稿和旧改稿的工作”。这里提到的 SOL 是英国专家爱德勒,程镇球也是翻译组的领导。程在《〈毛选〉英译回忆片断》(载《中国翻译》1993 年 6 期)中,也提到“新增加的定稿组成员有钱锺书”,“钱五十年代初即参加过《毛选》前三卷的英译定稿工作,亦曾为《毛选》第四卷英译文进行过润色。徐永煐一直对他很倚重”。徐永煐 1924 年毕业于清华,大钱氏八岁,为其学长。他们两人在工作中切磋琢磨、相互

“较真”，成了莫逆之交。

我在上一篇《钱锺书先生参与〈毛泽东选集〉英译过程点滴》（原载《悦读》第五卷，2007 年 11 月）中，曾不惮辞费地引用当事人的材料，尽可能真实地还原当年那个翻译群体的敬业精神及上下协调的工作环境，因为任何人的一言一行都与具体环境密切相关，互为因果。如果钱先生参加英译工作是不情愿甚或是抵触的，作为主持人的徐永煐还会这么“倚重”他并进而成为无话不谈的知己吗？

《调查材料》又说钱先生“污蔑《毛选》文字不通”，这大概是指钱先生讲“孙猴儿从来未钻入牛魔王腹中”一类问题（见《毛选》第三卷《一个极其重要的政策》，原稿将“铁扇公主”误为“牛魔王”），实不足再辩。我相信钱先生当时是以求真求实的善意态度来对待《毛选》文字的疵病的。

还有一条“罪状”是“在上海美军俱乐部演讲一次”。乍一听也是颇为吓人的，钱先生似为“美军”传授什么军事谋略。不妨查一查这次演讲的时间、背景和内容。好在这次演讲稿曾公开刊登在《大公报》综合第十九、二十期，时间是 1945 年 12 月 26、27 日。演讲的时间在同年的 12 月 6 日。题目是《谈中国诗》，在 1997 年出版的《钱锺书散文》中一查即得。当时正值抗日战争胜利后不久，“美军”是中国的同盟军，《毛选》中也屡称为“盟邦人士”。

内容又纯系学术问题，唯一涉及时政的一处是：钱先生讲到第一首译成中文的西洋近代诗是美国人的《人生颂》，但这首诗曾先由英国人译成中国散文，再由中国人写成七绝组诗，于是他随机生发地说："所以远在 ABC 国家军事同盟之前，文艺女神早借一首小诗把中国人美国人英国人联络在一起了。"[①]能从这次演讲中嗅出什么"反动"气味吗？

《调查材料》还提到"曾见过蒋匪"。《我们仨》中说过，抗战胜利后，钱先生曾兼中央图书馆英文总纂等工作，"每月要到南京汇报工作"。"一次他老早就回来了，我喜出望外。他说：'今天晚宴，要和"极峰"（蒋介石）握手，我趁早溜回来了。'"与陈寅恪先生一样，蒋某人实在难入他们的法眼。至于《调查材料》所说的"当揭发胡风反革命集团第二批材料时，他说'胡风问题是宗派主义问题，他与周扬有矛盾，最后把胡风搞下去了'等等反动言论"，时至今日胡风冤案大白于天下之际，就不用多说了。

1956 年是中国社会发展的重要一年，农业、手工业、工商业三大改造基本完成，要"跑步进入社会主义"。此年

---

① 此段中外文学因缘，后来他用英语写成《汉译第一首英语诗〈人生颂〉及有关二三事》长文，中译改定本可见浙江文艺出版社 1997 年版《钱锺书散文》和生活·读书·新知三联书店 2007 年版《钱锺书集》。

1月中共中央召开的知识分子问题会议，由周恩来代表中共中央作《关于知识分子问题的报告》，主题词是知识分子的绝大部分“已经成为国家工作人员，已经为社会主义服务，已经是工人阶级的一部分”。毛泽东在最后一天（1月20日）也作了讲话，认为当务之急是展开“技术革命，也叫文化革命”（这个“文化革命”与十年后的那个“史无前例”的“文化大革命”就大不相同了），并第一次提出了“多快好省”的口号。（原话是：“我们要把社会主义事业办得又多、又快、又好、又省。”）随后又有陆定一的“双百方针”报告，又有“向科学进军”的口号，知识分子们普遍感到自己的“春天”到了。但如钱、杨二先生仍受到《调查材料》的困扰，直至“文革”结束后才彻底洗清冤屈，摆脱困扰。没想到多年后在这个问题上仍有不同的解读，故有辨明的必要。

谢泳短文披露后不久，《新文学史料》编辑部曾在该刊2004年第一期上刊《说明》，称：“编辑部收到文学研究所一公函，来函指出：‘材料（即谢泳文所披露的调查材料）中所列举的全部所谓“问题”，钱锺书先生所在的中国科学院文学研究所，早在上个世纪五十年代已一一调查清楚，做了结论。’认为此说‘纯属空穴来风，查无实据’。”文学所组织上的态度是负责而郑重的。但其后仍有不同声音。二则此事对理解和研究钱先生处事、思想与学术颇有关联。三则对了解当年知识分子的生存环境，不失为一个颇具典型性的个案。

四、生存智慧、人生与学术的交集

经历过所谓“清华间谍案”“污蔑《毛选》案”的钱先生，对于中国古代历史上以言罹祸、文网钳制的观察，融入了一份切身的感受，显得更为深刻。成书于“文革”后期的《管锥编》多次论及这个题目。在论述《周易·颐》“象曰：君子以慎言语，节饮食”时，引孔颖达《正义》“病从口入，祸从口出”，以言语、饮食两事相提并论，然后他称引主张“可以多食，勿以多言”的种种文献资料，下了这么一个断语：“皆斤斤严口舌之戒而弛口腹之防，亦见人之惧祸过于畏病，而处世难于摄生矣。”(《管锥编》第一册，中华书局，1979 年，第 23—24 页)把以言取祸、处世之难的问题提到人生最难应对的大课题。与此互释互通，他对武王《机铭》中的“口戕口”历代难解之疑，作出了牢确不移的训释。《机铭》云：“皇皇唯敬，口生听，口戕口。”或以为“口”为“□”，乃缺文的标记；钱先生举出众多例证，说明“前‘口’乃口舌之口，谓言语，后‘口’则丁口之口，谓生人。以口兴戎，害人杀身，皆‘口戕口’，罗隐《言》诗所谓‘须信祸胎生利口’，古语双关之例也”。因为“机”可指书案,“乃人君出令所依,故‘口’即言语”;“机”又指几席,“可据以饮食,‘口’复为口腹之‘口’”,这就与前述《周易·颐》所谓“慎言语,节饮食”相通,“口戕口”乃“两义兼涵”,但钱先生的侧重点则在“慎言语”之义(《管锥编》第三册,第 855—856 页)。

对于文网语阱,钱先生尤对专权者和构陷者作了尖锐的批判。他列举宋明帝、金熙宗、明太祖、清乾隆帝的事例。如金熙宗时,张钧起草制书中,有“顾兹寡昧”及“眇余小子”之言,翻译官不知此乃谦恭自逊之套语,乃进言云:“寡者孤独无亲,昧者不晓人事,眇为瞎眼,小子为小孩儿。”熙宗大怒,张钧竟至被“以手剑剺其口,棘而醢之”。明太祖性多猜忌,臣工表奏颂扬,“一人有道,万寿无疆”则疑隐寓“强盗”,“体乾法坤”则疑隐寓“发髡”,“作则”嫌于“作贼”,“生”“扉”谐音“僧”“匪”,“殊”拆字为“歹”“朱”,竟然“皆科以大逆谤讪”。钱先生写道:“恃强挟贵,而苛察雄猜,憬然严周身之防,瞭焉极十目之视,盖众所畏之人,其所畏亦必众耳。”(《管锥编》第三册,第 971—973 页)慑魂勾魄,读之惊怵!他对从事构陷者也毫不宽假。论太公《龙韬》,从专务此职的“从狙而好小察”者,到“后世‘察事’、‘察子’、‘觇步’、‘候官’、‘校事’、‘觇者’、‘逻者’”,均予抨击。他还深刻地指出,这类宵小之徒,虽为众人憎疾,但专权者却不能不用。他引《三国志·魏书·高柔传》，高柔向太祖进谏不能任用赵达等辈从事斯业。太祖说得好："卿（高柔）知达等，恐不如吾也。要能刺举而辨众事，使贤人君子为之，则不成也。昔叔孙通用群盗，良有以也。"明知此类鼠辈皆为蝇营狗苟之徒，但也因此而使之为鹰犬、为走狗，贤人君子绝不肯为，深刻说明这是封建政治体制中必然产生的毒瘤。他还指出此辈往往善于伪装，使人们疏于防范而陷其彀中。举元代俞德邻《佩韦斋文集》中《聩皂》之例，"盖似痴如聋，'群视之若无人'而不畏不惕，乃能鬼瞰狙伺，用同淮南所教之悬镜，行比柳州所骂之尸虫"（《管锥编》第三册，第862—863页），其形容刻画处，更是入骨三分，丑恶嘴脸，烛照无遁。

钱先生有时给人以逃避政治、明哲保身的印象，但读《管锥编》这类文字，总能感受到他嫉恶如仇的激愤和洞若观火的明智，这体现了他有所为、有所不为的人生立场，他的学术与人生实是互动交融的。他论《谷城石人腹铭》，引用清初人屡次以"磨兜坚"入诗，如陈瑚"磨兜坚，慎勿言！言之输国情。挟笔砚，慎勿书！书之杀其身"，然后说："一典之频使，亦可因微知著，尚论其世，想见易代时文网之密也。"（《管锥编》第三册，第879页）桓谭《桓子新论·谴非》云："夫言语小故，陷致人于族灭，事诚可悼痛焉！"举例说

《易》之“大人虎变，君子豹变”，人主看了会说“何为比我禽兽”？如说“圣明与尧舜同”，人主又会说“何为比我于死人”？钱先生于是写道：“按必有为而发，不图东汉之初，文网语阱深密乃尔。”（《管锥编》第三册，第971—972页）在《钱锺书手稿集》第二卷第1200页中，他引宋元人罗公升《送归使》诗：“鱼鳖甘贻祸，鸡豚饱自焚。莫云鸥鹭瘦，馋口不饶君。”又写道：“按，沉痛语。盖言易代之际，虽洁身远引，亦不能自全也。”

面对命运不能自主的生存环境，致慨于“处世难于摄生”，钱先生养成了自觉的自我保护意识。他个性率直，放言无忌，月旦人物，褒贬世事，都未罹五七丁酉之厄，被视为“奇迹”，其实，端赖于这种生存智慧。在各种“运动”此起彼伏时，他低调处世，杜门谢客，绝无政治上的表现欲望。1979年他出访美国，有人问他何以在“文革”中未吃大苦头，他幽默地说：“有些人大力建立自己的知名度，反倒被它害了。”（台北《联合报》1979年6月26日）言下颇有自幸之意。其次是谨言慎行，严防授人以柄。他曾引朱庆馀《宫词》“含情欲说宫中事，鹦鹉前头不敢言”，“鹦鹉”或即“刺取阴私”的鹰犬。杨万里《题沈子寿〈旁观录〉》云：“逢着诗人沈竹斋，丁宁有口不须开。被渠谱入《旁观录》，四马如何挽得回！”一言之失，驷马难追，《旁观录》变成了黑材料。

(《管锥编》第三册，第 862 页)在正式会议或政治学习中，他经常保持沉默。有同事描述说："他在会上不大发言，大部分情况下只是听别人说话，有时他听着听着会低头微笑，笑什么当然只有他自己知道了。"(徐公持《古代组"老先生"印象记》，载《新文学史料》2003 年第 2 期)平实而颇能传神，与他在私人谈话空间时口若悬河、神采飞扬的情态，判若两人。1992 年他有一次对青年的"寄语"：

> 一个人对自己身边的人甚至自己的朋友，在与他们说话时要十分谨慎。如果他是一个表里不一的人，他可能会抓住你话中的漏洞从你身后边捅你一刀，把你卖了；如果他是一个软弱的人，在他人的恐吓、威胁下，他可能会做一些伪证，捏造一些无中生有的事件来；如果他是一个正直诚实的人，他可能会十分坦率地承认一些对你十分不利的事情；如果他是一个可以信赖的知心朋友，他可能会因保护你而牺牲了他自己。总之，心中毫无阻碍，说话毫无顾忌的人，很可能害人又害己。

谈话的对象是两位二十岁左右的年轻人，是外国文学所同事的孩子，对钱先生而言，已是孙辈了。他们为取一份校样去钱家，钱、杨两先生对他们说了以上肺腑之言，他们记录成文，题目是《钱锺书、杨绛先生寄语青年》，初刊于《科学时报》，文章是经过钱先生过目改定的。（收入何晖、方天星编《一寸千思：忆钱锺书先生》，辽海出版社，1999 年）钱先生的父亲为他取字“默存”（大概是从《易·系辞上》“默而成之，不言而信，存乎德行”而来），上述四个“如果”这段文字，可以看作他为自己补写的《字默存说》（苏洵有《名二子说》《仲兄字文甫说》），也是一篇现代版的《说难》，比之韩非专论臣下进言之难的《说难》，更直指世道人心，更抉剔入微。另一次对青年的“寄语”在 1987 年。他托当时文学所所长转告：“请对年轻人说：钱某名不副实，万万不要迷信。这就是帮了我的大忙。不实之名，就像不义之财，会招来恶报的。”坚持淡泊名利、低调做人的立场，恳切真诚。他还说了这么一句惊世骇俗的话：“我们的头发，一根也不要给魔鬼抓住。”防范急切之心，表现得淋漓尽致。（见刘再复《钱锺书先生纪事》，载《东方早报》2009 年 11 月 15 日）

历史已翻过了沉重的一页，民主、法制、尊严、和谐日益成为当今社会的关键词。“间谍案”夸大其事，“污蔑案”无中生有，但对钱先生已造成了严重伤害。历史的教训不应忘记。

第二辑

钱锺书先生的学问与趣味

钱锺书先生的《西游》情结

钱锺书先生博览群书，“不仅读一遍两遍，还会读三遍四遍”（杨绛先生语）。但当我初闻他对《西游记》竟读过十多遍时，还是感到惊讶。一般人的读书经验，年幼时会被《西游》的神奇变幻、想落天外所深深吸引，及至年事稍长，则对《红楼》《三国》《水浒》等更感兴趣。受到新中国成立后中文系科班训练的人，大都也不会在小说名著中给《西游》打高分。钱先生自己对向他请教“读书门径”的后辈学子，开出的书单也是“先秦诸子，特别是孔、孟、老、庄、列、韩，如《左传》《诗》《骚》，如《史记》《汉书》《后汉书》《三国志》《魏书》《宋书》《南齐书》，如《宋儒学案》《明儒学案》，等等，都是研究中国文化的基础书、必读书”（陆文虎《钱锺书“锺书”述略》，载《科技文萃》1992 年第 2 期）。然而，在他个人的日常读书生活中，《西游记》无疑是最引起他阅读兴趣的一部书。其原因是他不仅从学术层面来读，更从生活情趣层面来读，从中获得解困舒闷的精神乐趣，乃至成为生活的润滑剂和心理的平衡器。

无独有偶。他的清华同届不同系的同龄同学林庚先生，也对《西游》情有独钟。不过，林先生主要是在“文化大革命”动乱中才倾注全力夜读此书的，作为内心的一种减负，并从自我愉悦上升到理性探讨，“《西游记》是部童话性质的书，我是把它当做童话来读的”，写出专著《西游记漫话》，对其书作出独具眼光的解读。钱先生则从幼年时代起就接触《西游》，“把‘獃子’读如‘豈子’，也不知《西游记》里的‘獃子’就是猪八戒”（杨绛《记钱锺书与〈围城〉》，湖南人民出版社，1986年）。其强烈兴趣至老不稍减。《管锥编》中就引及50多处，《钱锺书手稿集·容安馆札记》亦屡见称述。

一、孙猴儿钻进谁的肚子

围绕《西游》的指误纠谬，可以看出钱先生对此书的熟稔，也具见其洋溢童心的评赏趣味。在电视连续剧《西游记》热播时，他曾撰短文投《新民晚报》（1988年3月18日），指出“一口中（钟）”乃是衣着样式（至今江浙农村仍保留此一称呼，指婴儿的斗篷式衣服），而电视剧中竟搬出真正的“钟”。这篇短文他当然用的是化名。他对《毛选》的指误就不那么轻松好玩了。《我们仨》说：

> 锺书翻译《毛选》时，有一次指出原文有个错误。他坚持说：“孙猴儿从来未钻入牛魔王腹中。”徐永煐同志请示上级，胡乔木同志调了全国不同版本的《西游记》查看。锺书没有错。孙猴儿是变作小虫，给铁扇公主吞入肚里的；铁扇公主也不能说是“庞然大物”。毛主席得把原文修改两句。锺书虽然没有错，他也够“狂傲”的。

《毛选》中运用这个故事，至少有两次：一是收入第三卷的《一个极其重要的政策》，在讲到“精兵简政”时说道：“铁扇公主虽然是一个厉害的妖精，孙行者却化为一个小虫钻进铁扇公主的心脏里去把她战败了。”一是收入第四卷的《在中国共产党第七届中央委员会第二次全体会议上的讲话》，在讲到与国民党反动政府谈判时，要准备谈判成功后的“许多麻烦事情”，“就要准备一副清醒的头脑去对付对方采用孙行者钻进铁扇公主肚子里的兴妖作怪的政策”。《毛选》两次运用这个故事，“孙行者”的喻指正好相反：前者喻我方，“我们八路军新四军是孙行者”，“很有办法对付这个日本妖精”；后者喻敌方，“兴妖作怪的孙行者”是指国民党“南京反动政府”。这也就是钱先生常讲的“喻有两柄”的道理了。那么钱先生所指误的是哪一篇呢？或谓是《毛选》第四卷的后一篇，且云“在最初公开出版发行的《毛选》中，句中‘铁扇公主’原作‘牛魔王’”，但这里《毛选》第四卷和“最初公开出版发行”云云，恐均不确。

本书第一辑中《钱锺书先生参与〈毛泽东文选〉英译过程点滴》已提及，钱先生参加翻译《毛选》工作，首先是在1950年至1954年，“全部从事《毛泽东选集》英译工作”，和其他学者共同完成了前三卷的翻译。而第四卷的英译工作于1960年开展，只是请钱先生对一些有难点的文字做了润色。因而无论从时间先后，还是从投入精力的多少，钱先生所指误的，更可能是第三卷中的内容，而不大可能是收入第四卷的七届二中全会上的讲话。

《一个极其重要的政策》原是延安《解放日报》1942年9月7日的社论，原文是这样的：“若说何以对付敌人的庞大机构呢？那就有孙行者对付牛魔王为例。牛魔王不是庞然大物吗？孙行者却化为一个小虫飞进牛魔王的心脏把他战败了。”这里是“牛魔王”，又有“庞然大物”，钱先生所指即此篇，该是没有问题的。又查得1953年《毛选》第三卷初版本，已改成“铁扇公主”，也删去“庞然大物”，已采纳钱先生的意见“把原文修改两句”，避免了一个技术性的错误。

钱先生对于这个指误，在他那里是顺手拈来的，他对于孙行者的这项战术，本就饶有兴趣地注意到了。《管锥编》第二册第704页他在论及《聂隐娘》“化为蠛蠓，潜入仆射肠中听伺”一节时，就指出：“亦即《西游记》中孙行者化蟭蟟虫或红桃入铁扇公主、金毛白鼠精或狮驼洞老魔等腹中之术。”孙行者的这三次战绩分别见五十九回、八十二回（原文为“金鼻白毛老鼠精”）、七十五回，均十分热闹好看。后世不少小说作者踵事增华，推波助澜，“皆师行者故智，而隐娘事其椎轮也”，梳理出这一情节的发生、发展过程，已涉及神怪小说艺术构思研究的层面。

钱先生对《西游记》本身的指误，也具有此类学术内蕴。《管锥编》第四册第1300页一口气连举四处难免贻人口实的败笔：

> 《西游记》第一〇回（引者按，通行本为第九回）袁守诚卖卜铺“两边罗列王维画”，唐太宗时已有唐玄宗时人画。第七一回献金圣宫以霞衣之“紫阳真人张伯端”，北宋道士也；第八七回八戒笑行者“不曾读”之《百家姓》，五代童课也：人之成仙、书之行世，乃皆似在唐

以前。第二三回："两边金漆柱上贴着一幅大红纸的春联，上写着：'丝飘弱柳平桥晚，雪点香梅小院春。'"乃温庭筠《和道溪君别业》腹联，易"寒"为"香""苑"为"院"，初唐外国人家预揭晚唐中国人诗。

上举第一例王维画事，钱先生在1979年访美时也曾谈及，并指出此乃是文学家常犯的"时代错误症"（anachronism）。《西游记》是神魔小说，所叙皆子虚乌有、匪夷所思者，比一般小说容许有更大的艺术想象的跨度，某些细节的张冠李戴、移花接木也是常事。钱先生还举例说明"时代错乱，亦有明知故为，以文游戏，弄笔增趣者"；但何为艺术领域容许之"时代错乱"者，何为"任心漫与，而为无知失察，反授人以柄"（《管锥编》第四册，第1302页）者，其间是有严格界限的。钱先生在致周而复先生信中曾说："历史小说虚虚实实，最难恰到好处，弟尝戏改《红楼梦》中联语为此体说法云：'假作真时真不假，无生有处有非无。'"（沉冰主编《不一样的记忆：与钱锺书在一起》，当代世界出版社，1999年）以假为真，无中生有，但在艺术领域中必应达至不真之真，非有之有。不具备此点，艺术想象和夸张就变成纯粹的胡扯和说谎了。至于"时代错误症"，理应避免。

二、猴入马厩，可免马疫

孙行者的机敏灵活，风趣诙谐，乐观而不受羁束，嫉恶而神通广大，自然是钱先生注意力的焦点，他论《西游》多为孙大圣。兹再从手稿中取证。《钱锺书手稿集·容安馆札记》（商务印书馆，2003 年）卷三第 2567 页云：

《后山诗注》卷二《猴马》（并引）："楚州紫极宫，有画沐猴振索以戏，马顿索以惊。围人不测，从后鞭之。人言沐猴宜马，而今为累。作诗以导马意。""沐猴自戏马自惊，围人未解猴马情。"注："韩鄂《四时纂要》曰：常系猕猴于马房内，辟恶消百病，令马不着疥。"按，《夷坚三志辛》卷四《孟广威猕猴》："好养马，常蓄猕猴于外厩，俗云与马性相宜。"全真教祖王哲《风马令》："意马擒来莫容纵。长堤备、珰滴瑠玎。被槽头、猢狲相调弄。"（《全金元词》二三四页，二五九页《风马令》同）《捣练子》："猿骑马。逞颠傻。"（二四六页）正借此事以指意马心猿也。他词如二四〇《望蓬莱》："先且牢擒劣马子，切须缚住耍猿儿。"二四四《浣溪沙》："急将猿马紧牢擒。"二六七《蜀葵花》："意马与心猿，牢锁闭、莫放劣。"仅作尔许语也。美国旧金山亚洲美术馆藏明玉雕，一猴踞马背，一猴引之，即此意。黄本骥《湖南方物志》(《小方壶斋舆地丛抄》第六帙)："长沙老猴乃明吉藩马厩中物，藩女适善化李氏，赠以马而猴与焉。……历三百馀年而不为人祟。"《五杂(组)[组]》卷九："置狙于马厩，令马不疫。《西游记》谓天帝封孙行者为弼马温，盖戏词也。"

[行间注]《宛陵集》卷十二《咏杨高品马厩猢狲》："尝闻养骐骥，辟恶系猕猴。"《南村辍耕录》卷二十五《院本名目》条"秀才家门"中有"看马胡孙"。

[眉注]《夷坚支丁》卷十《蜀猕猴皮》："予仲子前岁自夷陵得一猴，……携归置马厩。"《夷坚志补》卷四《孙犬》："畜一猴甚驯，名之曰孙犬。尝以遗总管夏侯恪，置诸马厩。"

此则已为钱先生增订《谈艺录》(中华书局，1984年)时所采用，见第509至510页，提供了从"素材"到"成品"的绝好研究资料。从《容安馆札记》到《谈艺录》，主要有两点不同：(一)《谈艺录》以论梅尧臣诗为主，《容安馆札记》则以论《西游记》为中心，主旨为揭示"弼马温"这一天帝杜撰官名的民俗学依据。"弼马温"即"避马瘟"，明人谢肇淛

《五杂组》首先指出：猴入马厩，可免马疫，《西游记》“天帝封孙行者为弼马温，盖戏词也”；钱先生在《谈艺录》中明确指出“惜未言其渊源颇古”，至少可以上溯到北宋。他从北宋梅尧臣诗、《后山诗注》任渊注，南宋《夷坚志》，金元词，元院本回目，《湖南方物志》乃至现存于美国的猴马玉雕等明代材料，来叙明这一民间传说的源流所自和广泛影响，把诗、词、笔记、戏曲、方志和现存实物等，捉置一处，统统“打通”，既说明“弼马温”背后的文化民俗的含义，也纠正对一些文献、文物的误读（如美国美术馆把那件玉雕标名为“马上封侯”，未解“看马胡孙”之意；《全金元词》收同一作者的两首《风马儿》词，而未加说明）。至于《谈艺录》比之《手稿集》的文字修润、论述条贯，也值得比勘玩索。（二）正因为《谈艺录》主要是论梅尧臣诗，因而删去《手稿集》此则论“心猿”“意马”等例证，这实是《西游记》作者的一个重要思想。仅从回目上看，“心猿归正”“意马忆心猿”“心猿获宝伏邪魔”“心猿遭火败”“道昧放心猿”等，不一而足，也留待我们思考。

三、如意金箍棒

《容安馆札记》同卷同页又云：

《西游记》。第六回悟空与二郎神变化斗法；第六十一回与牛王变化斗法。第三回“天河定底神珍铁”，一名“如意金箍棒”。按《警世通言》卷四十《旌阳宫铁(杵)[树]镇妖》。

此则文字省简，钱先生未及发挥。猜测起来，前半讲孙行者的七十二变，后半讲他的金箍棒。孙行者与二郎神斗法，可谓棋逢对手；牛魔王“也有七十二变，武艺也与大圣一般”。这几回书都是《西游记》中的华彩篇章，惜未见钱先生的具体点评。但《管锥编》第二册第820页讲到神妖的尾巴变化有两类：一是“尾能别变形象”，如《太平广记》中的《黄审》，狸二娘身子变为主妇，尾巴变为随婢；二是“尾虽变而仍着于身”，所举即孙行者与二郎神斗法时，变作土地庙，“只有尾巴不好收拾，竖在后面，变作一根旗竿”，还举《西游记》第三十四、七十五回之例。这类分疏，寓理于趣，可作谈助。钱先生年幼时就对小说中好汉们的兵器有偏嗜，曾提出《说唐》里李元霸的一对八百斤重的锤头子，如进入《西游记》，怎敌得过孙行者一万三千斤的金箍棒？(《记钱锺书与〈围城〉》)《手稿集》又不忘此棒。《警世通言》的《旌阳宫铁树镇妖》是讲许逊真君剿灭孽龙的故事。孽龙被真君大败，在江边痛哭，遇南海龙王敖钦的第三位太子，三太子因

“孽龙是我水族中一例之人”，商议复仇。三太子说：“我龙宫有一铁杵，叫做如意杵；有一铁棍，叫做如意棍”，“欲其大，就有屋桷般大；欲其小，只如金针般小。……此皆父王的宝贝。那棍儿被孙行者讨去，不知那猴子打死了千千万万的妖怪”。这则材料说明两种小说在故事情节上的前后呼应与衔接，颇堪重视。

上述《谈艺录》第510页论猴马事，引《夷坚志补》的《孙犬》篇，误作《孙大》；引王哲《风马令》删去“长堤备、珰滴瑠玎”七字，却未用删节号，《湖南方物志》“历三百馀年”前的删节号也脱去。而《容安馆札记》均不误。这也可使人们了解钱先生公开著作中一些校勘错误的原因。我在《万象》第六卷第十期上发表的《批评的隔膜》一文，引及钱先生《容安馆札记》时，把《四库提要辨证》之“证”误作“正”，“壮志”误作“壮士”，“绝其髓”“拟脍楼兰肉”两句后应有下引号。又辛词“少年不识愁滋味”之“识”误作“知”。底稿虽不误，打印稿失校，难辞其咎。另，“他语亦孟郊《猛将行》”之“他语亦”三字，实应在“捋扯宋人……”之前，则是底稿早就错了。志此自责，并向读者致歉。

[附记]

关于我国古代马厩系猴以避马瘟的民俗，张勃《“弼马温”与避马瘟》一文（载《民俗研究》2000年第1期），中提及有两幅汉代石刻画像可资参证：（一）河南密县打虎亭汉墓1号墓南耳室石刻画像，其中一匹马的拴马桩上就有两只猴子；（二）四川成都市郊曾家包东汉墓中所刻《酿酒、马厩、兰锜图》，也有一猴蹲在马桩上喂马之情状。另在文献中也不乏记载。北魏贾思勰《齐民要术》：“常系猕猴于马坊，令马不畏，辟恶，消百病也。”南朝梁陶弘景《名医别录》：“系猕猴于厩，避马瘟。”明李时珍《本草纲目》引《马经》，亦谓“马厩畜母猴，避马瘟疫”。可见此民俗“渊源颇古”，可追溯至汉代。又，邢义田《“猴与马”造型母题——一个草原与中原艺术交流的古代见证》对此有全面而深入的讨论，文收入《画为心声：画像石、画像砖与壁画》（中华书局，2011年）。

“皮里阳秋”与“诗可以怨”

钱锺书先生以渊博和睿智见称于世。早在1946年，《文艺复兴》第二卷第1期即有云：“钱锺书以博学和智慧闻名，他目光深远，犀利地观察并且解剖人生。”四十年后，柯灵在《促膝闲话中书君》（《读书》1989年第3期）中也说：“钱氏的两大精神支柱是渊博和睿智”，“他博及群书，古今中外，文史哲无所不窥，无所不精”，并指出他的“渊博”与“睿智”当然是“互为羽翼，浑然一体”的。可见这已成为学界的共识。但如果只容许以一个字来概括钱先生的学术个性，我选择“博”，因为他的“智”实主要来源于他的“博”。

一、钱先生答不出“皮里阳秋”？

然而在钱先生逝世后，在对他作正面评价的同时，时不时也会听到批评、质疑之声，其中最令人不解的是对他是否淹博的怀疑。说他不知“皮里阳秋”的出处，就是一例。我最早在十年前的《散文百家》(2000 年第 10 期)上读到，以后又时见以此说事，直至 2009 年 1 月 9 日的《文汇读书周报》，又把《散文百家》上的这段文字重行刊登。

据披露者说，他在“干校”后期，曾向钱先生提出为何要称为“皮里阳秋”，“他(指钱先生)沉吟许久，却始终答不出来，倒是一位红学大师拍案大笑，说出了个中的奥妙”云云。说钱先生是“始终答不出来”，“红学大师”却随口“说出了个中的奥妙”，一位是“沉吟许久”，一位是“拍案大笑”，抑扬褒贬，对照鲜明；他还不忘补上一句：“其实忘却了几个掌故，又有多大的干系?”公允宽容之态可掬，但用意是明白的。

“皮里阳秋”典出《世说新语》，在《赏誉》篇中说：“桓茂伦(桓彝)云：‘褚季野(褚裒)皮里阳秋。’谓其裁中也。”“裁中”，谓内心有裁断。此又见《晋书·褚裒传》：桓彝云“季野有皮里春秋”，“言其外无臧否，而内有所褒贬也”。“皮里春秋”，“春”字因避晋帝后之讳而改为“阳”，已作为成语而广为流行，算不上僻典，也没有秘藏多少“奥妙”。钱先生对《世说新语》十分熟悉，刘强《世说新语会评》一书(凤凰出版社，2007 年)辑录自唐迄今五十馀家的评点文字，钱先生就是其中的一家。仅从《管锥编》一书检索，已引用达

101处。对《赏誉》篇也常提及，如论梁袁昂《古今书评》云：“其衡鉴未必都中肯入里，而巧构比喻，名隽每堪入《世说新语·赏誉》。”（《管锥编》第四册，第1435页）钱先生对褚裒其人亦颇关注。褚裒是北人，他对南人孙盛说：“北人学问，渊综广博。”孙盛回答说：“南人学问，清通简要。”支道林补充说：“北人看书，如显处视月；南人学问，如牖中窥日。”这则故事也见于《世说新语·文学》。钱先生在《中国诗与中国画》（见《七缀集》）中指出，一般学者将支道林这两个比喻误解为“褒北贬南”，而钱先生认为均为“贬词”。

钱先生对《世说新语》是如此熟悉，他竟“不知”“皮里阳秋”的出处，是读书时偶然走眼呢，还是临时失记呢？——还是另有原因呢？

我第一次在报刊读到这则事例时，脑际油然浮现多年前的一桩旧事。那时我在北京的中国科学院哲学社会科学部（今中国社会科学院）文学研究所工作，因担任古代组秘书，常要回答社会各界的一些提问。比如毛主席的《念奴娇·鸟儿问答》发表时，一位西苑宾馆的大师傅来电问：“‘土豆烧熟了，再加牛肉’，岂非土豆糊了而牛肉还未变熟？理应先下牛肉再加土豆的呀！”如此之类，穷于应对。一次，又有一位老干部来电，问一句诗的出处。他说：“‘杜鹃夜半犹啼血，不信东风唤不回’是谁作的？我打电话给钱锺书先生，是他叫我来问你的。”我告诉他这是宋代王令的诗。他立即说：“你真有学问，连钱老也没能回答我。”我连忙说：“老同志此言差矣。大学里教授上主课，助教才担任质疑答疑的小班课程，档次是不同的。王令这首诗，《千家诗》里就有，您以后别再向钱先生提这类问题了。”

钱先生的“不知”，不少场合下是“佯不知”。回忆我曾向他请益时，多数情况下都是随叩随应，“小叩辄发大鸣”，但有时他会说“不知道”，然后又说，你可在某某书中去找嘛。我就知道提了个不该向他提的问题了。

《听杨绛谈往事》（生活·读书·新知三联书店，2008 年）第 225 页讲了另一个“不知”的故事。“锺书一天在王辛笛家闲聊，主人忽笑嘻嘻地问他，uxorious 是什么意思？锺书说不知道。回家告诉杨绛：‘王辛笛笑我有誉妻癖。’”这是他另一类“佯不知”了。

再一个例子见于他给我的信函。1984 年 12 月 22 日来信中说道：“上周有法人来访，颇称拙著（指《管锥编》）中《老子》数篇，以为前人无如弟之捉住《老子》中神秘主义基本模式者（引者按：指对语言、对现实之矛盾两面态度）。因问弟何以未提及马王堆出土之汉写本《德·道经》，弟答以‘未看亦未求看’，反问曰：‘君必细看过，且亦必对照过 lanciotti 君意文译本，是否有资神秘主义思想上之新发现？’

渠笑曰：'绝无。'"这里的"未看亦未求看"，也是体现了他应对机智的曲辞。依照他著述的习惯，总有不完不了的补正、订补、增订，《钱锺书手稿集》就是最有说服力的实物证据，他的著作文本永远是开放的。1973 年考古发现马王堆本《德·道经》，他不可能不"求看"，以核查有无可资改润之处；他还必定"细看过"洋人的意文译本，胸有成竹，才出语反诘，使接谈对方自己得出"绝无"的结论。

《世说新语·文学》中记述袁彦伯作《名士传》，谢安笑话他："我尝与诸人道江北事，特作狡狯耳，彦伯遂以著书。"周一良《世说新语札记》云："狡狯，犹今玩皮、捣乱、开玩笑之类，为六代习语。"在钱先生身上，随处透出机智、幽默、嬉戏之风，说话云里雾里，真真假假，说白点也就是玩皮、捣乱、开玩笑之类。

回到"皮里阳秋"，钱先生很可能也是"佯不知"。但究竟是因问题浅显简单，还是出于应对策略——或竟是不爱搭理此君，时至今日，都已无法论证、判明，变成一件葫芦案，但我想个中人其实是心知肚明的。

二、如何解读"诗可以怨"

与"皮里阳秋"事例的不确定性不同，《中华读书报》

2009 年 12 月 30 日发表的程巍《“诗可以怨”与钱锺书的〈诗可以怨〉》一文，则是直接批评钱先生的学术论文。该文以整版篇幅表达两个主旨：一是认为钱先生写作《诗可以怨》与当时关于“伤痕文学”的争论有关。“他大概感到‘伤痕文学’在文学史上失之粗糙，而那些为‘伤痕文学’辩护的论文则在理论上失之浅薄。但他并不想直接卷入这场热闹的争论。”作者说“这只是猜测”，是有自知之明的，但不妨再探究一番。二是直言批评钱先生误读《论语》的“诗可以怨”了。他说：“钱先生认为孔子‘诗可以怨’乃言‘发愤为诗’，甚至据此认为《三百篇》皆‘怨诗’，这就把作为一种委婉劝说他人‘改过’的方式的‘怨’混同于作为一种自我情绪的‘怨’，而两者即便不是南辕北辙，至少也大有区别，不可互证互释。”这也是该文的重心所在。

钱先生的文章，开宗明义就说明，他提出“诗可以怨”的命题，目的是把它“当作中国文评里一个重要概念而提示出来”。正如他的《中国诗和中国画》是对“文艺批评史上一个问题的澄清”，要“阐明中国传统批评对于诗和画的比较评估”，《读〈拉奥孔〉》再论诗画关系，强调诗尤胜于画，《通感》讲文学中感觉挪移现象，《林纾的翻译》讲中国翻译理论等那样，是他长期系统考察中国文学理论批评史上一系列重要概念、专题的一篇独立论文。钱先生早在《谈艺录》初版之时，在引言中就说过要把“年来论诗文专篇”“汇成一集”，而以《谈艺录》作为“外篇”，“与之表里经纬可也”。惜《谈艺录》越写越长，分量厚重，而作为“内篇”的“论诗文专篇”却未能全写出来，《七缀集》只可视作未完成的白话学术论文结集。因此，说《诗可以怨》的写作乃受当时伤痕文学争论的触发，只是“不想直接卷入”，即是把此文视作“间接”参与争论之作，如此论定其写作动机，是缺乏根据的。至于这篇论文在发表当时具有现实意义，那是另一问题。正由于对钱先生论文这一主旨的误解——即不是为了“间接”参加“争论”，而是为了系统研究中国文学批评史的“一个重要概念”——也造成关于解读《论语》的误解。

《论语·阳货》云：“诗可以兴，可以观，可以群，可以怨。”“兴、观、群、怨”，就其本义而言，主要是指诗歌的效用。钱先生在引用后即说：“‘怨’只是四个作用里的一个，而且是末了一个。”但钱先生同时指出，“‘诗可以怨’是中国古代的一种文学主张”，此文论证的对象正是作为“一种文学主张”的“诗可以怨”。“诗可以怨”，在中国文学批评史中，已从诗歌功能问题相通于诗歌创作问题，即指诗歌所抒写的幽怨愤懑之情，这已是文学批评史的常识了。历代文评家都从阐释发挥孔子“诗可以怨”中，形成了一个内涵丰富、意蕴深刻的文学命题，而且代代相承论述，又形成了一个有系统的学术链。梁钟嵘《诗品序》云“嘉会寄诗以亲，离群托诗以怨”，并例举“楚臣去境，汉妾辞宫”等情状，然后说“凡斯种种，感荡心灵，非陈诗何以展其义，非长歌何以骋其情？故曰：‘诗可以群，可以怨。’”钟嵘这篇名文就是从诗歌创作内容上来阐释“诗可以怨”的。黄宗羲《汪扶景诗序》(《南雷文定四集》卷一)：“昔吾夫子以兴、观、群、怨论诗……孔(安国)曰：‘怨刺上政。’怨亦不必专指上政，后世哀伤、挽歌、谴谪、讽谕皆是也。”又云：“凄戾为骚之苗裔者，可以怨也。”他也以孔子“兴、观、群、怨”说为依据，把“怨”从“专指上政”扩展到更普遍的哀怨之情，这里是合理的推演，并非曲解。王夫之在《诗绎》(见《船山遗书》)中，更以辩证贯通的眼光论述“兴、观、群、怨”四者之间的相互关系：“于所兴而可观，其兴也深；于所观而可兴，其观也审。以其群者而怨，怨愈不忘；以其怨者而群，群乃益挚。出于四情之外，以生起四情；游于四情之中，情无所窒。”他干脆把四者称之为“四情”，显然也是从诗歌创作内容立论的。其他文论家如司马迁、刘勰、韩愈等，虽未明引孔子之语，但其论述亦一脉相承。钱先生该文，广泛搜集、梳理、比勘中外有关此专题的文评材料，给出了这一专题最完整的内在发展线索，作了精彩的理论阐释，可谓是我国文评史上这一专题的一次最好的总结。但程文却指责钱先生混淆了孔子此语“接受论”与“创作论”的区别，或“读者论”与“诗人论”的区别，“学诗”与“习诗”的区别，这是不够谨慎的。

《管锥编》第一册第396页云：

> 《论语·阳货》：“诗可以兴，可以观，可以群，可以怨。”孔安国《注》：“兴，引譬连类。”刘宝楠《正义》：“赋、比之义，皆包于兴，故夫子止言‘兴’。”夫“赋、比、兴”之“兴”谓诗之作法也；而“兴、观、群、怨”之“兴”谓诗之功用，即《泰伯》“兴于诗，立于礼，成于乐”之“兴”。诗具“兴”之功用者，其作法不必出于“兴”。孔注、刘疏淆二为一。

钱先生这里主要论“兴”，指出“兴”有功用、作法二义，“兴、观、群、怨”讲功用，“赋、比、兴”讲作法，不能“淆二为一”。他批评孔安国（孔注真伪学术史上有争议）、刘宝楠不懂《论语·阳货》篇是讲“功用”的，想不到后人会同样指责他“不懂”，令人不禁有啼笑皆非之感。

程文又说：钱先生因把“怨”解释为“发愤为诗”，“甚至据此认为《三百篇》皆‘怨诗’”。这一指责也是引申过头的。钱文里在引陈子龙“我观于《诗》，虽颂皆刺也”后，解释说：“因此，《三百篇》里有些表面上的赞歌只是骨子里的怨诗了。”这是称引别人的观点，不等于作者本人的看法，此其一；钱先生明明加了一个“有些”的限定词，表示对陈子龙“皆”字有所保留，不指全部《诗经》，此其二。说钱先生认为“《三百篇》皆‘怨诗’”是毫无根据的，还可举出另一处论述。他在论及司马迁时这样说：“司马迁举了一系列‘发愤’的著作，有的说理，有的记事，最后把《诗三百篇》笼统都归于‘怨’，也作为一个例子。”“笼统”之评，即是对司马迁说法的明确保留态度。事实上又有哪位妄人会说《三百篇》全都是怨诗呢？这不是犯了常识性错误了吗？

程文对于孔子“诗可以怨”之“怨”本义即“功用”意义上的诠释，也是可商的。他反复说，“怨”指“一种委婉劝说他人‘改过’的方式”，这里暂不论他在字义训诂上的是非，只谈他的一个自引为新发现的论点。他说：解读孔子此语，应该把“此句与前句对读，而此句恰恰是孔子本人对‘诗可以怨’的一次运用”，“可惜，诸多解家”都懵懂不知。什么是“此句”？即“子谓伯鱼曰：‘女为《周南》《召南》矣乎？人而不为《周南》《召南》，其犹正墙面而立也与？’”什么是前句？就是“子曰：‘小子何莫学夫诗？诗，可以兴，可以观，可以群，可以怨。迩之事父，远之事君；多识于鸟兽草木之名。’”首先应该指出，这是《论语·阳货》中前后两“章”，而不是两“句”。朱熹《论语集注》即将此两章分别列为第九、

第十，前章是孔子对“小子”即弟子们说话，后章则是对儿子“伯鱼”之语，厘而为二，于理显然。我们知道，《论语》一书是孔门弟子们（包括再传弟子们）记录孔子言行片断篇章的汇辑，各章之间并无必然的内容上的联系，其前后次序的安排也无必然的理路。程文将其作为“前句”“后句”的连贯整体来解读，是缺乏根据的。更可怪异的是，他把孔子教导伯鱼应研究二《南》，说成是规劝儿子不应“无后”，不孝有三，无后为大，是“孔子本人对‘诗可以怨’的一次运用”，“他劝伯鱼读《二南》，使之‘引譬连类’而知男女之事、家庭之义，好使孔家‘其叶蓁蓁’”，以此与“前句”紧密绾合，这真是匪夷所思的解读了。孔子明明说，研究二《南》，关系个人立身行事至大，否则就会像面对墙壁而立，“一物无所见，一步不可行”（朱熹《论语集注》语），闭目塞耳，寸步难行，怎么能扯到“子无后，乃子之过，故夫子特举《二南》以委婉训导之”？

程巍选择《论语》对钱先生发起质疑，真是大胆。《论语》这类中国古代基本典籍，在钱先生那一代学人是须臾不离、读得滚瓜烂熟的。年谱材料表明，钱先生与堂弟锺韩在小学一年级时，就在伯父钱子兰先生开蒙教导下，读完《论语》《孟子》《诗经》《礼记》《左传》等书。他父亲钱子泉钦佩陈澧，把自己的书斋命名为“后东塾”。陈澧就说过：“《论语》二十篇，束发即受读。”“今人谁不读，读者谁不熟?”(《谈艺录》第359页引)也可作为钱先生的写照。记得钱先生1998年逝世时，余英时在《我所认识的钱锺书先生》悼念文章中说:“我要郑重指出，默存先生是中国古典文化在20世纪的最高结晶之一。他的逝世象征了中国古典文化和20世纪同时终结。但是历史是没有止境的。只要下一代学人肯像默存先生那样不断地勤苦努力，21世纪也许可以看到中国古典文化的再生和新生。”余先生在这里“郑重”地表达了两个尊重：一是对钱先生的尊重，高度肯定钱先生在中国民族文化史上的意义和地位；二是对下一代学人的尊重，期望经过他们“不断地勤苦努力”，出现中国民族文化的“再生和新生”。目前一股“隔膜”批钱之风，不仅缺乏对钱先生应有的尊重，也说明我们有些后辈学人缺乏自尊与自重。

钱锺书先生与宋词研究

学术研究真是天外有天，山外有山，即使名师硕儒也不免有缺失和局限。因此，大师也是可以批评的，真正的大师当然也不怕批评。然而，从批评者方面而言，这类批评又必须格外谨慎，因为大师毕竟是大师，放言嗤点，也难免不切不实。

近阅《词学》第 14 辑《钱锺书先生引词勘正》一文，对钱先生著作中引用词例时之“文句之误”“句读之误”“词牌之误”“作者之误”等多所“勘正”，用心颇细，不为无补；但在探究致误原因时，作者认为是钱先生“于诗馀之道似措意稍少，故引误特多”，“少时涉猎不广，至晚始多加注意”云云。一般认为钱氏学术的最大特点是博大精深，“涉猎”是指知识范围之广狭，“措意”则关乎学术之深浅，“涉猎不广”“措意稍少”正是“博大精深”的反义词，所以这两个断语是相当重的。

钱先生不是专门的词学家，也不见有词作问世，然而并不能因此对他的词学研究水平遽下判断，更不能指为导致文本误植的原因（原因其实很简单，说详下）。前已出版的著作《管锥编》等，共征引历代词作约三百六十处左右，数量甚夥；论词的理论性文字如社科院《中国文学史》之《宋代文学的承先和启后》等，这里也暂不讨论。今仅就《钱锺书手稿集·容安馆札记》（下简称《札记》）为主要依据作些说明。我和友人已从《札记》中辑录论词文字达四万馀字，其学术内涵将另文论析。兹略举数端以示例。

一、至少看过三遍《全宋词》

先要说明，仅从《札记》来看，钱先生已看过两遍《全宋词》。卷三第 2204 页第 758 则云："重看宋人词（参观第六二三、又七一七则）。赵师侠《酹江月》……（《全宋词》卷三）。"唐圭璋先生所编《全宋词》，最早于 1940 年由商务印书馆在长沙出版，分卷而不断句；1965 年又由中华书局印行，王仲闻先生参加订补，不分卷而断句。《札记》所记，均有卷数，钱先生读的当是初刊本。20 世纪 60 年代，我有次去他家，他正在看《全宋词》中华新版本（样本），就向我称道王仲闻先生修订之功。我因为平素很少听到他的由衷之赞，故印象特深。[1] 现阅《札记》，始知他已多次看过初刊本，自然会把新旧两本对勘比较，才能准确评估王氏的劳绩。这样，旧版新版，他至少已看过三遍了。

二、岳飞《满江红》的真伪问题

再来介绍他的一些词学见解。岳飞《满江红》的真伪问题，学界聚讼纷纭。《札记》卷三第1745页云：

> 岳飞《满江红》(《全宋词》卷一百十五)。按余嘉锡《四库提要辨证》卷二十三谓此词"来历不明，疑是明人伪托"，是也。窃谓伪撰者亦是高手。
>
> "壮志饥餐胡虏肉，笑谈渴饮匈奴血"，本之《汉书·王莽传》中韩威曰："臣愿得勇敢之士五千人，不赍斗粮，饥食虏肉，渴饮其血，可以横行。"《旧唐书·酷吏传上》郭霸传：自陈"往年征徐敬业，臣愿抽其筋，食其肉，饮其血，绝其髓"，"则天悦"。号"四其御史"。(引者按：此处有旁注，略。)孟郊《猛将行》："拟脍楼

[1] 他在1978年欧洲研究中国学会第二次会议上所作的讲演《古典文学研究在现代中国》中，也提到"总集添了相当精详的《全宋词》"，见《人生边上的边上》。

兰肉。”

他语亦捋撦宋人长短句而浑成无迹,如“怒发冲冠,凭栏处、潇潇雨歇”乃胡世将《酹江月》之“神州沉陆,问谁是一范一韩人物”,“空指冲冠发,栏杆拍遍,中天独对明月”(《全宋词》卷八十三)。“莫等闲,白了少年头,空悲切”乃朱敦儒《相见欢》之“泷河几番清秋,许多愁。叹我贴闲白了少年头”(《全宋词》卷一百二十五)。又,汪晫《瑞鹧鸪》云:“又是鹧鸪三两曲,等闲白了几人头。”(见卷一百八十二)“驾长车、踏破贺兰山缺。待从头收拾旧山河,朝天阙”,乃朱敦儒《苏武慢》之“除奉天威,扫平狂(虏)[寇],整顿乾坤都了”(《全宋词》卷一百二十三)。李纲《苏武令》之“调鼎为霖,登坛作将,燕然即须平扫。拥精骑十万,横行沙漠,奉迎天表”(《全宋词》卷九十二)。又姚嗣宗诗:“踏破贺兰石,扫清西海尘。布衣有此志,可惜作穷鳞。”(《邵氏闻见录》卷十六载。《渔隐丛话前集》卷五十四,又《容斋三笔》卷十一引田昼集记张元、吴昊、姚嗣宗事,姚句同《闻见录》。《类说》卷五十九引《西清诗话》作“踏碎”“布衣能办此”,《续湘山野录》作“踏碎”“布衣能效死”。)

1961年夏承焘曾作《岳飞〈满江红〉词考辨》，考此词乃明人所托拟，1981年邓广铭又作《再论岳飞〈满江红〉词不是伪作》等文，力证此词非岳飞不办。他们大都着眼于文献版本、地理方位等予以检讨，钱先生此则札记写作年代待考，但论证的角度可谓别辟蹊径。他认同余嘉锡先生的判断，进而认为"伪撰者亦是高手"，举出"壮志""怒发""莫等闲""驾长车"四例，一一探其取资之源，并赞其能熔铸浑成而自成杰作。这则札记与词学大师夏先生、辛词权威邓先生的论文，观点或有歧异，虽未作详细的考辨和理论的发挥，但在"涉猎之广"与"措意之深"上，不是处在同一水平上的学术对话吗？

三、对"体制内"词学家的补益之功

有的学者把词学研究家分为"体制内"和"体制外"两类，钱先生大概要被列入"体制外"了。但正是如此，恰能提出"局中人"所易忽略的问题。如《札记》卷二第1248页云：

> 宋人词之不为绮仄、颇导稼轩先路者，东坡名篇而外，如张先《定风波令》（浴殿词臣亦论兵）、《沁园春》

（心膂良臣，帷幄元勋，左右万几）（皆见《全宋词》卷二十四），张昇《离亭燕》（卷三十），蔡挺《喜迁莺》（卷三十五），黄庭坚《水调歌头》（落日塞垣路）、《鼓笛慢》（卷四十六）……

“诗庄词媚”，久成格套，“东南妩媚，雌了男儿”，引起人们多少感慨。钱先生在这里一连引了三十多首在题材和风格上雄阔苍劲的词作，从《全宋词》初刊本卷二十四直引至卷一百五十九，其中如刘仲方（即刘潜）、吴则礼、刘褒、高登以及与辛弃疾同时的刘学箕等均是不常为词评家注意的词人。又如在《札记》卷二第 1247 页引赵文《青山集》评词之语：

> 赵文《青山集》卷二《吴山房乐府序》：“近世辛幼安跌荡磊落，犹有中原豪杰之气，而江南言词者宗美成，中州言词者宗元遗山。词之优劣未暇论，而风气之异，遂为南北强弱之占，可感已！”

《序》文后面说：“吾友吴孔瞻所著乐府，悲壮磊落，得意处不减幼安、遗山意者，其世道之处乎？”赵文是宋末元初人，曾入文天祥幕。他的这篇整整三百字的词集序，对词与时代的关系，作了剀切详细的阐发，放在词评史上也有相当的价值，但直到今天所见的《词籍序跋萃编》之类的工具书，亦未见采择。

又如邓广铭先生在1991年为《稼轩词编年笺注》所作的《重订三版题记》中特意提到他“失注”的一例，即辛氏《浣溪沙·别澄上人并送性禅师》开头两句“梅子生时到几回，桃花开后不须猜”，未注明是从“禅宗机锋语脱化而来”，此次订补，才由助手根据“读者来函”，仅将“桃花开后”句找出《景德传灯录》的出处，责编陈振鹏先生又替他找到“梅子生时”的出处在《五灯会元》。其实钱先生在《札记》中对这两个出处都早已点出，见卷二第1244页。邓先生称赞陈振鹏先生“对我国古典诗词具有精湛的研究，也足以说明他的学识的博洽”，那么钱先生更当得起“精湛”“博洽”之目吧。当然，《题记》的赞誉是含有感谢之意的。

《札记》中论词的大量材料，偏重在他一贯的“打通”之学上。举一例以为谈助，馀不赘。俗谚“天下无不散筵席”，现今工具书大都以明人冯梦龙《醒世恒言·徐老仆义愤成家》为最早出处（《红楼梦》秦可卿托梦凤姐亦言“盛宴必散”，《聊斋志异·蛇人》也说“世无百年不散之筵”等），钱先生《札记》卷二第1248页云：

稼轩《无题》:“合手下,安排了,那筵席须有休时。”按,倪君奭《夜行船》“年少疏狂今已老,筵席散,杂剧打了”(《全宋词》卷一百二十八),沈竹斋《醉落魄》云:“时光盛逼,杯盘渐渐来收拾。主人便欲留连客,末后殷勤,一着怎生得。来时便有归时刻,归时便是来时迹,世间万事曾经历。只看如今,无不散[的]筵席。”(《全宋词》卷一百四十八)

辛氏《无题》,其词牌为《恋绣衾》。应该说明,钱先生在此处不是在追溯这一用喻的最初出处,而主要在作比喻、意象的“打通”研究,以阐发令人神往的“修辞智慧”,寻求人们相通或相似的艺术思维。

四、文本误植之因及其他

钱先生著作中确实存在文本误植的情况,其原因诚如刘衍文先生所言:“读书太快、抄录过速”“不喜藏书,著述时只凭笔记,连常见书也往往无法核对。”(《钱周之争平议》,见《钱锺书研究集刊》第三辑,上海三联书店,2002年)就引用宋词而论,又与他所据为《全宋词》初版本(无断句)也有关系。我还可以补充一点,就是《管锥编》定稿成书的具体环境。那时他刚从干校回京，和杨先生住在文学研究所的一间研究室里，仅有行军床二、三屉桌二，室徒四壁，连一个书架也没有。所内图书室又尚未启封，他硬是靠着几麻袋的笔记本成就这部皇皇巨著的。致误之由其实很简单，缺少了出版前最后一道工序——严格核对原书而已。当然，钱著中存在这些瑕疵是令人遗憾的，也是应予订正的，但用不着将情况与“原因”说得那么严重。

再回到《词学》上那篇“勘正”文章，所指误舛不少是对的，个别条的考辨也有一定的学术深度。但《管锥编》不是古籍整理，其引例除无特殊必要，一般并不需严格校勘版本的异同，其书的性质从钱先生认可的英译书名中就可反映出来，即是：*Limited Views*：*Essays on Ideas and Letters*（《有限的观察：关于观念和文学的札记》），而《勘正》作者有时求之过苛，有的更是尚可商榷的。

比如作者用了近一页的篇幅，批评钱先生引辛弃疾《鹧鸪天》“欲上高楼本避愁，愁还随我上高楼”两句，认为此词并非确为辛作，钱氏失于考核。其理由有四：一是此词辛集“诸旧本未收录”；二是“玩其词意，完全不是陈廷焯所赏辛词风格”，“稼轩饱学才人，当不至谫陋如此”；三是此词“唯载于吴讷《百家词》”，而此本非佳本，不可据；四是《历代诗馀》亦有无名氏同韵之作，与上述词“文句相类，机杼无异”，因而此词“作者是辛弃疾乎？无名氏乎？”处于两可之间，而钱氏“不当漏引了这首无名氏之作，以成双璧”。按，钱先生《管锥编》引此两句，是为了论证扬雄《逐贫赋》写“贫”之于人，如影随形，而“愁”亦如此。其前还引辛氏《鹤鸣亭独饮》：“小亭独酌兴悠哉，忽有清愁到酒杯。四面青山围欲合，不知愁自那边来。”流传甚广的《丑奴儿》“少年不识愁滋味，爱上层楼”，不也是辛氏名作吗？我弄不明白“欲上高楼本避愁”两句为什么不合“辛词风格”，写了这两句就变成了“谫陋”？吴讷《唐宋名贤百家词》确有误收之作，本乃词总集的普遍情况，不足为怪，何至于怀疑其中每首均误？引不引无名氏之相类词作，实与《管锥编》著作性质了不相涉，而竟斥之为“漏引”，也有点过分。

更重要的是“诸旧本未收录”一语，显与事实不符。考辛氏词集最早也是最权威的，今有两个版本系统：一是四卷本之《稼轩词》，分甲乙丙丁四集，为辛氏生前所编；二是十二卷本之《稼轩长短句》，为辛氏身后所刊。而钱先生所引“欲上高楼”两句的《鹧鸪天》，赫然见于四卷本《稼轩词》丁集，在涵芬楼影印汲古阁影宋抄本的第二册第17页上一查即得。说“诸旧本未收录”，未免有点武断。顺便提及，《勘正》作者为了贬抑吴讷《百家词》，曾引梁启超谓其所收辛氏集外词“即使真出稼轩，在集中亦不为上乘”等语，以为自己助力；殊不知梁任公在《饮冰室跋四卷本稼轩词》中，对在《百家词》中，“丁集赫然在焉，乃拍案叫绝，知马贵与（端临）所见四卷本，固未绝于人间也”，喜忭雀跃之情，溢出纸外，可见他对“丁集”的珍重了。要之，此首《鹧鸪天》既见于“丁集”，仅此一条版本根据，怀疑论似可息喙矣。本来，此词的主名历来是均无异议的。

钱先生的两篇审稿意见

我第一次见到钱锺书先生是在1960年，距今整整半个世纪。那年夏天，我分配到文学研究所，直到1978年调离。在这18年中，我参加过《中国文学史》和《唐诗选》两项集体项目，都在钱先生的直接指导下工作，是他引领我走上学术研究之路。至今印象最深、受益最多的是他的日常性谈话。他很少在全所会议上发言，我也没有领略过他做学术讲演的风采，但他日常性的随意谈话，挥洒自如，精彩纷呈，似乎更具魅力。编写文学史时，他是我们唐宋段的负责人，一起借住在北京西郊，与我对门而居，时时简短交谈；后来我利用办理公务之际，数次到他寓所作"一对一"的倾心对话，那实在是至今难忘的幸运。另一个好机会是《唐诗选》五人小组会议，专门讨论并解决唐诗注解中的"疑难杂症"，说是五人开会，实际上主要听取他的见解。这一系列的言谈，当时就给我以"若受电然"的感觉，他对诗歌的"鉴赏和评判"，他的妙思玄想、审美感悟，把我从大学课堂上所接受的一套阐释模式中引出，打开眼界，看见另一番迷人的风景。我不仅仅被他的思维敏捷、巧喻连珠、警语迭出所折服，还开始知道学问海洋的深广奥妙，找准自己治学的立足点。随着时间的推移，当年听讲所感受到的震撼并未减弱，但具体所谈内容细节却被岁月销蚀殆尽。我常常深以为憾，特别是因为不能与我的青年朋友们分享。

好在手边还保留他审读我文稿时的两份书面意见，谨作记叙，稍述心得，希能对当年耳提面命、尽兴倾谈的情景，仿佛一二。

一、“文学批评中之‘考据’必须更科学、更有分析”

我在1965年写过一篇《韦庄与他的〈秦妇吟〉》，投给《文学评论》，编辑部请何其芳、冯至、钱锺书三位先生审阅。为了便于我修改，编辑部把他们的审稿意见直接转给我，因能珍藏至今。钱先生的这份审读意见，约一千字。他起笔写道：“有新见，能分析细致，文笔亦明洁。同意何其芳、冯至两位同志的评语。可发表。但有若干处须修改，列举如下。”以下开宗明义第一条意见即关乎论文的主旨及立论方法，既抓住了要害，又巧妙地解决了审稿过程中的一些意见分歧。我的文稿原拟围绕韦庄及其《秦妇吟》的评价，论述两个问题：（一）从韦庄的作品可否称为“诗史”并与杜甫相提并论，谈谈科学类比和庸俗类比的区别；（二）从《秦妇吟》反对农民起义是否是一种“无法超越的局限性”，谈谈古代作家对农民起义的一般态度。在审稿中，有先生认为杜甫、韦庄类比之说“并不普遍”，“用不着专段加以辨明”，建议论文集中解决《秦妇吟》的评价问题，其他均应删节、合并。这与我写作此文的初衷有些距离，因为我以为科学的历史类比虽然不失为史学研究的一种重要方法，但极为相似的历史现象之间，在不同的历史条件下又常常具有完全不同的性质，韦庄的反对黄巢起义与杜甫的反对安史之乱，就不能简单比附而将韦庄作品也称为“诗史”。以韦、杜之例，深入阐释不同的类比方法的意义，还是有学术价值的。因对这一删节建议，我正踌躇不决，左右为难，钱先生即敏锐地看出我的“心思”。他说，论文第一节“历举韦、杜类似之处，欲擒故纵，欲破先立，虽见心思，而不免系铃解铃之病”。我原意不是要写一篇驳难之文，而是试图说明一个研究方法问题，但在行文中，确有虚设论敌之嫌，钱先生所言，一语中的。然而说韦庄作品为“诗史”者实有其人，说“端己生平心仪子美，至以草堂为居，浣花名集”（《韦庄秦妇吟校笺》）的，还是我们尊敬的陈寅恪先生，韦、杜相比之说，并非子虚乌有，也是有一定影响的。因而，钱先生的最后意见是："我意此节作为冒子，可以保存，而改变写法，譬如说'韦庄和杜甫表面上有些类似之处（举例），但于杜甫认识甚浅（举《又玄集》临终吟讽），故古代文评家未有以之比杜者。由于《秦妇吟》的发现，近来有人抬出与杜"诗史"并称，这是不正确的'云云。"

有钱先生的这条意见，我的修改自然容易多了，也感谢他的苦心。但他并不仅止于帮我"解围"（第一节不必删削），而更进一步指出：研究作家之间创作的影响问题，应该采取"更科学，更有分析"的态度，他一一分析所谓"韦庄一生崇拜杜甫"的实例，揭示其论证上的缺憾。如韦庄编选《又玄集》列杜为首，似为尊杜之证，钱先生说："事实上《又玄集》选杜五七律六七首，皆流连光景之作，于杜之有'诗史'价值者，一概未选，是于杜之认识极为肤浅（尤其在元稹标举杜甫以后，更征韦之无识），而于李白，尚知选《蜀道难》，相形之下，可见'一生崇奉'之实际情况矣。""列杜为首"仅是表象，其选取标准和眼光，才是问题的关键。又如韦庄"临终时对杜诗'吟讽不辍'"问题，他写道："乍见之，大有《列朝诗集》记王世贞晚年尊苏轼，临终时'手东坡集不释'之概，然事实上韦'吟讽不辍'者，只是'杜诗'中两句，即《又玄集》所选《南邻》结句（'相送柴门月色新'云云），是证据亦无甚力量。"又如"身世、住宅之偶合，亦似缺乏文学批评上的价值。韦庄杜陵人，买宅浣花溪上，自称‘杜陵归客’，名集曰《浣花》，理亦当然，未必为‘崇奉’杜甫之表示，与柳开之号‘肩愈’、王质之号‘绍陶’，具有倾向性者不同”。振笔直遂，一气呵成，最后归纳为“文学批评中之‘考据’必须更科学、更有分析”，他已为我作了具体的示范。

我这篇文章论及黄巢起义军，在当时主流思潮笼罩下，自然更强调它的“革命性”与“历史的正当性”，多处引述马克思主义经典作家的言论作为立论的根据，《秦妇吟研究汇录》（上海古籍出版社，1999 年）一书收入此文，编者在《前言》中还把它当作“运用马克思主义观点进行分析评论，从而表现出较强的科学性的例子”，这是编者的宽容，其实只是引用频繁而已，光引列宁语录就达四处之多。为了避免满纸必称马列的“党八股”气，有的地方我采取了撮述其意、不注出处的办法。譬如马克思《路易・波拿巴的雾月十八日》中有云：“黑格尔在某个地方说过，一切伟大的世界历史事变和人物，可以说都出现两次。他忘记补充一点：第一次是作为悲剧出现，第二次是作为笑剧出现。”杜甫“三吏”“三别”产生于潼关—洛阳道上，韦庄笔下的“秦妇”从长安逃难洛阳，我以为这两者蕴涵的意义是不同的，因而化用了“悲剧”“笑剧”之意而以自己语言表达之，未注出处。钱先生批云：“‘历史上这样现象’数句，若非隐承马克思语，则是与马克思暗合，请看《拿破仑第三政变记》第一节。”我当时就明白：“与马克思暗合”云云，是开个小小的玩笑；引文必须注明出处才是应该遵守的学术规范。

钱先生在这篇审稿意见的尾注中说：“以上是（一九六六年）四月五日写的，其它意见琐细，于四月十日与水照同志面谈了。”4 月 10 日是个星期天，我专程去钱家听取他对此稿的意见，他倾筐倒箧，巨细罔遗，我听时且惊且愧，现今却印象模糊，无法准确记叙。

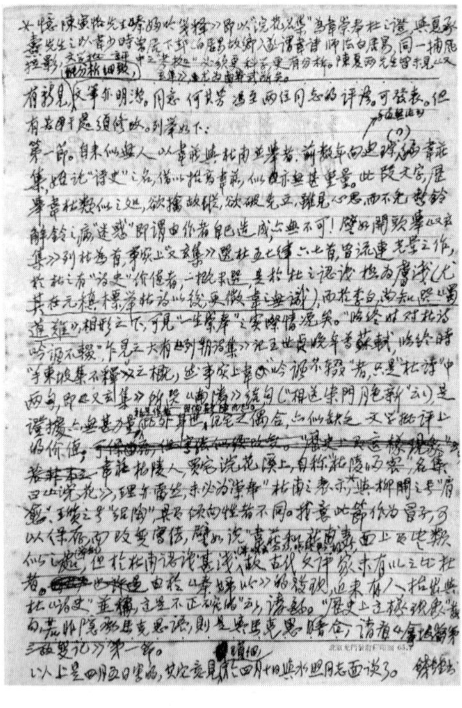

钱锺书先生的审稿意见（释文附后）

二、“不要死于古人句下，不要迷信票面价值”

他另一篇审稿意见，因是写给我一个人看的，笔意畅达，娓娓道来，颇具面谈时的现场感，也见出他一贯的指导后学的那份尽心、细心和诚心。我执笔的《唐诗选·前言》一稿仅一万多字，他的这篇审读意见洋洋洒洒写了一千六百多字。从开头第一段到末尾一段，他均有批评。我在文章开头说：“唐代是我国古代诗歌发展史上极其重要的阶段，呈现出空前繁荣的景象。诚如鲁迅先生所说，‘我以为一切好诗到唐已被做完’……”（大意，初稿尚待寻找），他分析道：“我意首句‘我国古代诗歌发展史’宜改为‘我国文学史’更妥，因‘诗歌’与其他文学体裁在语言上血肉联系，且唐诗至今还是有它不可磨灭的价值。此为开宗明义之句，应说得高瞻远瞩些。何况隔一句又说‘我国古代诗歌’，似不须重复如此。鲁迅语可引，但其语意（‘到唐已被做完’）是绝后，而把它来承上句‘空前繁荣’，稍觉不贯，至少得说‘鲁迅先生还（甚至）说’这一类字样。”这篇文稿我是 1977 年 8 月写的，那时已有十年不写学术论文，笔端滞涩，套话、熟词连篇，行文粗疏，鲁迅语中“绝后”含意，与上句之“空前”两字枘凿，我浑然不觉，钱先生却说“刺眼”“请酌”，具见他敏锐的语言感觉和缜密的文思。

我的文稿接云：“在唐诗研究中，困难不在于描述唐诗繁荣的盛况，而在于正确解释繁荣的原因。我们在下面提出一些不成熟的看法，希望能引起进一步的探讨。”“不成熟”三字，引来钱先生的一大段议论：“‘不成熟’三字似可删，因主观上是‘成’而大成、‘熟’而烂熟，方敢提出公之于世。此序又非即席临时发言或考场试卷，无人催促，非急就章，如觉‘不成熟’，不妨再加深思熟虑。虽客气话，亦当切合体裁。请酌。”“文革”也是一场民族语言的灾难，大话、空话、粗话、套话满天飞，汉语之诗性智慧、灵动美感几丧失殆尽，钱先生这里所发的感慨，似不仅仅针对“不成熟”三字而已。

这篇审读意见共九条，内容广泛，涉及文字锻炼、引文规范、例证增删，乃至立论要旨、研究方法等方面，是一篇值得反复琢磨、细心揣摩的文字。我在文稿中引用李德裕反对进士科的奏章，引文是依据《新唐书·选举志》，而以《旧唐书·武宗纪》为参看。他的批评先从文史常识谈起。他认为：“凡新旧《唐书》同记一事而内容不甚差异者，当以《旧唐书》为主，而以《新唐书》参看；此乃清代学者传统，未可厚非”，譬如陈鸿墀《全唐文纪事》引述《唐书》即是如此。

然后具体评论我文稿中的引文。我引《新唐书》，此处作“少习其业，目熟朝廷事”，然而他亲自查检《旧唐书》，却作“自小便习举业，自熟朝廷间事”，他在“举”“自”两字之下加了着重号，认为“意义远胜”。他阐发道：“《新唐书》仿佛‘显宦’是一门行业，自小就可学习，未做官已能上朝廷亲自‘目’击朝仪，都是语病。”而《旧唐书》的“自小便习举业”，说明“‘阀阅门第之家’虽仇视‘进士’之‘业’，而亦自有其‘举业’；与郑覃抬出‘诗三百篇’来抵制文家‘诗博士’之举可合观”。

从新旧《唐书》对同一事件记载的异文对勘，说明从史源学而言，应以《旧唐书》为正，而以《新唐书》为辅；然而钱先生这里非仅意在提供一条传统史学信息，而是把问题展延到更重大的学术课题。唐史研究中有个重要观点，即士族世家以经学为正宗，薄进士为浮冶，由进士出身而以浮华放浪著称者，多为新兴的庶族寒门，并以此作为解释唐代一些文史问题的理据。我在文稿中也接受这一见解，用以说明唐诗繁荣的一个原因。钱先生显然不认同此说。他写道：“仇视‘进士’不仅（‘仅’字下有着重号）是世家子弟反对选举，还包含着自周、隋以来经学对词章的仇视，即‘儒林’对‘文苑’的仇视（在宋如道学之于诗文人，在清如考据家之于词章家，在现代欧美如科学家之于人文学家，所谓

‘两种文化之争’），此点文中不必详说，但措辞须稍减少简单化，除非能证‘明经’派都是贵族世家。”他举了韩愈《答殷侍御书》，指出寒门出身的韩愈向大经学家殷侑倾心学习经学的诚意，最后说：“足征‘进士’和‘经书’是两门学问，但‘进士’与‘明经’不一定是出[于]两个社会阶层。”在不同观点的背后，隐含着不同的学术旨趣、学科背景和研究范式，正表明问题本身的复杂性和开放性。钱先生富有理据的质疑，有助于研究的进一步精细化和深化，实在应引起重视。

我在文稿中还说到，“唐代诗歌，特别是盛唐诗歌的一个重要主题，是强烈地追求‘济苍生’、‘安社稷’的理想”。他又有一大段批语：“也只能如此接受票面价值。李、杜姑存疑，杨炯、王维之伦有多少忧国安民的志向，我只大胆怀疑而已。”虽然是勉强接受了，他提醒我注意两点：一是不要与后面作家小传矛盾：《前言》中俨然志士，而小传中却说是吟咏山水风月之士，如王维。二是刚说过诗歌在唐代是社交之具、进身之阶，那么“宁为百夫长，胜作一书生”，“岂学书生辈，窗间老一经”等语，其“真诚性”就“大可斟酌”了。末了他还不忘幽默：“但是，看来大话不可不说，正如袁嘏诗篇无只字可传，而一句大话便能名登《南齐书》《南史·文学传》也。”袁氏的这句大话是：“我诗应须大材迮之,不尔飞去!”

涉笔成趣,然而所提出的问题却是极其严肃的。研究者、解读者与面对的史料、文本之间,横亘着三重障碍:一是无法彻底了解古人的具体语境;二是无法摆脱已有的对该史料的认识和解读,会自觉或不自觉地受其影响;三是无法脱离自身的时代、环境、经历、学养的限制,由此造成的“文字之执”是必然存在的。钱先生经常告诫我们不要死于古人句下,不要迷信“票面价值”,要穿透文字表面而看其底蕴真相,所言具有普遍的指导意义。

我的文稿带有明显的应时性,现已不为自己所看重;而钱先生的两篇审稿意见,却具有学术的长效性,岁月流逝而光景常新。时时展读,仍能读出智慧,读出对后辈的提携深情。

附:钱先生两篇审稿意见全文

一、关于《韦庄与他的〈秦妇吟〉》

有新见,能分析细致,文笔亦明洁。同意何其芳、冯至两位同志的评语。可发表。但有若干处须修改。列举如下:

第一节。自来似无人以韦庄与杜甫并举者,前数年向迪琮(？手边无此书)编韦庄集，始托“诗史”之名，借以抬高韦庄，似亦无甚重量。此段文字，历举韦杜类似之处，欲擒故纵，欲破先立，虽见心思，而不免系铃解铃之病，“迷惑”即谓由作者自己造成，亦无不可！譬如开头举《又玄集》列杜为首，事实上《又玄集》选杜五七律六七首，皆流连光景之作，于杜之有“诗史”价值者，一概未选，是于杜之认识极为肤浅(尤其在元稹标举杜诗以后，更征韦之无识)，而于李白，尚知选《蜀道难》，相形之下，更见“一生崇杜”之实际情况矣。“临终时对杜诗吟讽不辍”，乍见之大有《列朝诗集》记王世贞晚年尊苏轼，临终时“手东坡集不释”之概，然事实上韦“吟讽不辍”者，只是“杜诗”中两句，即《又玄集》所选《南邻》结句(“相送柴门月色新”云云)，是证据亦无甚力量，只是作者自布疑阵而已。此外身世、住宅之偶合，亦似缺乏文学批评上的价值。韦庄杜陵人，买宅浣花溪上，自称“杜陵归客”，名集曰《浣花》，理亦当然，未必为“崇奉”杜甫之表示，* 与柳开之号“肩愈”、王质之号“绍陶”，具有倾向性者不同。我意此节作为冒子，可以保存，而改变写法，譬如说“韦庄和杜甫表面上有些类似之处(举例)，但于杜甫认识甚浅(举《又玄集》临终吟讽)，故古代文评家未有以之比杜者。由于《秦妇吟》的发现，近来有人抬出与杜‘诗史’并称，这是不正确的”

云云，请酌。“历史上这样现象”数句，若非隐承马克思语，则是与马克思暗合，请看《拿破仑第三政变记》第一节。

以上是四月五日写的，其他意见琐细，于四月十日与水照同志面谈了。

＊忆陈寅恪先生《秦妇吟笺释》即以“浣花名集”为韦崇奉杜之证，与夏承焘先生之以韦少时曾居下邽（白居易故乡）遂谓韦诗师法白居易，同一捕风捉影，文学批评中之“考据”必须更科学，更有分析。陈、夏两先生皆未见《又玄集》，尤为卤莽武断矣。

二、关于《唐诗选·前言》

第(1)页

第一节：我意首句“我国古代诗歌发展史”宜改为“我国文学史”更妥。因“诗歌”与其他文学体裁在语言上血肉联系，且唐诗至今还是有它不可磨灭的价值。此为开宗明义之句，应说得高瞻[一]远瞩些。何况隔一句又说“我国古代诗歌”，似不须重复如此。鲁迅语可引，但其语意（“到唐已被做完”）是绝后，而把它来承上句“空前繁荣”，稍觉不贯，至少得说“鲁迅先生还（甚至）说”这一类字样，或将末一句“唐诗……最高成就”移在“鲁迅先生说……”前，稍觉不刺眼些。请酌。

第二节:“这又是一个……时代”。上句只说“唐诗”,“这”字承不起,当改“唐代又是……”之类,如添上大约年数“唐代□百年又是……”更妥。

第三节:“不成熟的看法”。“不成熟”三字似可删,因主观上是“成”而大成、“熟”而烂熟,方敢提出公之[二]于世。此序又非即席临时发言,或考场试卷,无人催促,非急就章,如觉“不成熟”,不妨再加深思熟虑。虽客气话,亦当切合体裁。请酌。

第(5)页

李德裕云云。此节据《新唐书》而以《旧唐书·武宗纪》参看。鄙意凡新旧《唐书》同记一事而内容不甚差异者,当以《旧唐书》为主,而以《新唐书》参看;此乃清代学者传统,未可厚非。如陈鸿墀《全唐文纪事》中于《旧唐书》仅标云《唐书》以示其为正,而《新唐书》为辅也。即如此节,文引《新唐书》“少习其业,目熟朝廷事”,而检《旧唐书》作“自小便习举业,自熟朝廷间事”,意义远胜。《新唐书》仿佛“显宦”是一门行业,自小就可学习,未做官已能上朝廷亲自“目”击朝仪,都是语病。更观《旧唐书》,可见“阀阅门第之家”虽仇视“进士”之“业”,而亦自有其“举业”;与郑覃事合观(抬出《诗三百篇》来抵制文宗“诗博士”之举),便知仇视“进士”不仅是世家子弟反对选举，还包含着自周、隋以来经学对词章的仇视，即“儒林”对“文苑”的仇视（在宋如道学家之于诗文人，在清为考据家之于词章家，在现代欧美如科学家之于人文学家，所谓“两种文化之争”），此点文中不必详说，但措辞须稍减少简单化，除非能证“明经”派都是贵族世家。韩愈《答殷侍御书》可以一读。殷即殷侑，大经学家——足征“进士”和“经书”是两门学问，但“进士”与“明经”不一定是出［于］两个社会阶层（殷当时已官为侍御）。

第(6)页

第一节：“不得不举进士”云云。何以不举唐宣宗自署“乡贡进士李道龙”为例？[三]

第(7)页

“古希腊人”云云。此句删之何如？因此桂为文艺女神之树，虽为古希腊之风俗，而以桂冠加顶则始于文艺复兴，大学毕业生即戴桂冠。

第(9)页

“济苍生”云云。也只能如此接受票面价值。李、杜姑存疑，杨炯、王维之伦有多少忧国安民的志向，我只大胆怀疑而已。然有一事须注意，此处把他们看作志士，后面小传里如只字不提或反而说他们是雕绘风花之士，那就至少难逃“实用主义”之讥了。更有一事须注意，上面既说诗是社交之具、进身之阶，则此等说话的真诚性是否100%、90%、80%、70%……%，大可斟酌。第11页论李白的狂傲只是银样镴枪头；实则此节所言亦然。但是，看来大话不可不说，正如袁嘏诗篇无只字可传，一句大话便能名登《南齐书》《南史·文学传》也[四]。

第(13)页

“田园”尚有正在做官并未告退时的“别墅”。“终南捷径”语似未切，卢鸿一非“诗人”，而“诗人”以作田园诗而得官者，有其人乎？请另举例。

第(26)页

“由钱锺书”云云。贱名务请删削，至恳至求。

整理者注：

[一]“瞻”，原稿作“掌”。

[二]“之”，原稿作“诸”。

[三]事见《唐摭言》卷十五《杂记》：“大中中……上以红笺笔札一名纸云‘乡贡进士李御名’以赐(郑)镐。”《唐语林》卷四《企羡类》亦云：“宣宗爱羡进士……尝于禁中题‘乡贡进士李道龙’。”

[四]《南齐书》卷五二《文学传》：“又有陈郡袁嘏，自

重其文。谓人曰:‘我诗应须大材迮之,不尔飞去。’建武末,为诸暨令,被王敬则所杀。”又见《南史》卷七二《文学传》。

钱锺书世界的文化阐释
——读《营造巴比塔的智者·钱锺书传》有感

尽管钱锺书先生“诚诚恳恳地”奉劝别人不要研究他，对于“传记”，他早年更调侃说：“为别人做传记也是自我表现的一种”，“你要知道一个人的自己，你得看他为别人做的传”，戏谑中确有真理存焉。然而，据我所知见，有关他的传记著作至少已有四种，或许可以看作对传主本人意愿的“合理冲撞”吧？20世纪初，钱先生从无锡钱家大院开始人生之旅，数十年孜孜矻矻、坚持不懈地文化创造，已造就了自己的独特世界。这个世界，融通中西，贯注古今，以其并世罕见其匹的淹博与睿智，吸引和震撼着中国的整个学术界和读书界，成为我国现代文化史中的一位坐标式的人物。研究当今民族文化及其走向，已经不可能绕过他，撰作评传也自然地成为一种研究方式了。

张文江先生的这部《营造巴比塔的智者·钱锺书传》，应该说是有特色的研究性传记。此书在写法上虽与一般学人传记相类，以传主生活经历的先后为序，又以传主的主要著作(《围城》《谈艺录》《管锥编》《七缀集》等)作为全书架构，但其着重点放在描述和阐释传主所创造的文化世界及其人格精神上。作者始终联系整个现代史的时代背景来展开对传主的述评，突出在动荡和战乱频繁的历史环境中，一位正直知识分子如何坚持我们民族文化现代化的努力。作者认为，读钱氏著作，如果没有感受到其中的时代气氛和时代精神，则不能识其大体，这是很中肯的。不妨偶拈一例：我有幸与钱先生同在河南干校，那时单位正在抓什么“建国以来最大的反革命集团”，揭批惨烈，自杀者、打死者均有之。有次钱先生私下说：那些被斗对象，“强者不吐实，弱者吐不实”，他意在下句，立即点明了逼供信的真相，在当时真够大胆和敏锐的；后来读到《管锥编》论《史记·李斯列传》条，却赫然在目。(书中论及古罗马词学书引语云：“严刑之下，能忍痛者不吐实，而不能忍痛者吐不实。”)他对自然、社会、人生和文化的思考总是充满现代感和现实性的。钱先生并不真的是“闭门不管天下事的人”，不过在载沉载浮的政治变动中，借此以守身如玉，坚持中国士人的人格精神。这部传记对此不乏细致的描述和介绍，对我们理解

20世纪中国知识分子的命运及其业绩的文化意义是有启发的。

尽管钱先生劝诫人们不要汲汲于建立什么“理论体系”，一再声称“我有兴趣的是具体的文艺鉴赏和评判”，认为“片言只语”“鸡零狗碎的小东西”往往说出了“益人神智的精湛见解”，这自然是十分深刻的；然而这部传记却力图寻找钱先生的“著作系统”，探索这个系统的主要内容、核心以及变化状况，其中如论《管锥编》的四种文献结构等，都是作者用功甚勤的成果。读者对他的结论可以作出自己的判断，但力图在钱先生多种著作中寻找一种贯串起来的东西，作者的这种努力是应予重视的，或许昭示着“钱学”研究今后的一个重要走向。钱先生的几部主要著作大都采用诗话(《谈艺录》)、选本(《宋诗选注》)、读书札记(《管锥编》)等传统著述体裁，然而我们又确实感到其间存在着统一的理论、观念、规律和法则，存在着一个互相“打通”、印证生发、充满生气的体系。平心而论，仅从文学研究而言，目前对钱先生的学术成果，尚未深入领会和充分利用，这与“钱学”研究的缺乏整体性、系统性是密切有关的。

第三辑

钱锺书先生的宋诗研究

《宋诗选注》的一段荣辱升沉

《宋诗选注》是钱锺书先生在新中国成立后公开出版的第一部著作，也是他面对新的学术界而贡献的最初成果。他在完成书稿时有诗说："晨书暝写细评论，诗律伤严敢市恩。碧海掣鲸闲此手，只教疏凿别清浑。"（《赴鄂道中》其二）诗中化用唐庚、杜甫、元好问的诗句，谓以"碧海掣鲸"之大手笔而从事此项普及性的选注工作，不免未尽其才，但"晨书暝写"的辛劳，"细""严"的认真，自叹中复又自信。当时他工作单位文学研究所的领导也十分看重。1957 年 3 月，《文学研究》创刊，就发表《宋诗选注》中的作家小传十篇，以《宋代诗人短论（十篇）》为题，与俞平伯、孙楷第及所外一流古典文学研究大家郭绍虞、夏承焘、罗根泽等的论文一并推出，还特意配发了苏轼、黄庭坚、陆游、范成大的手迹；紧接着在第三期上，又发表《宋诗选注序》全文。及至全书在 1958 年 9 月由人民文学出版社出版，以其丰富深邃的学术内涵和“另类”选本的独特风采，引起热烈的反响。

一、从备受推重到遭受批判

但不祥之兆几乎如影随形而来。早在同年五月，毛泽东在党的八大二次会议上几次讲话强调：“凡是有人的地方总要插旗子，不是红的，就是白的，或是灰的，不是无产阶级的红旗，就是资产阶级的白旗。”“我们要在这些地方做工作，发动群众，大鸣大放，贴大字报，把白旗拔掉，插上红旗。任何一个地方都要插红旗，让人家插了白旗的地方，要把他的白旗拔掉。”（《毛泽东在中共八大二次会议上的讲话记录》，转引自《毛泽东传（1949—1976）》，中共中央文献研究室编，中央文献出版社，2003年）于是在学术文化领域内，一场“拔白旗、插红旗”的大批判运动从高校开始兴起，迅速席卷全国。

文学研究所是专家学者集中之地，运动一来，首当其冲，形势十分严峻。所长何其芳先生在8月24日的所务会议上，决定把已被所内外点名的郑振铎、钱锺书、孙楷第、李健吾、杨绛交由所内群众批判，但同时规定对郑的批判限期一周，其他四位限在古代组、西方组进行，限期一个月。在这个背景下，文学所主办的《文学研究》《文学遗产》两大刊物，先后发表了四篇文章批判《宋诗选注》，作为个案而言，如此批判力度，在当时运动中相当抢眼。四篇文章中，有两篇出于文学所古代组同仁之手，另两篇的作者则是人民文学出版社的编辑，一个是编选者的工作单位，一个是《宋诗选注》的出版单位，明眼人一看即知，具有“清理自家门户”性质，以免被动。这些文章，一般“上纲”到“资产阶级唯心论”“形式主义”之类，有的还肯定《宋诗选注》的一些“优点”，所以后来钱先生说过批判得“不算厉害”的话。但他对其中一篇颇为反感。那篇文章把《宋诗选注》说成“目前古典文学选本中的一面白旗”，必须要“坚决地拔掉这面资产阶级唯心主义的白旗”，“拔白旗，插红旗，不止是一场大辩论，而是一次十分尖锐的阶级斗争”。难怪钱先生对此文作者的事后道歉，没有搭理。

二、风向转变

运动来势甚猛，随之不断产生严重问题。到了这年年底党中央第一次郑州会议，风向转为纠“左”。又开始强调两种所有制（全民、集体）的区别，价值法则、等价交换、自给生产、交换生产等话题又出现在文件上，强调“冷”的科学态度，政策重又调整。次年（1959 年）1 月，中宣部召集教育、出版、文艺界负责人会议，传出胡乔木“我们不要资产阶级的破烂，也不要无产阶级的破烂”等语，不胫而走，广为流布。

何其芳先生则于3月6日和11日，在文学研究所分别召开党内会议和所务会议，具体落实纠“左”转向工作。他传达周扬对文学所和两个刊物的三点指示，即古今中外、百家争鸣、保证质量。并明确说：“这次开所务会议所以请副研以上同志参加，主要是要求大家写文章，展开辩论的风气。特别是被批评的本所同志，如孙楷第、钱锺书、杨季康、李健吾先生，都可以写文章。外地的老专家说时机不到，所内的同志要带头写。”还说：“对待学术问题应当是坚持真理、修正错误的态度。不同意的也表示接受，不进行辩论，这是违背良心、违背科学的，是非就不明了。”

于是，何其芳领导的《文学评论》（由《文学研究》改名，以下简称《文评》）、《文学遗产》（以下简称《文遗》）主要采取三种方式来进行纠“左”：一是组织被批判的专家自撰反驳文章，如刘大杰《关于〈中国文学发展史〉的批评》（《文评》1959年第二期）、王季思《有没有这样的线索和标准？——关于我的〈宋元文学史讲义〉的批判的答辩》（同年第三期）；二是发表被批判专家的其他学术论文，意在请他们在刊物“亮相”，恢复声誉，如所内同事曾撰写批判李健吾、杨绛先生的两篇论文（同在1958年第四期），于是在

1959年第三期上也同时发表李先生的《司汤达的政治观点和〈红与黑〉》和杨先生的《萨克雷〈名利场〉序》;三是物色著名专家为另一位被批专家“平反”,这就很难组织到手了。正如何其芳先生所说:“外地的老专家说时机不到,所内的同志要带头写。”他1959年4月在《文评》编辑部讲话中,要求“注意发表不同意见的文章”,特别提到刘大杰、王季思两文说:“这种反批评的文章是很难组织的,是不是有些专家有顾虑?”提出不要有“后顾之忧”。但学者们历经反右纠“左”、忽晴忽阴的多次反复,对充满变数的学术环境怀抱犹疑不安的心态,是很自然的。而当时唯一办成,且影响甚大的,就是请夏承焘来为钱先生“平反”了。近读夏承焘《天风阁学词日记》(以下简称《日记》),才知其间颇费周折,对于了解知识分子艰难的生存环境很有帮助。

三、夏承焘:不信千编真覆瓿,安知九转定还丹

先是1959年1月6日《日记》首次提及“夕阅钱默存《宋诗选》(按:此处当脱一“注”字)”,1月7日又记:“午后看钱默存《宋诗选注》。近日报纸登批判此书文字数篇,予爱其诗评中材料多,此君信不易才。”1月9日,继续“看《宋诗选注》”。此是夏氏对其书其人的最初印象,也是他后来

写“平反”文章的思想基础。后于4月8日抵京，他作为《文评》编委参加文学所主办的《文评》《文遗》编委扩大会，住在清那桐旧居改建的和平宾馆。当晚，他由文学所工作人员“导往东四头条，访陈友琴、余冠英，谈至九时，二君行里馀送上街车”，未访就在陈、余两家之间的钱先生寓所；又从夏先生此次客京十一天日记中，多记与文学所古代组专家互访会晤等事（如俞平伯、吴晓铃），独不见钱先生的姓名，看来，夏、钱二位交往一般。

但在4月19日返杭后，他5月4日的日记云：“发钱锺书函，谢其寄《宋诗选注》及诗，附去《感近事》一诗。”诗题为《自京归杭得钱默存示诗感近事奉报一首》：

> 后生可爱不可畏，此语今闻足汗颜。不信千编真覆瓿，安知九转定还丹。是非易定且高枕，蕴藉相看有远山。太息凤鸾满空阔，九州奇翼竟无还。

钱先生原诗待查。从夏先生的答诗来看，肯定是涉及《宋诗选注》遭年轻人批判事，夏先生安慰他《宋诗选注》自有价值不会埋没，是非必有定评不必挂怀。末句自注“谓郑振铎”，指郑先生飞机失事，可能原诗提及《宋诗选注》最初是郑所长交给钱先生的任务。嗣后于5月22日，钱先生又寄赠杨绛先生所译《吉尔·布拉斯》一厚册，次日夏先生“发钱默存、杨季康复，谢其惠书”。

而在这之间的5月13日，夏先生日记云：“陈翔鹤昨来书，嘱为钱默存《宋诗选注》作平反，复一笺。复友琴。复黄肃秋。”陈翔鹤是《文学遗产》主编，在夏先生游京时，两人过往甚频，还亲至车站送夏先生离京。在京时是否谈起约稿事，不得而知；但在此后却一再催促（6月16日、7月3日、7月6日），夏先生迟至7月9日才写成《如何评价〈宋诗选注〉》一文。从《日记》来看，夏先生一般撰文，文思甚畅，不少论文咄嗟即办，一两天挥笔而就，独这篇四千六百字文章，延宕踌躇，一再催促历时两个月才完稿，足证心理负担不轻。果不其然，7月23日日记云：“接《文学遗产》函，《如何评价〈宋诗选注〉》一文准于8月2日见报，问肯用真姓名否？”《文遗》编辑部当然希望能借重夏先生大名，以扩大影响，但夏先生原稿却未用真名。

夏先生的担心实非庸人自扰。1959年8月，庐山会议批判彭老总后，风云突变，急剧转向为反“右”。1960年5月30日日记云：杭大某人“作一文，批评予为钱锺书作《宋诗选注》介绍文，谓有意抵抗当时批判运动。其实当时周扬同志在北京文学研究所讲演时赞许钱书，《文学遗产》乃数次邀予撰此文。”夏先生的犹豫作此文，可能还有另一人事交往方面的原因。他在北京参加编委会议时，曾于4月15日应人民文学出版社之邀宴，晤王任叔（巴人）、陈迩冬等人，“任叔爱赏默存《宋诗选注》，谓论注文学书，应为作者留馀地”，那位写批评《宋诗选注》文章的作者时亦在座，且与夏氏交往尚多。我们现在读夏先生“平反”之文，完全是一篇中规中矩的书评，撇开“平反”，另找话头径自直书，似乎世上从未发生过批判风波。所以严格来说夏文还算不上是篇像他《日记》所说的“平反”文章。

四、小川环树：宋代文学史必须改写了吧

《宋诗选注》的一度获得“平反”，钱先生是欠了两份人情的，夏先生一份，小川环树先生又是一份。在1958年《选注》遭到批判之后，小川环树先生在日本京都大学《中国文学报》第十册上，发表《钱锺书的〈宋诗选注〉》一文。他首先向日本读书界郑重地介绍钱先生的“业绩”，并说他从“前年（1957年）的《文学研究》（第一期和第三期）上登载两篇论文”时，就“期待着见到这本书。现在这本书真的刊行了，实在令人高兴”。他敏锐地看出“这是一本从不同于前人的角度出发来对宋诗进行全面观察的书。它的注解和‘简评’都特别出色。由于这本书的出现，大概宋代文学史很多部

分必须改写了吧”。最后说:“对这本书,我们曾怀有很大的期待,现在这种期待没有落空,真是值得高兴的。”(载日本京都大学《中国文学报》第十册,1959年4月。中译文见《钱锺书研究》第一辑,文化艺术出版社,1989年)小川先生此文既对《宋诗选注》提出一些实事求是的商榷意见,又对国内大批判文章作了指名道姓的回应(如对《选注》未收文天祥《正气歌》的“批判”,小川氏为之辩护),若说“平反”,小川先生此文倒有这点味道。

京都大学素有重视国际学术交流的传统,一直向文学所按期赠送《中国文学报》。所内同事发现小川氏此文后,即告知陈翔鹤先生。翔老请人中译后转交何其芳、钱锺书两位,何先生更抓紧督促“平反”,而钱先生几次表示谢意。

一次是对香港《明报》记者的谈话:“《宋诗选注》出版了,正碰上国内批判‘白专道路’,被选中为样品,作为‘资产阶级文学研究’的代表作,引起了一些批判文章。现在看来,不算厉害。日本京都大学小川环树先生在《中国文学报》写了一篇很长的书评,记得仿佛说‘有了这本书以后,中国文学史的宋代部分得改写了’。文章的译文是《文学遗产》已故主编陈翔鹤叫人译出来给我看的。这当然使我很高兴和感激。”(彦火《钱锺书访问记》,载《明报》1981年6月24日)

一次是 1980 年，钱先生访问京都大学座谈时。小川先生在欢迎辞中提到《宋诗选注》；于是钱先生回应说，“他本人对这书实在极不满意”，“即便如此，出版后也还遇到‘人民性不足’‘资产阶级文学观点’等严重批判。幸好围攻者正要大张旗鼓之际，《中国文学报》小川环树的书评刚好寄到，赏誉备至，于是群喙立息”。他们二人由此通信订交。但在“文化大革命”中，钱先生“把他珍藏的小川环树富有欧阳率更（欧阳询）书法风致的信统统付之一炬，以免‘里通外国’的口实”（孔芳卿《钱锺书京都座谈记》，载《明报月刊》1981 年 1 月）。钱先生特地寄赠小川氏《宋诗选注》一册，亲笔改订多达九十馀处。这册书至今仍完好保存，作为两人友谊的见证，稍可弥补双方信件销毁不留的遗憾。

应该说明，小川先生的文章在“平反”中起了“以外促内”的好作用，但不是促使何其芳、陈翔鹤二先生组织夏文的起因，更不是主因。小川氏文章发表的时间是 1959 年 4 月，传到北京更在其后。而国内早从一月份开始已在紧锣密鼓地酝酿纠“左”和转向了，文学所更在 3 月份正式召开会议部署具体工作，鼓励并点名钱锺书和其他“被批评的本所同志”，出来写反驳文章。连夏先生也是在 8 月 2 日发表《如何评价〈宋诗选注〉》后才获知小川氏文章之事的。他在 9 月 3 日的日记中说：“得周振甫书，寄还《唐宋词序论》，云日本人有长文评介钱锺书之《宋诗选注》，甚推重。”因而他撰文时未能参考小川氏文。懂得国内运动的读者自会明白：光凭一篇海外文章是不会“群喙立息”的，有时或许会产生火上加油的相反作用。

五、“大批判”馀波

到了1959年8月，风向陡变，这回轮到何其芳先生自己过批判关了。庐山会议号召展开反右倾斗争，在文学所，何其芳成为第一个批判对象，短短一周内向他贴出120张大字报，对1958年学术批判运动的反攻倒算也是一大罪状，几次检查不能过关。最后周扬亲自来文学所讲话：“你们要求领导人是无产阶级战士，这是过分的。”话说到这个份上，事情才得以平息。反右倾主要针对党内，钱先生这段时间虽算平静，但内心郁闷压抑，他为《宋诗选注》事对何先生深怀愧疚。

钱先生在《宋诗选注序》的末尾感谢何其芳同志的“提示”，初版作“批评”，因而曾被误读为何先生对此书选目作过个人的行政干涉。其实，“批评”在此处是中性词，意近评论、品评之类。何先生在古代组会议上说起过选目问题。他说：“选思想艺术统一的，当然不一定要都说民生疾苦的。

思想要广泛些，写风景、写爱情的都选。还是以广泛的标准来选。”这是1956年12月13日的会议原始记录。要之，钱、何共事长达20多年，关系极为融洽，文学所编的《衷心感谢他——纪念何其芳同志逝世十周年》一书，书名用的是巴金老人纪念何先生文章的题目，而由钱先生题写。钱先生的“感谢”也是“衷心”的。

［附记］

小川环树先生1993年逝世后，其藏书归京都产业大学图书馆，建立“小川文库”。我托人前往查阅，他有四种钱锺书先生《宋诗选注》：①“龙榆生手批本”(1958年初版)，②“钱氏手校增注本”(1958年初版)，此两种题名均由小川氏本人拟定，手书于封面。③钱氏再赠本(1963年重印本)，④无题签本(1979年再印本)。前三种，扉页内有赠书人龙、钱二位的题签。钱先生的题签是对他写“平反”书评表示谢意，我已作过介绍，兹抄录龙先生的题签：

士解教授方讲宋诗，谨以友人钱君新著寄赠参酌。龙榆生1959年2月

“士解”是小川先生之字。龙先生与钱先生曾是上海暨南大学同事，1949年前后常有诗歌唱酬，颇有涉及敏感时事之处，交谊并非泛泛；他与小川氏也有诗篇往还。这册赠书有

两种笔迹，红笔为龙先生，铅笔为小川先生，这说明此乃龙氏自存本，还表明小川先生亦已细读过。龙先生面对1958年学术大批判，《文学研究》《文学遗产》连续发表四篇文章批判钱选，他以有罪之身（1957年丁酉之祸）急于并敢于把自用之书寄呈小川先生，此顶风之举含义实堪玩索。小川先生于1959年4月在京都大学《中国文学报》上发表为钱氏“平反”之书评，离接受龙氏赠书两个月，虽不能遽断为他作“书评”时使用过此书，但风气感应，不能完全排除吧。看来，钱先生为此所欠“人情”，除了一位词学家夏承焘先生，还得另加一位连他自己也不知情的词学家。

在小川文库还意外发现一册曾枣庄先生的《苏轼评传》，书前有一行红笔题记：“1984年11月承王水照夫人远道见赠。小川环树识。”原来那年我去他寓所拜访，谈话内容是苏东坡，对拙编《苏轼选集》多有垂询。他提及曾先生此书，陪同的东京大学伊藤漱平教授转头对我说：“那么请王先生在上海觅购一本吧。”我就请家人把自存本寄赠给他。小川先生与钱先生同龄（1910年生），今年也是他诞辰110周年，述此作为纪念。

2020年2月26日

《正气歌》所本与《宋诗选注》“钱氏手校增注本”

一、《宋诗选注》何以不选《正气歌》

小川环树先生在《钱锺书与〈宋诗选注〉》书评中开篇就说：“我曾经读过钱氏的论文和著作，对他那真正可说是‘学贯中西’的广博的造诣和深刻的洞察力深为叹服。”先致仰佩之忱。在具体评价中，有两点颇为突出。一是从前言、选目、作者小传和注释等选本的四个构成中，指出此选本的诗人简评和注释“很详细，创见也多”，可谓目光锐利，抓住要领。进而盛赞云：“可说是迄今为止全部选本中最好的。”这里说的是“全部选本”，即在整体评价上把钱选推至诸选之冠的地位。最后又说：“由于这本书的出现，大概宋代文学史很多部分必须改写了吧。”指出此书已超越一般文学读本而优入著作之列，充分肯定此书在宋代文学研究上的学术价值。

二是鲜明地与国内当时的“大批判”立异。在他这篇书评之前，国内已有五篇文章“批判”钱选，在1958年“学术大批判”运动中十分引人注目。小川氏指名道姓地与“批判者”论难，特别讨论到钱先生不选文天祥《正气歌》的问题。有两位“批判者”都着重以此发难而上纲上线，目为“白旗”“逆流”，小川先生却认为，这是因为“钱氏本身持有一定的标准”，“一定是有充分理由才割爱的”，因为钱先生已在作者小传中指明文天祥诗歌在被捕前后有很大变化：前期平庸，后期则多有感情沉痛的“好作品”。小川氏审慎地说：“会不会钱氏认为《正气歌》虽然沉痛，却还够不上算是好作品？这是个谜。”

仔细想来，这个“谜”蕴含着并不简单的诗学内容：比如钱先生的“好作品”标准究竟是什么？人格与诗品固然统一，但能否完全等同？思想崇高与审美崇高密不可分，却又是否为同一概念？等等。因而引起一些学人追索的兴趣是很自然的。如杨建民《钱锺书为何不选〈正气歌〉》（《中华读书报》2003年6月11日），曾联系《宋诗选注·序》提出的“六不选”标准而进行了有益的探讨。但明确的答案，还待钱先生自己来“揭晓”。

《钱锺书手稿集·容安馆札记》卷二第615则论《文山

先生全集》云：

> 《正气歌》本之石徂徕《击蛇笏铭》，则早见董斯张《吹景集》卷十四，后来《茶香室丛钞》卷八亦言之，实则亦本之东坡《韩文公庙碑》“是气也”，“在天为星辰，在地为河岳，幽则为鬼神，而明则复为人也”云云也。

钱先生还曾把同样的意思写信给《宋诗选注》的责任编辑弥松颐（1978 年 5 月 24 日）。信中说：“《正气歌》一起全取苏轼《韩文公庙碑》，整篇全本石介《击蛇笏铭》，明董斯张《吹景集》、清俞樾《茶香室丛钞》等早言之；中间逻辑亦尚有问题。”（见弥松颐《“钱学”谈助》，《人民政协报》2005 年 4 月 18 日）而早在 1959 年 8 月 1 日，钱先生致函日本学者荒井健（《围城》日译者）也提到：“同志诸君评骘拙书（指《宋诗选注》）之文，义正词严，而自愧颛愚，殊无领悟。即如文山‘正气’一歌，排比近俗调，于石徂徕《击蛇笏铭》尤伤蹈袭，诚未敢随众叫好，一笑。”（荒井健《〈围城〉周围之七——钱锺书书信九通》，载日本飚风会《飚风》第 37 号，2003 年 12 月）对“大批判”诸文，他反言正说，绵里藏针；而对《正气歌》的看法，表达却最为直截。《手稿集》和两信都是探讨钱先生不选《正气歌》之因的最有说服力的资料。

钱先生在《中国诗与中国画》中说过："我有兴趣的是具体的文艺鉴赏和评判。"他的"评判"，一向秉持独具慧眼、不迷信权威的学术姿态；他的"鉴赏"，又忠实于自己的艺术感受，不作人云亦云的违心之论，"未敢随众叫好"。聂绀弩《题〈宋诗选注〉并赠作者钱锺书》有两句诗说得好："真陌真阡真道路，不衫不履不头巾。"（转引自《钱锺书和聂绀弩》，载《万象》2000年第1期）《宋诗选注》确不讲究时下选本的规范，也不完全遵循一般的"共识"，而这种"异类"品格却真正指明了诗艺之途，因而也留给我们更广的思考空间和阐释的馀地。

《手稿集》和信函对《正气歌》所作的评论，要点有三，我们就逐一进行讨论。

第一，《正气歌》共60句，"时穷节乃见，一一垂丹青"以下16句，一口气列举历史上十二位忠义之士的壮烈事迹，引为自己的楷模与同调，几占全篇三分之一，浓墨重彩，歌哭无限，乃此诗关捩之笔。但钱先生指出，这种写法实本于石介《击蛇笏铭》。石介说："夫天地间有纯刚至正之气，或钟于物，或钟于人，人有死，物有尽，此气不灭，烈烈然弥亘亿万世而长在。在尧时为指佞草，在鲁为孔子诛少正卯刃，在齐为太史简，在晋为董狐笔，在汉武朝为东方朔戟，在成帝朝为朱云剑，在东汉为张纲轮，在唐为韩愈《论佛骨表》《逐鳄鱼文》，为段太尉击朱泚笏，今为公（指孔道辅）击蛇笏。”（《徂徕石先生文集》卷六）石介例举九个事例，《正气歌》十二例中与之相同者有三例（齐太史简、晋董狐笔、唐段秀实笏），排比句型亦复相同，沿袭之迹甚明。

第二，《正气歌》首言“天地正气”赋予宇宙万物以具体形态，这种看法渊源有自。在我国古代思想史上，《管子》较早地把“气”看作宇宙万物的本原，一切事物均是“根天地之气”（《管子》卷二《七法》），还提出“精气”说，“精也者，气之精者也”，“凡物之精，此则为生，下生五谷，上为列星。流于天地之间，谓之鬼神；藏于胸中，谓之圣人。是故名气”（《管子》卷十六《内业》）。石介在《可嗟贻赵狩》中有云：“元气大为天地，小为日星，融为川渎，结为山岳”，在《击蛇笏铭》中也指出“天地间有纯刚至正之气，或钟于物，或钟于人”，这是我国古代影响深远的一种宇宙生成观。《正气歌》讲“正气”表现为“下则为河岳，上则为日星。于人曰浩然，沛乎塞苍冥”，于天、地、人“三才”无所不在。而苏轼《潮州韩文公庙碑》则列而为四：天（星辰）、地（河岳）、幽（鬼神）、明（人），与《管子》更为贴近。文天祥诗和苏轼碑文，两者还是稍有差别的。

上述两点均属如何向前代典籍取资问题，涉及文学创作中的所谓“源”与“流”的问题。不过，前者是模仿构思和句法，后者主要是思想观念的传承。文学创作需要继承传统，更需要创新，而创新又离不开传统这个基础，这在学理上都容易了解，但在具体评价上就很难把握这个“度”了。俞樾仅揭出“文文山《正气歌》有所本”（《茶香室丛钞》卷八），未加一语褒贬；董斯张《吹景集》卷十四“文人相祖”条就有所抑扬了。他说：“曹子桓第云‘文人相轻’，初不言文人相祖也。……石徂徕《击蛇笏铭》云：‘在齐为太史简，在晋为董史笔’……文山歌‘正气’，一撷其菁，争光日月。文之显晦，有数哉！然愚谓苏公学韩，白公学杜，尤是翻着袜手，若但以形骸求之，鲁男柳下，有甚干涉？”他一方面肯定《正气歌》祖袭石介而收到“一撷其菁，争光日月”的效果，并能广泛流布于世；但又惋惜它于自拔流俗、独创超越的艺术境界，尚未达一间，不如苏、白。“翻着袜手”典出王梵志诗。黄庭坚《书梵志翻着袜诗》云：“‘梵志翻着袜，人皆道是错。乍可刺你眼，不可隐我脚。’一切众生颠倒，类皆如此，乃知梵志是大修行人也。”董斯张即用以喻指苏、白学习韩、杜能自主裁鉴，为我所用而出以自家面目。

钱先生的看法与态度，与董斯张大致相类。他并不一概而论地反对夺胎换骨、化用前人诗意和句式。《宋诗选注》在注释文天祥《南安军》“出岭同谁出？归乡如此归”一联时，指出“这种对仗原是唐人五律里搬弄字面的伎俩”，在举了贯休、李咸用的三个诗例后说：“文天祥向纤巧的句型里注入了新内容，精彩顿异。”发出了由衷的赞叹。并对谢翱《书文山卷后》“死不从公死，生如无此生”运用文天祥的这种句法，也表示首肯。但《正气歌》“时穷节乃见”以下16句，与石介作品句意雷同、句式稠叠，确嫌过重，就有违于钱先生一贯所主张的诗贵独创的评赏标准了。早在1946年他发表的《小说识小续》中就说过，“评者观古人依傍沿袭之多少，可以论定其才力之大小，意匠之为因为创。”而在《宋诗选注》的序中，对“放纵了摹仿和依赖的惰性”，成为“学问的展览和典故成语的把戏”等诗作，指斥更加不遗馀力了。钱先生自评《宋诗选注》云：“晨书暝写细评论，诗律伤严敢市恩”（《赴鄂道中》其二，见《槐聚诗存》，生活·读书·新知三联书店，1994年），他对一些“过情之誉”的异议，具见他评艺衡文的严肃与郑重。

第三，钱先生说《正气歌》“中间逻辑亦有问题”，但未作具体解释。钱先生曾多次指出不少名篇佳作“逻辑不严”，“有失照应”，戏谓可作《古今名篇百首纠谬》一书。如举李白《北风行》刚说“念君长城苦寒良可哀”，信其尚生而可还；突接“人今战死不复回”，颇觉“语脉不贯、理路不通”（《管锥编》第三册，第896页。）。白居易《缭绫》先说“地铺白烟花簇雪”,后说“织为云外秋雁行,染作江南春水色”,“那就不免失于照顾检点;因为上文讲的白和下文讲的绿都是实色”①。我们依此思路来读《正气歌》,或许可提出如下一些疑问:既然说自己独秉浩然正气,“以一敌七(指七种恶气),吾何患焉”,为什么又说“一朝蒙雾露,分作沟中瘠”?既然一旦为毒雾凶露所侵,难免委身沟壑,下句又紧接“如此再寒暑,百沴自辟易”,似乎又缺少过渡、转折。既然“正气”“耿耿在”,陡接“悠悠我心悲,苍天曷有极”,感情对比落差似嫌稍巨。仅记此两疑,以求高明指教。

无独有偶。陈衍《宋诗精华录》也不选《正气歌》(于文天祥仅选《晓起》《夜坐》两首)。他的《石遗室诗话》卷三提出“说诗”应知人论世:“不论其世,不知其人,漫曰温柔敦厚,诗教也,几何不以受辛(商纣王)为‘天王圣明’,姬昌为‘臣罪当诛’,‘严将军头’‘嵇侍中血’,举以为天地正气耶?”这或许透露出他的不选之由。据《三国志·蜀书·张飞传》,严颜奉刘璋命守巴郡,被张飞所俘,要其投降,严说:“我州但有断头将军,无有降将军也。”是谓“严将军头”,然而他后来毕竟投降了。据《晋书·嵇绍传》,侍中嵇

① 《读拉奥孔》,《文学评论》1962年第5期。收入《旧文四篇》时删去此例。《管锥编》第二册第594页“前后失照”条却进一步申说云:“一绫也,色似白复似碧,文为花忽为鸟,又本身抵牾之病已。”

绍随从晋惠帝战于荡阴，飞矢雨集，嵇绍以身掩护惠帝而死，血沾惠帝之衣。事后惠帝不许洗去血迹，说："此嵇侍中血，勿去！"但嵇绍原是嵇康之子，康为魏臣，被司马昭所杀。一个不能持"节"于后来，一个忘家仇于往昔，陈衍认为他俩于"天地正气"之秉持而言，是不足为训的。陈、钱不选《正气歌》虽同，而不选的标准则互有差异，借用钱先生早年说过的一句话是："相辅而行，各有本位。"

钱先生的"本位"，就是以文学为本位的批评立场，严防评赏文学作品时的"越位"和"错位"。他在 1933 年所作的《中国文学小史序论》中，申说撰写《中国文学小史》的要旨，"乃在考论行文之美，与夫立言之妙，体裁之大小新陈，非所思存。辨镜思想之是非，虽从鄙心所好，而既标名文学史，则宜'以能文为本'，不当'以立意为宗'"。钱先生并非对"思想"、志节不予关注，他称文天祥是位"抵抗元兵侵略的烈士"，"他从元兵的监禁里逃出来，跋涉奔波，尽心竭力，要替宋朝保住一角山河、一寸土地，失败了不肯屈服，拘囚两年被杀"，写下了"极沉痛的好作品"。可见钱先生对文天祥不乏尊敬和赞许，而同时对《正气歌》又持有与众不同的艺术上的保留。看来，关于《正气歌》的讨论与探索还没有结束，但钱先生不主故常、努力在学海中寻找自己自由自在天地的思维方式给了我们深永的启示。

二、《宋诗选注》"钱氏手校增注本"

钱锺书先生大约在1959年寄赠小川先生《宋诗选注》一册，在扉页题词云："小川士解先生惠赐大文，以此奉遗，非曰报也，以为好也，即请教正。"还钤上他常用的三枚图章，以示对小川氏撰写书评的答谢和订交的真诚。

在这册赠书中，钱先生亲笔改动大小九十馀处，约三千多字[①]，一律是端正楷书；小川氏也亲笔题上"钱氏手校增注本"七字，互示珍重。在《宋诗选注》出版一年左右的时间里，钱先生就作出如此规模的改动，体现了前辈学者孜孜矻矻、永不停步的日新之功。钱先生自嘲自谥"钱文改公"，对自己的著作总有反反复复的"增补""补订""补遗"。只要他的生命不息，他的著作永无"定本"。

不少改动已为后来的修订本所采入，但仍有所润饰增删；研读此"手校本"，更能亲切感受到他挥毫落笔时思考的印迹。如文同《织妇怨》"不敢辄下机，连宵停火烛"一联，初版原注云：

---

① 已刊拙编《新宋学》第7辑，复旦大学出版社，2018年。

> 夜里还不停止纺织，灯也不点。参看《玉台新咏》卷九费昶《行路难》第一首："贫穷夜纺无灯烛。"

这里把"停火烛"解释为"灯也不点"，则释"停"为"停止"之义。而在"手校本"中则改为：

> 夜里还不停止纺织，连夜灯烛不灭。这里的"停"字不是停止或灭绝的意思，而是停留或维持不绝的意思，就像刘勰《新论·惜时篇》："夫停灯于缸，先焰非后焰，而明者不能见。"或朱庆馀《近试上张籍》："洞房昨夜停红烛。"至于《玉台新咏》卷九费昶《行路难》第一首所谓"贫穷夜纺无灯烛"，那是暗用刘向《列女传》卷六齐女徐吾的故典，说"贫妇人"自己买不起蜡烛，只好"借"邻妇的"馀明"，并非说灯烛不点，暗中摸索也似的纺织。

这一"改笔"与初版中的意思正好相反，但于诗意连贯妥帖，当是唯一正解，牢不可破了。同时也解释了初版所引用的费昶"贫穷夜纺无灯烛"句的实际含义，乃是暗用典故，"并非说灯烛不点，暗中摸索也似的纺织"。

对这一改笔应予以足够的重视，或许是他后来在《管锥编》中提出训诂学系统理论的契机。皇皇巨著《管锥编》即以“论易之三名”开篇，提出“一字多意之同时合用”问题。钱先生说：“一字多意，粗别为二。一曰并行分训，如《论语·子罕》‘空空如也’，‘空’可训虚无，亦可训诚悫，两义不同而亦不倍。二曰背出或歧出分训，如‘乱’兼训‘治’，‘废’兼训‘置’，《墨子·经上》早曰：‘已：成，亡’；古人所谓‘反训’，两义相违而亦仇。然此特言其体耳。若用时而只取一义，则亦无所谓虚涵数意也。”（《管锥编》第一册，第2页）《管锥编》中多处运用“背出或歧出分训”的原理，重新解释文献，祛疑探赜，胜义迭出，令人叹服。如谓“文章学问复可为愚民之具，‘明’即是‘暝’，见即为蔽”（《管锥编》第一册，第234页）。释“与”字，既有“相好、相得”义，复有“相敌、相拒”义，正“黑格尔所谓一字具正反二意者”，并进而指出“训诂之兼容并蕴，亦见事物之反与正成、敌亦友尤尔”（见《管锥编》第一册，第221页）。释“望”字，“希冀、期盼、仰慕并曰‘望’，愿不遂、志未足而怨尤亦曰‘望’，字义之多歧适足示事理之一贯尔”（《管锥编》第三册，第878页）等等。随处可见，指不胜屈。

正与《管锥编》的精彩阐释相呼应，从1963年第2次印刷本开始，文同《织妇怨》此注即有改动，最后改定为：

不灭火烛。“停”有相反两意：一、停止或灭绝，例如“七昼七夜，无得停火”（黄庭坚《豫章先生文集》卷二十一《跛奚移文》）；二、停留或保持，例如“兰膏停室，不思衔烛之龙”（陆机《演连珠》），“逍遥待晓分……明月不应停”（《乐府诗集》卷四十六《读曲歌》之八十六），“停灯于釭，先焰非后焰而明者不能见”（刘昼《刘子》卷五十三《惜时》）。这里“停”字是第二意，参看朱庆馀《近试上张籍水部》：“洞房昨夜停红烛。”

用语明净醒豁，其含义却更为丰富了。“停”字的“第二意”，似尚不见一般辞书采录，人们还可补充不少用例，尤如朱庆馀“洞房昨夜停红烛，待晓堂前拜舅姑”这一从“停（燃）灯”至“待晓”的情景，诗词中习见，如王建《织锦曲》“合衣卧时参没后，停灯起在鸡鸣前”，柳永《戚氏》结句“停灯向晓，抱影无眠”等，但不如钱先生引例之富于玩味的空间。《钱锺书手稿集·容安馆札记》卷二第610则论及宋人程俱《北山小集》卷六《偶书二首其二》诗云：

“壮膏日已减，老炷安得久？亦如临河树，岸垫根复朽。”自注：“《经》云：壮膏既尽，衰老之炷何得久停？”……后喻则吾国亦有之，严可均《全后汉文》卷十

> 四《桓子新论中》云："与刘伯师夜然脂火坐语，灯中脂索而炷燋秃，将灭[息]，则以示晓伯师，言：'人衰老亦如彼秃炷矣。'

所引《佛经》"衰老之炷何得久停"之"停"，即用"保持"、燃灯之义，钱先生复引中土文献互证，使我们对"风烛残年"之类的常见比喻的语源，有更多的了解。

"一字相背分训"，充满了辩证精神，运用这种汉语中实际存在却又常被人们忽视的特性，可以解释文学作品中一些看似反常、实符艺术之道的问题。比如可以推广至两个反义词组合成一个相反相成的新意义。《宋诗选注》在解释洪咨夔《泥溪》"斜阳塞轿明"句云："'塞'跟'明'两字相反相成，塞满了是应当黑暗的，却反而明亮。"此类艺术赏析，一般人是很难达到的。

有些改笔后未正式采入修订本，但仍颇珍贵，值得一说。这有两类情况，一是申发原来论点，一是补充材料助证。兹各举一例。前者如王安石小传。这篇小传集中论述王安石诗歌的一个重要特点，即"他的诗往往是搬弄词汇和典故的游戏、测验学问的考题；借典故来讲当前的情事，把不经见而有出处的或者看来新鲜而其实古旧的词藻来代替常用的语言"，这实是开了"宋调"的先声。钱先生当年的用语是："后来宋诗的形式主义却也是他（指王安石）培养了根芽。"这个把"古典成语铺张排比"的特点，钱先生用萧子显《南齐书·文学传论》的"借古语申今情"来概括，并指出王安石的"借古语"一是采择广博，"在内容上，或在词句的来源上都超过了西昆体不知多少"①；二是理论化，"他还有他的理论，所谓'用事'不是'编事'，'须自出己意，借事以相发明'"。而在手校本中，他又补充了第三层意思：片面追求"借事发明"，有时甚至不惜违背事物的"今情"来迁就书本上的"古语"，只顾"求之腹笥"，而不重"征之目验"，使"古语"比"今情"更重要了。钱先生写道：

> 而且"借古语申今情"，就不免往往违背事物的"今情"来迁就书本上的"古语"。相传王安石写了"残菊飘零满地金"这句诗以后，引起一场争论：有人驳他说菊花是不掉瓣的，他搬出《楚辞》里"夕餐秋菊之落英"来塞人家的嘴，还嘲笑说："不学之过也！""读《楚辞》不熟耳！"这个传说是否可信，菊花有没有掉瓣的品种，《楚辞》的"落英"能不能作"残菊飘零"解释，这些问题我们姑且撇开不谈。值得注意的是这个传说里所包含的创

---

① "都超过了西昆体不知多少"，此句手校本改为"都比西昆体广大得多"，此改笔已采入修订本。

作方法：事物本身的“物证”抵不过“有书为证”。关于王安石以前的诗人是没有这种性质的传说的，而在王安石以后的诗评里，我们就每每碰见相类的借口了。

钱先生把“物证”抵不过“有书为证”，提到“创作方法”的层面来看，这对理解宋人“以才学为诗”的特点，是很有启发性的。在《管锥编》第二册第586页论“落英”时，钱先生有更畅达的发挥，指出“菊花之落，安石屡入赋咏。夫既为咏物，自应如钟嵘《诗品》所谓‘即目直寻’、元好问《论诗绝句》所谓‘眼处心生’。乃不征之目验，而求之腹笥，借古语自解，此词章家膏肓之疾：‘以古障眼目’也。”严羽自诩其《沧浪诗话》“说江西诗病，真取心肝刽子手”（《答出继叔临安吴景仙书》），钱先生对“宋调”的以事料为诗料，甚至唯事料为上的揭示，其犀利深刻也当得此语。

补充材料助证之例，可举论苏轼的《荔支叹》“我愿天公怜赤子，莫生尤物为疮痏”句。此句语意浅明而情态迫切如在目前，原版无注。而在此手校本中，加了一条长注：

当地的好土产变成了当地人民的祸根，苏轼这个意思在明代一首民谣里发挥得最为尽致：“富阳江之鱼，富阳山之茶。鱼肥卖我子，茶香破我家。采茶妇，捕鱼夫，官府拷掠无完肤。昊天(何)[胡]不仁？此地亦何辜？鱼胡不在别县？茶胡不生别都？富阳山，何日摧？富阳江，何日枯？山摧茶亦死，江枯鱼始无。於戏！山难摧，江难枯，我民不可苏！”

钱先生没有注明这首民谣的出处。实乃明人韩邦奇所作，题为《富阳民谣》，见其《苑洛集》卷十。他因写作此诗还横遭一场诗祸。据《明史》卷二百〇一《韩邦奇传》，他在明武宗时，任浙江按察佥事，分巡杭、严，“悯中宫采富阳茶鱼为民害，作歌哀之。堂(王堂，派驻浙江的镇守太监)遂奏邦奇沮格上供，作歌怨谤，帝怒，逮至京，下诏狱。廷臣论奏，皆不听，斥为民”。苏轼是在贬官惠州时作的《荔支叹》，表示他身处逆境仍不忘民瘼，对“争新买宠”的腐败可耻现象抨击得不遗馀力；五百年后的韩邦奇却因写作相类内容的诗歌而罢官为民，可谓后先辉映。韩诗激愤填膺，呼天抢地，一气呵成，确有民谣风格，“昊天胡(钱先生引作“何”)不仁，此地亦何辜”，佚名的《沂阳日记》也收入此诗，此二句作“皇天本至仁，此地独何辜”，锋芒有所削弱。或许因为选注本的体例所限，此条未能收入修订本，但将苏、韩两诗对读，同中有异，各具面目，也可看出苏诗的潜在影响，对理解《荔支叹》也不无意义。

研读“手校本”，会强烈地感受到钱先生的活跃而敏锐的艺术思致，随机生发、文思泉涌的才情。在他那里，任何问题似乎都不存在凝固不变的答案，甚至也不存在唯一正确的答案。举一个“手校本”的改笔在修订本中未被采纳而仍维持旧解的例子，具见钱先生反复斟酌、仔细推敲的状况。刘克庄《戊辰即事》七绝云：“诗人安得有青衫？今岁和戎百万缣！从此西湖休插柳，剩栽桑树养吴蚕。”此诗的本事十分清楚，指宋宁宗嘉定元年戊辰，宋兵攻金大败，讲和赔款，每年交纳“岁币”三十万两。初版认为此诗主旨是：

刘克庄把没有衣服穿作为“比兴”，来讲民穷财尽，还希望西湖边的小朝廷注意国计民生，不要再文恬武嬉。

而在“手校本”中，钱先生在“来讲民穷财尽”后，改为：

愤慨说除非小朝廷所在的西湖边也栽桑养蚕，这笔赔款那里付得出。

对这一改动，我深以为然。但在1962年以后的修改本中，仍然保留了初版的文字，还新加一首陈德武《水龙吟》作为旁证（其中有“东南第一名州，西湖自古多佳丽”，“使百年南渡，一时豪杰，都忘却平生志”，“力士推山，天吴移水，作农桑地”等句子）。

这里提出了一个饶有趣味的问题：刘克庄这首《戊辰即事》，字面上要求把西湖风景区改造为农桑生产地，骨子里是讽喻朝廷应注意国计民生，还是讥刺朝廷屈膝“和戎”？值得人们深长思之。

“手校本”除了这些启人心智、发人深思之处以外，还可注意的是语言表达工夫。钱先生为顾及这个选本的普及性质，往往用形象化的口语或白话直译的方式来代替注释或解释，体现了很高的文字功力。方回《瀛奎律髓》卷四十二评刘克庄诗为“饱满‘四灵’”，纪昀曾解释为“撑肠拄腹皆‘四灵’语”，钱先生初版云：

> 意思说：一个瘦人多吃了大鱼大肉，肚子凸得鼓鼓的，可是相貌和骨骼都变不过来。

用生动的比喻纠正了纪昀的误读，因为“四灵”缺乏事料，本身是个“瘦子”，算不上“饱满”，也不能使别人“撑肠拄腹”；刘克庄只是在“四灵”底子上“用事冗塞”而已。而在“手校本”中改为：

意思说：一个瘦人饱吃了一顿大鱼大肉，把肚子撑得圆鼓鼓的，可是相貌和骨骼都变不过来。

不仅更为灵动鲜明，且使“饱”字有了着落。这一改笔修订本已经采纳，但把“饱吃了一顿大鱼大肉”，再改为“饱吃了一顿好饭”，表达更为准确；“把肚子撑得圆鼓鼓的”一句，“点烦”掉一个“把”字，可谓臻于“增之一分则太长，减之一分则太短”之境了。

［附记］

面对《宋诗选注》不选《正气歌》的责难，小川先生只是委婉地说：“钱氏本身持有一定的标准”，“一定是有充分理由才割爱的”，甚至说：“这是个谜。”语气中隐含着疑虑，甚或是有所保留之“谜”。

果不其然，他在1962年所写《宋代诗人及其作品》一文中说：

南宋是一个半壁江山被金军践踏蹂躏的时代。山河破碎、生灵涂炭的现实，使得忧国忧民成为许多南宋诗的共同主题。与唐代后期的诗人相比，应该说南宋诗人的处境更悲惨，心境更悲凉。这种悲惨的处境和悲凉的心境，至南宋亡国时发展到了顶点。文天祥

(1282年卒)或许难以算作一流诗人,但他的《正气歌》气贯长虹,自有其被广泛诵读并流传久远的理由。他宁死不投降侵略者的伟大气节,正是被宋代文人对正义的坚强信念支撑着。①

小川先生在这里才充分表明他个人对《正气歌》的评价。他从时代精神、民族气节的角度热情推崇此诗,并指出其广泛而深远的影响力,观点鲜明而犀利,也是他编选宋诗的准则。

小川先生于1963年、1967年、1975年多次编选《宋诗选》,均由日本筑摩书房出版,选诗数量不多,一般在200首左右,但均无例外地选入《正气歌》(选入文天祥诗四首。其他三首为《扬子江》《金陵驿》《除夜》,与钱选全同)。1963年版的《宋诗选·题记》中,他还特意说明与钱先生《宋诗选注》的前后关联:

在译注过程中,正逢钱锺书氏《宋诗选注》(1958年,北京)出版,通读之下,受益匪浅。特别是对那些我未曾留意过的作家也开始关注起来,因此在选译上受惠于钱氏之处甚多。但是在译注方面,虽然经常参考钱氏的注解,但也有不同之处,对于这些异议尽

① 此文收入其论文集《风与云》(朝日新闻社,1972年),此处译文用2005年中华书局中译本,第168页。

量附记下来。

他说在作家、作品的选择上受惠于钱氏之处甚多，在注释上却有所异同，显示出一位学者真诚坦率的治学态度。这也提供了比较对勘的好题目，比如小川先生仍然选了左纬的《避寇即事》《避贼书事》，这却是钱选初版所选而再版删去的。小川氏 1967 年版《宋诗选》又以上述《宋代诗人及其作品》一文作为“解说”，突出了《正气歌》在全书中的地位。1975 年版变动不多。

钱先生的“大胆”不选和小川先生的一选再选，看似对立矛盾，实则相反相成，若从融贯宽容的态度来观察，是可以得到综合平衡的看法的。大致可从三个层面来分析。

第一，无论《正气歌》在诗歌艺术上是否存在不足，从总体而言，它在我国文学史上“名篇”地位，是不会动摇的。小川先生着眼于时代精神、民族气节及影响力，钱先生也指出文天祥后期诗歌“有极沉痛的好作品”，对“这位抵抗元兵侵略的烈士”表示敬仰(《宋诗选注·文天祥小传》)。钱先生对其承袭过多、逻辑有失深感惋惜，小川先生在未知具体情况的前提下，却对钱氏“持有一定的标准”充分尊重，对其“割爱”而不选表示理解。

钱先生有次闲聊中说起，可以编一本《古今名篇百首纠谬》之类的书。这是一时笑谈，但名篇而带有瑕疵，其实是很正常的现象。除了钱先生所指出的几点瑕疵以外，我觉得《正气歌》与诗歌体制特性有一定距离。排比多、议论多，这本是“以文为诗”“以赋为诗”的产物，“破体为文”固然是中国文学发展的一条规律，但两种文体之间的吸纳融合应有一个“度”，不能从根本上影响各自文体体裁上质的规定性。我偶然发现《正气歌》竟被选入古文选本，请门人田雨露君略作检索。他给我提供了一份书目：

明代：

① 刘祜《古文正论》（万历十九年）

② 潘世达《古文世编》（万历三十七年）

③ 胡时化《名世文宗》（万历四十五年）

④ 焦竑《名文珠玑》

⑤ 张鼐《古文正宗》（万历四十六年）

⑥ 葛鼒、葛鼐《古文续集》（崇祯六年）

⑦ 葛世振《古文雷橛》（崇祯时）

清代：

⑧ 黄士京《古文鸿藻》（清初）

⑨ 过珙《古文觉斯》（康熙十一年）

⑩ 林云铭《古文析义初编》（康熙二十一年）

⑪ 程润德《古文集解》（康熙四十五年）

⑫ 冯敬真《古文正编》（康熙四十四年）

⑬ 蔡世远《古文雅正》(康熙五十四年)

⑭ 汪基《古文啫凤》(雍正十一年)

⑮ 唐德宜《古文翼》(乾隆六年)

⑯ 李云程、黄仁黼《古文笔法百篇》(乾隆时)

这份初步书目有两点值得注意:一是原来选录《正气歌》的各选本,只有诗歌部分,其前面的古文小引乃从林云铭的选本中开始被配入。他在评语中说:"坊本只载被执不屈而作,《宋鉴》亦无明文可考。余读文山诗集,此歌之前,别有小引,内言狱中蒸湿诸气,枚举甚详,而一以正气敌之。歌中'一朝蒙雾露'八句皆指此也。"由于《古文析义》在传统古文选本中是仅次于《古文观止》流传广泛的选本,这一"一文一歌"结合的形式遂成定格。二是这些选本的评析部分,除了对正气浩然的一致推崇赞颂之外,在艺术分析时几乎都用古文乃至八股作法评赏之,如"虽排偶句,而起承转合丝毫不爽",虽是"长歌体"形式,"然亦有篇法,首从源头说入,次历引古人,末叙自己,结与前引相应,此仍是古文法也"。就是说《正气歌》形式是诗歌,写作手法是古文。这在坚持诗情、诗心、诗美的学者看来,不免是种遗憾。侯体健君还告诉我一部署名明代屠隆"汇选"的《镌历代古文举业标准评林》,该书最后一篇即是文天祥《正气歌》,与李觏《袁州学记》、胡铨《上高宗封事》、陈傅良《使过论》、文天祥

《慧和尚说》并列，《正气歌》俨然是一篇“古文”了。

然而，这篇亦诗亦文的千古名篇仍具有巨大的精神力量。我不妨叙述一次个人的经历。十数年前，我曾参观江西吉安的文天祥纪念馆，这是江西全省最大的历史名人纪念馆，气势宏伟壮丽。从悬挂“正气浩然”匾额的正气广场进入，进而是正气堂，以八幅壁画历叙文天祥一生光辉业绩，毫无疑问，《正气歌》正是全馆布展的主线。当我再走回到正气广场时，广场上空正播放着《正气歌》，声音苍劲雄浑，沉痛激越。在暮色苍茫、树声飒飒之中，确实感到灵魂的震撼，体会到《正气歌》动人心旌的力量。这时来不及计较它的章法句法、遣词造句、是文是诗，我已感动了。它的感人力量主要不是来自诗性艺术，而是与作者生命合二为一的思想和精神。说是千古名篇应是没有疑问的。

第二，选本目的多重性与选择标准多元化。诗歌选本是普及、研究诗歌的著述体裁，或为介绍一代诗歌的全貌，或为体现编者特定的诗歌理论主张，或为指导学子写作诗歌的教本，或为编者表达他对有心得作品的推介，不一而足。目的的多重性直接导致标准的多元化。对于《正气歌》是否入选问题，一般情况下，实无是非对错之分。以今天最有影响的几部宋诗选本来看，程千帆《宋诗精选》、钱仲联《宋诗三百首》、金性尧《宋诗三百首》等都未选录《正气歌》，都不应受到指责。同一位编选者在自己不同选本中，对此诗就或选或不选，如程千帆先生在1957年古典文学出版社的《宋诗选》中即入选，而在上述1992年江苏古籍出版社的《宋诗精选》就未收。同一出版社所出版的同题《宋诗一百首》，也多有此情形，如上海古籍出版社1997年出版的本子不选，而早在1959年所印行的却入选了（当时尚称中华书局上海编辑所）。或谓若选"宋诗十九首"，必应选入《正气歌》，否则就是错误的，我想未免武断。清末民初之宋诗派代表人物陈衍，他的《宋诗精华录》选诗甚多，却赫然未选，也无人敢说他不识宋诗吧。当然，如有特定的编选目的，如作《中国历代爱国诗选》，或中国文学史的大学教材，不选《正气歌》就不妥当了。朱东润先生主编的《中国历代文学作品选》就入选此诗。

第三，1958年"大批判"是非学术批判，历史已有定论。重提旧事，是遵循"历史的经验值得注意"（毛主席语）的教导，以平常之心来作向前看之举，绝非纠缠于历史旧账，毕竟我们已处在改革开放所开创的学术研究的春天。

2020年2月26日

《宋诗选注》删落左纬之因及其他
——初读《钱锺书手稿集·容安馆札记》

一、选本的时间性

钱锺书先生的《宋诗选注》出版于1958年9月，共选诗人八十一家，到1963年11月第二次印刷时删去左纬一家，存八十家，同时删去的还有刘攽《蛮请降》二首、刘克庄《国殇行》、文天祥《安庆府》等诗。其中的曲折，借用他自己的话，是可以"作为当时气候的原来物证——更确切地说，作为当时我自己尽可能适应气候的原来物证"(《模糊的铜镜》，见《钱锺书散文》)。钱先生此语，原来主要是针对初版本的选目等情况而言，但也完全适用于这项"删落"。表面平和的语气掩盖不住他割爱的无奈与沉重，好在那些已成为过去；但这种"删落"对《宋诗选注》学术内容的损害，被删去的内容中所包含的他对宋诗发展的一些独特见解，我们却不能忽略。尤其是将《钱锺书手稿集·容安馆札记》(以下简称《札记》)中论证左纬的长篇专条(约1500字)与《宋诗选注》未删稿合观,更能揭示其学术思考与观察的心迹。

左纬是南北宋之交一位名位卑微的诗人,台州黄岩人,一生未仕,生平资料极少,《徐氏笔精》卷四说他“宣和间以诗名”,《宋诗纪事》卷四十说他“政和中以诗鸣”,可见在徽宗时的诗坛上有一定的地位,但其诗集不传。直到民国时,其故里黄岩杨氏刊行《台州丛书》后集,始收有王棻所辑《委羽居士集》本,才较便于阅览。钱先生所读也是此辑本。在他的《宋诗选注》以前,左纬诗鲜见于其他选本,如张景星、姚培谦、王永祺合编的《宋诗别裁集》(原名《宋诗百钞》),陈衍的《宋诗精华录》等均不选左纬作品,仅《后村千家诗》卷一“春暮”类选其诗一首,《宋诗纪事》为该诗题作《春晚》。钱先生却选取三题九首,这在《宋诗选注》中属于颇大的份额,连黄庭坚也只入选三题五首,其他如王禹偁、梅尧臣、苏舜钦、欧阳修、陈师道、尤袤、刘克庄、文天祥等名家都在九首以内。尤堪注目的,是钱先生为左纬所写的近一千字的小传,提出了启人心思的重要问题。夏承焘先生那篇因《宋诗选注》横遭“批判”而为之“平反”的论文《如何评价〈宋诗选注〉》(《光明日报·文学遗产》1959年8月2日,收入《夏承焘集》第八册，浙江古籍出版社、浙江教育出版社，1997年）中也说：“《选注》中所采的如左纬、董颖、吴涛诸家，都丰富了宋诗，开了读者的眼界。”特意指出了选录左纬等人在全面认识宋诗上的开掘意义。

钱先生对左纬格外青睐，且受到夏先生的认同，那为什么在重印时左氏反遭删削呢？原因很简单，因为选了他的《避贼书事》和《避寇即事》。钱先生后来回答一位问学的后辈学人时明言：“左纬诗中之‘寇’不知何指，恐惹是非，遂尔删去。胆小如鼠，思之自哂。”（《致黄任轲》，见张文江《营造巴比塔的智者·钱锺书传》第103页所引，上海文艺出版社，1993年）钱先生曾说，他的文字“不易读者，非‘全由援引之繁，文词之古’，而半由弟之滑稽游戏，贯穿潜伏耳”（《与周振甫》，见蔡田明《〈管锥编〉述说》第93页所引，中国友谊出版公司，1991年）。这里说左纬诗中之“寇”“不知何指”，实际上是打了埋伏的。明眼人一见即知与方腊事有关。金性尧先生在《选本的时间性》（《文汇读书周报》2003年6月6日，收入《闭关录》，上海古籍出版社，2004年）一文中已点明此点，今再作具体论证。

左纬《会侄誉》诗云：“忆昨宣和末，群凶聚韦羌（自注：洞名）”，“我时遭劫逐，与子（左誉）空相望”，这里的“群凶”，即《避贼书事》《避寇即事》两组组诗中的“贼”与“寇”。

发生在宣和年间、聚集于浙江仙居韦羌洞（亦作峒，民居地，方腊亦在浙江淳安帮源洞起兵）的“群凶”，是指仙居人吕师囊为首的民变部众。据《续资治通鉴长编拾补》《续通鉴长编纪事本末》《皇宋十朝纲要》及《台州府志》等史籍、方志所述，吕师囊部于宣和三年三月十日起兵响应方腊，攻打台州，连下天台、黄岩、温州、乐清等县，与方腊主力军之攻破睦、歙、杭、处等地东西呼应；后方腊失败，吕师囊收拾馀部，继续抗击宋朝官军，至宣和三年十月被扑灭。[①] 刘一止在为宋朝将领杨震所写的墓碑中还提到杨震随从折可存攻占韦羌洞并于黄岩境内生擒吕师囊的情况：“宣和三年，方腊据杭、睦，朝廷姚平仲为都统征之。公（杨震）从折可存自浙东追击至三界河镇，与贼遇，斩首八千馀级。追袭至剡、上虞、天台、乐清四县，取韦羌、朝贤、六远三洞。至黄岩，贼帅吕师囊据断头山扼险拒，我前辄下石，死伤者众，累日不能进”，经过苦战，“生得师囊，乃斩贼首三千馀人”（《宋故敦武郎知麟州建宁寨累赠太师秦国公杨公墓碑》，《苕溪集》卷四十八）。此与左纬诗完全吻合。《避贼书事十三首》其四云“贼来属初夏，逃去穷幽荒”，其三云“及至出山日，

① 方勺《青溪寇轨》谓方腊全部部众于“（宣和）四年三月讨平之”，此据陆树仑先生考证，应为三年十月，见《关于历史上宋江的两三事》，收入《冯梦龙散论》，上海古籍出版社，1993 年。

秋风吹树枝”，他从初夏逃入山中隐匿，至秋天事平出山，与吕师囊部三月起兵、十月被歼一致，也可证左纬这两组组诗当作于宣和三年(1121)，具有一定的史料价值。

中国历史上的农民战争以及与其相关的“让步政策”问题的争论，是新中国成立后五六十年代历史学界所谓“五朵金花”之一[①]。这场争论带有强烈的意识形态色彩，具有敏感的政治性，日益变成学术“雷区”，连钱先生也因“恐惹是非”而删去所选左纬之诗，以“胆小如鼠”“自哂”。但这场争论虽然过分拔高农民战争的所谓“革命性”，倒也激发学者们去深入地发掘和搜集社会底层的材料，了解一般民众的生存状况和思想动态，也为我们今天以平和客观的心态去观察这一历史现象，提供了前提和基础。

以方腊事件而言，仅从方勺《青溪寇轨》的记载来看，他原为不满“赋役繁重，官吏侵渔”、抗拒朱勔“花石纲”之役而起事。方腊声言：“三十年来，元老旧臣贬死殆尽，当轴者皆龌龊邪佞之徒，但知以声色土木淫蛊上心耳。朝廷大政事，一切弗恤也。在外监司、牧守，亦皆贪鄙成风，不以地方为意，东南之民，苦于剥削久矣。近岁花石之扰，尤所弗堪。诸君若能仗义而起，四方必闻风响应，旬日之间，万众可

① 其他“四朵金花”是指中国古代史分期问题、中国封建土地所有制形式问题、中国资本主义萌芽问题和汉民族形成问题。

集。”(《续资治通鉴长编拾补》卷四十二)在这番义正辞严的号召下,果然“连陷郡县数十,众殆百万,四方大震”。这说明方腊起事的历史正当性,自应与一般打家劫舍的暴民相区别。然而,百万之众的巨流一旦涌动,种种利益、欲望、情绪的交杂冲突其间,又不可避免地颠覆社会的正常秩序;原始性的报复欲望的无限膨胀,玉石俱焚,更造成时局的普遍动乱和生产力的极度破坏。“焚民居,掠金帛子女”,并非意外。“渠魁未授首间,所掠妇女自洞逃出,倮而雉经于林中者,由汤岩、榴树岭一带凡八十五里,九村山谷相望,不知其数”,这是方勺据“深入贼境,亲睹其事”的目击者所述而记录的,也不能贸然断言为士人的造谣污蔑(《宋史》卷四六八《童贯传·方腊附》所记亦同)。在歌颂所谓“革命暴力”的年代,无视或抹煞弱势人群在离乱中所承受的一切痛苦,认为是理所当然,描写和反映这种痛苦却成为大逆不道,这是不正常的。

面对兵连祸结、动荡不安的局势,左纬身不由己地落入当时的弱势群体,“举家如奔鹿”,“但冀免杀戮”,本能地表达最低的生存要求,表达对破坏正常生活的愤恨和谴责。因此,他不仅抨击方腊、吕师囊的民变部队,也斥责当时陈通等的兵变部队。《避寇即事十二首》其二云:“遥闻乌合辈,数十破钱塘。故是升平久,胡为守备亡。天诛初不暴,贼势尚云张。作过古来有，未宜忧我皇。”钱先生在《手稿集》卷一第286则论左纬时正确地指出：“第二首当是建炎元年八月陈通兵变。”此事在左纬《会侄誉》中也写到：“及兹建炎始，叛卒起钱塘。初闻杀长吏，寻亦及冠裳。死者不为怪，生者反异常。”或谓此指“建炎三年(1129)宋扈从统制苗傅、御营右军副统制刘正彦在临安发动变乱，杀枢臣王渊，并逼高宗禅位于三岁的皇子赵旉”事(见金性尧选《宋诗三百首》第215页)，则尚可商榷。

建炎共四年，左纬诗明云“及兹建炎始”，当是建炎元年陈通事变，而不会是建炎三年的苗、刘之变。按之史实，更为皎然自明。据《建炎以来系年要录》卷八建炎元年八月戊午朔，“是日，杭州军乱。初上之立也，遣勤王兵还诸道，杭兵才三百，其将得童贯残兵与之俱。军校陈通等见杭州富实甲东南，因谋为变。会军士以衣粮不足有怨言，结约已定，而两浙转运判官顾彦成行部未返，需其还杀之。至是彦成归，宿于城外，夜三鼓，军士百馀人纵火杀士曹参军及副将白均等十二人。翌日，执守臣龙图阁直学士叶梦得诣金紫光禄大夫致仕薛昂家，杀两浙转运判官吴昉”。这次陈通兵变，乃因“衣粮不足有怨言”所激而起，人数有限，故云“乌合辈”；“纵火杀士曹参军及副将白均等十二人”，又“杀两浙转运判官吴昉”，与诗句“初闻杀长吏，寻亦及冠裳”和

“胡为守备亡”相合。要之，此乃局部性较小事件，故左纬又以“作过古来有，未宜忧我皇”宽慰之。后于同年十二月陈通等即被御营使司都统制王渊所诱杀，兵乱乃息，事见《建炎以来系年要录》卷十一。而苗、刘之变，势态严重，杀枢臣，逼禅位，是震动朝廷的巨大事变，两者不能相提并论，也与左纬诗的内容抵牾。

左纬诗中所揭示的两次变乱，一为方腊、吕师囊之民变，一为陈通之兵变。若依五六十年代的主流舆论来衡量，前者是农民阶级反抗地主阶级的革命斗争，后者是统治阶级内部的“狗咬狗”矛盾（或许也会被解释为下层士兵的“革命斗争”），但对左纬而言，均是威胁其生命或破坏其生活的祸害。情动于中，诉之笔下，是十分自然的。金性尧先生在《选本的时间性》中说：他的《宋诗三百首》因“出版于极左思潮逐渐消敛的盛世”，所以容许入选左纬《会侄詧》等诗，因为“事归事，诗归诗，还是可以选入的”，与钱先生选了又删的境遇不同，“选本的时间性，也就是选本的历史性”，感慨良深。

二、左纬诗开晚唐体

钱先生《宋诗选注》删落左纬，乃因选入《避贼书事十三首》的五首、《避寇即事十二首》的三首而有碍当时左倾思潮之故，这一解释应是符合实情的；但我们要立即申明，这一解释并不完全。不然，人们当会质疑：钱先生何以不采取刘攽、刘克庄、文天祥诸家那样的“删诗存人”的办法（或用更换选目之法），而要使左纬其人其诗统统从《宋诗选注》中消失呢？细细推求内情，会使钱先生宋诗观的一些重要见解彰显出来，结合《容安馆札记》中的相关论述，看得更为清楚。

《宋诗选注》被删左纬小传中评论左诗云：“这些诗不搬弄典故，用平淡浅易的词句，真切细腻地抒写情感。他能够摆脱苏轼、黄庭坚的笼罩，这已经不算容易；从下面选的《避贼》《避寇》那些诗看来，他还能够不摹仿杜甫。”随后进一步指出，“杜甫写离乱颠沛的古近体诗尤其是个‘不二法门’，宋、元、明、清的诗人作起这种诗来都走了他的门路”，而“左纬居然是个例外，似乎宁可走他自己的旁门左道”。这里强调的是左纬“不摹仿杜甫”。而在《札记》论左纬一则中，钱先生写道：“不矜气格，不逞书卷，异乎当时苏黄流派，已开南宋人之晚唐体。佳者清疏婉挚，劣处则窘薄耳。”这里又强调左纬“已开南宋人之晚唐体”。

“不摹仿杜甫”和“已开南宋人之晚唐体”，在宋代诗坛的具体语境中，其实际指向是同一种诗歌风格和体派。在宋以前（特别是唐代）中国古代诗歌充分成熟、造诣卓绝的背景下，宋代诗人具有崇奉前代典范的传统。从宋初“三体”各以白居易、晚唐体、李商隐为学习楷模以后，一部宋代诗歌体派史不啻是不断更换学习对象的历史。黄庭坚论诗作诗，早已把学杜与学晚唐对举并立。他说：“学老杜诗，所谓刻鹄不成犹类鹜也；学晚唐诸人诗，所谓作法于凉，其蔽犹贪，作法于贪，蔽将若何？”（《与赵伯充》）陆游对于晚唐体的指责、批判，也往往以李杜尤其是杜甫为立论的标准，其《记梦》诗云：“李白杜甫生不遭，英气死岂埋蓬蒿。晚唐诸人战虽鏖，眼暗头白真徒劳。”又《宋都曹屡寄诗且督和答作此示之》：“天未丧斯文，老杜乃独出。陵迟至元白，固已可愤疾。及观晚唐作，令人欲焚笔。此风近复炽，隙穴始难窒。淫哇解移人，往往丧妙质。苦言告学者，切勿为所怵。”他从诗史的梳理中，汲取抨击当下诗风的力量。降及“四灵”派的支持者叶适，在《徐斯远文集序》中说：“庆历、嘉祐以来，天下以杜甫为师，始黜唐人之学，而江西宗派章焉。然格有高下，技有工拙，趣有深浅，材有大小。以夫汗漫广莫，徒枵然从之而足充其所求，曾不如脰鸣吻决，出豪芒之奇，可以运转而无极也。故近岁学者已复稍趋于唐而有获焉。”于是“四灵”体乃至江湖派就弃杜甫而崇晚唐，一如叶适在《题刘潜夫南岳诗稿》中所说的“摆脱近世诗律”“合于唐人"者。叶适从取法对象的高下广啬着眼，其思维方式近似黄庭坚，又采取诗史叙述的角度，则与陆游相仿，但他的目的是为晚唐体护法，与黄、陆针锋相对。

对于学杜甫抑或学晚唐所蕴含的宋诗体派史的意义，钱先生颇为注意，从《谈艺录》到《容安馆札记》到《宋诗选注》，他的论述既一脉相承又有所发展。《谈艺录》"放翁与中晚唐人"节云："窃以为南宋诗流之不墨守江西派者，莫不濡染晚唐"，"盖分茅设蕝，一时作者几乎不归杨则归墨"，方回意欲调和两派，提出"学者自姚合进而至贾岛，自贾岛进而至老杜"，因为"曰'老杜'而意在江西派，曰'姚贾'而意在永嘉派；老杜乃江西三宗之一'祖'，姚贾实永嘉四灵之'二妙'（原注：按赵紫芝选《二妙集》）。使二妙可通于一祖，则二派化寇仇而为眷属矣"。在《札记》卷二第513则中又补充道：舒岳祥《阆风集》卷二中：

> 《题潘少白诗》："早从唐体入圆妥，更向派家事掀簸。"按卷十《刘士元诗序》云："得唐人姚、贾法"，"近又欲自蜕前骨，务为恢张，骎骎乎派家步骤"云云，皆以江西与四灵对举也。《刘后村大全集》卷九十四《刘圻父诗序》云："余尝病世之为唐律者胶挛浅易"，"而为派家者则又驰骛广远"云云，派家之名出于此。

又引《秋崖小稿》文集卷四十三《跋陈平仲诗》云："后山诸人为一节派家也。"最后云："赵孟坚《彝斋集》卷三《孙雪窗诗序》云：'窃怪夫今之言诗者，江西晚唐之交相诋也，彼病此冗，此訾彼拘。'均此意。参观《谈艺录》第一四五至六页。"这里围绕"派家"之名展开论述，对《谈艺录》续作申说。此则《札记》在采入《宋诗选注·徐玑小传》时，又有发挥：

> 江湖派反对江西派运用古典成语、"资书以为诗"，就要尽量白描、"捐书以为诗"，"以不用事为第一格"；江西派自称师法杜甫，江湖派就抛弃杜甫，抬出晚唐诗人来对抗。……大大削弱了江西派或者"派家"的势力。

因此，学杜甫抑或学晚唐，成了江西派与四灵、江湖派最易识别的标志。钱先生论左纬"不摹仿杜甫""开南宋人之晚唐体"两语，无异为左纬确立了在宋诗体派史中的地位，而这一地位的确立又是以《避贼》《避寇》两组组诗共二十五首为支撑的（左纬今存诗共六十首），这是一个应予重视与探讨的新论点。

钱先生说，"从下面选的《避贼》《避寇》那些诗看来，他

（左纬）还能够不摹仿杜甫”，此与古今论者之说截然相反。《宋史翼》卷二十九记左纬“初业举子，曰：‘此不足为学，文如韩退之，诗如杜子美，吾将游其藩焉。’真德秀称其《避寇》七诗，可比老杜《七歌》”。谓左纬早怀学杜祈向，真德秀又具体指认其《避寇》组诗可与杜甫《乾元中寓居同谷县作歌七首》比肩，言之凿凿。而左纬的忘年友许景衡更不无夸饰地说：“泰山孙伯野（孙傅）尝见经臣（左纬之字）《避寇》古律诗，击节称叹曰：‘此非今人之诗也，若置之杜集中，孰能辨别？’余谓非《避寇》诸诗为然，大抵句法皆与少陵抗衡，如《会侄》一大篇，自天宝以后，不闻此作矣。”（林表民《赤城集》卷十七黄裳《委羽居士集序》后附跋语“横塘许景衡云”）黄裳《委羽居士集序》亦云：“赤城之南有左氏子焉，不出仕，常以诗自适。慕王维、杜甫之遗风，甚严而有法。”也认为左氏是奉杜甫为圭臬的。现今涉及左纬的著述甚少，但凡有论列，均不忘提及“诗学杜甫”等语（如《全宋诗》卷一六七九左纬小传），钱先生与之相左。他对黄裳“慕王维、杜甫之遗风”的说法，甚至揶揄道：“但是据诗集里现存的作品看来，这句话跟许多诗集序文的恭维套语一样，属于社交词令或出版广告那种门类，也许不能算得文学批评。”（见《宋诗选注》被删之左纬小传）

对钱先生这一与众不同的看法，或许可以继续讨论，但在钱先生的宋诗观里，自有其合乎逻辑、自成体系的思考理路：既与他对宋人学杜的一系列见解有关，又与他对宋人“晚唐体”的观察息息相连，最后指向对南宋诗派诗体消长起伏的梳理与把握。以下即从这三点依次加以论述。

三、钱先生关于宋人学杜诗的见解

杜甫诗歌千汇万状、海涵地负，是宋代诗人崇奉的主要对象。但正如苏轼《次韵孔毅甫集古人句见赠五首》其三所感叹的那样：“天下几人学杜甫，谁得其皮与其骨。”钱先生指出：“少陵七律兼备众妙，衍其一绪，胥足名家。譬如中衢之尊，过者斟酌，多少不同，而各如所愿。”（《谈艺录》“七律杜样”节）后人完全可以在“集大成”的杜甫身上，各取所需之一点，加以展衍，即自成家数。宋人对杜甫的多元选择中，又表现出从“风雅可师”到“知心伴侣”的演变过程，从而确立了宋人与杜甫的最核心的契合点。在《宋诗选注·陈与义小传》中，钱先生写道：“靖康之难发生，宋代诗人遭遇到天崩地塌的大变动，在流离颠沛之中，才深切体会出杜甫诗里所写安史之乱的境界，起了国破家亡、天涯沦落的同感，先前只以为杜甫‘风雅可师’，这时候更认识他是个患难中的知心伴侣。”又说：“身经离乱的宋人对杜甫发生了一种心心相印的新关系。诗人要抒写家国之痛，就常常自然而然效法杜甫这类苍凉悲壮的作品。”在时代环境的制约下，超越于诗道诗艺本身，杜甫诗歌遗产中的古近体离乱诗迅速被突出、被强调，并作为一种范本被宋人广为仿效。钱先生在左纬小传中深刻阐明：“一位大诗人的影响要分两方面来说：有些诗人创了一派；有些不但创了一派，而且开了一门，那就是说某种题材、某种体裁的诗差不多归他们‘独家专利’，甚至不是他们派别里的作者，若要做这一门类的诗，也得向他们效法。”如王维、孟浩然的游山玩水的七律，李商隐、韩偓的相思言情的五、七律，元、白的叙事歌行，韩、苏的赋咏古物的七古，都在题材、体裁上独开一门，而“杜甫写离乱颠沛的古近体诗尤其是个‘不二法门’”。这里指出诗歌某种题材、体裁“经典化”形成后对后世诗人的强大影响力，也是文学史上的普遍规律。

与题材、体裁上的主要选择相表里，宋人学杜在风格上也表现出某种确定倾向。《谈艺录》“七律杜样”节云：“世所谓‘杜样’者，乃指雄阔高浑，实大声弘”的风格，北宋欧、苏、陈与义均有循此路径的作品，尤其是陈与义“雄伟苍楚，兼而有之。学杜得皮，举止大方，五律每可乱楮叶”；另一体为“细筋健骨，瘦硬通神”者，黄庭坚、陈师道属此，“山谷、后山诸公仅得法于杜律之韧瘦者，于此等畅酣饱满之什，未多效仿”。在此“壮”“瘦”两体以外，尚有“以生拗白描之笔作逸宕绮仄之词”者，如陆游的部分学杜作品，就显得“逸丽有馀，苍浑不足”。

在取资、技法上，宋人学杜着眼于其“无一字无来处”“资书以为诗”的特点。最突出的代表人物当推黄庭坚。钱先生在《宋诗选注·黄氏小传》中说：

> 自唐以来，钦佩杜甫的人很多，而大吹大擂地向他学习的恐怕以黄庭坚为最早。他对杜诗中的哪一点最醉心呢？他说：‘老杜作诗，退之作文，无一字无来处；盖后人读书少，故谓韩杜自作此语耳。古之能为文章者，真能陶冶万物，虽取古人之陈言入于翰墨，如灵丹一粒，点铁成金也。’在他的许多关于诗文的议论里，这一段话最起影响，最足以解释他自己的风格，也算得江西诗派的纲领。

江西诗派一套“夺胎换骨”“点铁成金”的技法窍门，主要取于杜诗的艺术资源，且“最起影响”，这已是人们的共识了。

古今论者之所以认为左纬学杜，盖因他的《避贼》《避寇》等诗，属于离乱题材的古律，按一般的思维定势即推导为学杜；而在钱先生看来，这两组组诗虽写离乱，但在艺术风格和取资技法上却与杜诗异趣，相反却表现出“晚唐体”的一些特点。

四、对宋人“晚唐体”的观察

风格的辨识和技法的判别是件细致微妙而又难于言说的工作，我们还是从《宋诗选注》取证。钱先生明确指出陈与义、吕本中、汪藻等诗“显然学杜甫”，其中吕本中的五律组诗《兵乱后杂诗》二十九首，正可与左诗比勘。方回在《瀛奎律髓》卷三十二中选此组吕诗五首，纪昀批云：“五首全摹老杜，形模亦略似之。”钱先生也说：“这些诗的风格显然学杜甫，‘报国’这一联（引者按，原文为“报国宁无策，全躯各有词”）也就从杜甫《有感》第五首的‘领郡辄无声，之官皆有词’脱胎，真可算‘点铁成金’了。”吕诗的“万事多翻覆，萧兰不辨真”，“萧兰”语出《离骚》；他的“云路惭高鸟，渊潜羡巨鱼”，句式与意境均可从《诗经》、陶诗中寻根索源，而杜甫《中宵》“择木知出鸟，潜波想巨鱼”，更为吕诗所本。又如所选汪藻《己酉乱后寄常州使君侄》：

> 草草官军渡，悠悠虏骑旋。方尝勾践胆，已补女娲

天。诸将争阴拱，苍生忍倒悬。乾坤满群盗，何日是归年。

钱先生注文中指出：“这首诗也学杜甫体，比前面所选吕本中的三首，风格来得完整。”而在用典用字上也多有来历：“勾践”“女娲”是使事，“阴供”“倒悬”分别出自《汉书》和《孟子》，而结句“何日是归年”，直用李、杜成句（李白《奔亡道中五首》其一“万重关塞断，何日是归年”，杜甫《绝句二首》其二“今春看又过，何日是归年”）。

左纬诗却与这类“苍凉悲壮”风格有别，而出之以哀婉新警，白描叙事，朴实抒情，真正“以不用事为第一格”。兹从《避贼》《避寇》组诗中各录一首：

今我有三子，欲谋分置之。庶几一子在，可以收我尸。老妻已咽绝，三子皆号悲。生离过死别，不如还相随。

寂寞空山里，黄昏百怪新。鬼沿深涧哭，狐出坏墙嚬。小雨俄成霰，孤灯不及晨。开门谢魑魅，我是太平人。

左纬与吕本中的作品同为组诗，同为五言离乱诗，具有可比性，细加推求，风味立判。他的《会侄誉》五古，则与汪藻的寄侄五律，对象同属侄子身份。左纬在此诗中庆幸左誉侄乱后团聚，“死者不为怪，生者反异常”的深沉感慨，“庭梧露踣碧，砌菊风催黄”的景物烘托，乃至“与子归何处，相看两茫茫”的结尾，均绝少藻饰而情景逼真。即使结句也可能受到杜甫《赠卫八处士》末尾“明日隔山岳，世事两茫茫”的影响，但此首本是杜集中以白描见长的名篇，且其四句一意、极富顿挫之妙的写法，还是与左诗不能混同的。要之，左纬诗忌用事，贵白描，吐属自然平易，色泽清淡简约，这些作派已预先透出南宋“晚唐体”的一些信息。

“晚唐体”一语几乎成了《容安馆札记》的“关键词”，使用频率甚高。开卷第一页即云：“魏野《东观集》乃晚唐体之俚犷者。《赠三门漕运钱舍人》云：‘我拙宜名野，君廉恨姓钱。’岂非上门骂人耶?”竟谓“钱”姓者必贪，难怪钱先生格外刺目，开笔即予驳正。卷一第20则云：“王琮宗玉《雅林小稿》，向在《南宋六十家集》中见之，虽浅薄，尚有清真处，晚唐体也。”卷一第22则云：“严粲坦叔《华谷集》（按，皆出《中兴群公吟稿》戊集卷七），《居易录》斥为‘气格卑下，晚唐之靡者’，亦晚唐体也。浅薄无足观，尚在沧浪之下。”又云：“乐雷发声远《雪矶丛稿》笔力健放，不拘拘于晚唐体。七言歌行尤排奡，七绝次之，律诗率滑。”卷二第509则云：“董嗣杲《庐山集》五卷,《英溪集》一卷,亦江湖派,尖薄而未新警。”凡此等等,可见“晚唐体”既有“清真”“新警”等长处,又存在“俚犷”“浅薄”“尖薄”,缺乏“健放”等弱点。卷一第22则又云:“俞德邻宗(太)[大]《佩韦斋集》,南宋小家皆不学,此独有书卷气,故不浅薄,工于组织对仗,七古亦沉着顿挫。”未明言“晚唐体”,实正指出“晚唐体”因“不学”而无“书卷气”,大率“浅薄”而少沉郁顿挫的杜诗风范。南宋晚期活跃于诗坛的是一大群小家,未出现大诗人,评论资料也相对较少。《札记》中关于“晚唐体”的大量论述,如能归纳整理并予以条理化,对深入认识这一群体必有启示作用。

钱先生说过:“我有兴趣的是具体的文艺鉴赏和评判。”而使用的主要方法是“打通”,从不同典籍中搜集大量资料加以别择、排比、综合和分析,以此作出对文学作品的具体“鉴赏和评判”。《札记》第286则中有两处对左纬诗句的评析,亦见功力,也反映左诗接近“晚唐体”的征象。

一是对左纬《招友人饮》中“一别又经无数日,百年能得几多时”一联,《札记》说:

按,义山《寓目》云:“此生真远客,几别即衰翁。”魏仲先《东观集》卷六《寄唐异山人》云:“能消几度别,便是一生休。”《荆溪林下偶谈》卷一谓陈了翁喜此联,因举魏野诗。又戴叔伦《寄朱山人》云："此别又万里，少年能几时。"杜荀鹤《送人游江南》云："能禁几度别，即到白头时。"

这一离别常规感叹，写得微婉不逼，情浓于词。值得注意的，用以比照的诗人为戴叔伦、杜荀鹤等，均是晚唐人；而魏野（仲先）更是宋初晚唐体的代表作家，刘克庄在《江西诗派序》中就说他"规规晚唐格调，寸步不敢走作"。顺便说明，晚唐体作家并非完全排斥"资书以为诗"、化用前人诗句的，钱先生在《宋诗选注序》中也提到："反对江西派的'四灵'竟传染着同样的毛病。"关键还在审美趣向与艺术境界的不同特征上。

二是对左纬的一联断句"禽巢先觉晓，蚁穴未知霜"，诗题为《落叶》，全篇已佚。《札记》说：

按，此本唐人刘（义）〔叉〕《落叶》诗："返蚁难寻穴，归禽易见窠。"《渔隐丛话》前集卷五十五所谓"谜子"者也。《桐江集》卷三《跋尤冰寮诗》极称其《落叶》之"蚁返愁寻穴，鸦归喜见巢"，何虚谷之眼谩耶！《江湖后集》卷三周端臣《落叶》"归巢便觉栖禽冷，觅穴空教返蚁迷"，自此化出。

叶落树枝疏稀，故巢禽易知天明；落叶堆砌树根，归蚁难寻蚁洞，也不易见霜。诗句构思小巧可喜，然格局不大，读者一猜便知为咏落叶，故《渔隐丛话》谓之“谜子”，《诗人玉屑》卷三称为“影略句法”。尤冰寮、周端臣均为江湖诗人，性相近诗相类，亦非偶然。

除前所分析的《避贼》《避寇》组诗外，这两联左纬诗句，也同样呈现出与“晚唐体”接近的痕迹。

五、钱先生给出的宋诗体派发展图

对宋诗体派的嬗变过程，钱先生虽无专文论述，但把散见各处的文字“捉置一处”，已然勾勒出大致而确定的图景。仅从《宋诗选注》而言，宋代前期以后的诗风变化，其主要轨迹是：

（一）贺铸小传：“在当时不属‘苏门’而也不入江西派的诗人里，他跟唐庚算得艺术造诣最高的两位。”则贺铸生活时期，诗坛存在“苏门”与“江西”两派。

（二）汪藻小传：“北宋末南宋初的诗坛差不多是黄庭坚的世界，苏轼的儿子苏过以外，像孙觌、叶梦得等不卷入江西派的风气里而倾向于苏轼的名家，寥寥可数，汪藻是其中最出色的。”则北南宋之交，学苏者为数甚少，江西诗派雄踞坛坫。

（三）杨万里小传："从杨万里起，宋诗就划分江西体和晚唐体两派。"这是一个很创辟的判断，在以后的作者小传中不断予以回应。如陈造小传："自从杨万里以后，一般诗人都想摆脱江西派的影响，陈造和敖陶孙两人是显著的例外。"裘万顷小传："其实南宋从杨万里开始，许多江西籍贯的诗人都要从江西派的影响里挣扎出来，裘万顷也是一个。"

（四）徐玑小传："经过叶适的鼓吹，有了'四灵'的榜样，江湖派或者'唐体'风行一时，大大削弱了江西派或者'派家'的势力，几乎夺取了它的地位。"还指出这种诗风是"从潘柽开始"，"而在'四灵'的作品里充分表现"，由"四灵""开创了所谓'江湖派'"。

（五）刘克庄小传：在江湖派大占上风之际，也有调和"江西""江湖"的倾向，突出的例子恰恰是江湖派的最大诗人刘克庄。他"最初深受'四灵'的影响"，"后来他觉得江西派'资书以为诗失之腐'，而晚唐体'捐书以为诗失之野'"，于是在晚唐体中大掉书袋，填嵌典故，组织对偶，被方回调侃为"饱满'四灵'"。

这是钱先生给出的宋诗体派发展图。在这幅线条稍粗、轮廓分明的图景中，左纬处在汪藻与杨万里之间，也就是说，在苏黄诗风盛行之际而晚唐体兴起以前。左纬却“能够摆脱苏轼、黄庭坚的笼罩”，“还能够不摹仿杜甫”，“异乎当时苏黄流派，已开南宋人之晚唐体”，正好起到承前启后的过渡作用。这是钱先生选入左纬的真正主旨，甚至在左纬小传的文字上也是与汪藻、杨万里两篇小传上下衔接、一气呵成的。而体现这种过渡性质的作品，主要即是《避贼》《避寇》两组组诗，这在小传中也曾强调过。而这两组组诗因“违碍”不得不删，牵一发而动全身，左纬一家的入选也失去了根据，小传原稿几无一字可留，左纬其人其诗均从《宋诗选注》消失，实属不可避免。但也使《宋诗选注》潜在的环环相扣的诗史链条受损中断，令人颇为憾恨。

六、《容安馆札记》的文献考辨成果

《容安馆札记》是一座蕴藏丰富而又颇难进入的学术宝库，问世后相关研究成果尚不多见。其实探讨不少问题时是绕不过它去的。仅就其论及南宋别集而言，数以几百家计，在目前对南宋诗歌研究薄弱的情况下，更应引起关注。其论左纬一则，大致可分三个部分：首论左纬诗的总体评价，选录《避贼书事》第三、五、十和《避寇即事》第九、十，并评及第二首，合计六首，为左纬现存诗歌的十分之一，足见选诗的重点所在；次对《春日晓望》《送许左丞》两诗作文献考辨，或校勘字句异同，或辨别诗体之误；末对左诗之两联，就其句意或意象与前人或后人相似或相类之处，进行对勘、比较。内容丰富，高度浓缩，新意迭出。

除了前面已引证者外，兹就其文献考辨成果再作简述。左纬《送许左丞至白沙为舟人所误》诗："短棹无寻处，严城欲闭门。水边人独自，沙上月黄昏。老别难禁泪，空归易断魂。岂知今夜梦，先过白沙村。"钱先生指出："按，《诗人玉屑》卷十九黄玉林引前四句，《宋诗纪事》遂误为五绝矣。"这个把五律当成五绝的错误，一直延续到今天不少宋诗选本（我所看到的至少有两种）。许左丞，即许景渊，他答和左纬的《次经臣见寄之韵》（《全宋诗》卷一三五五）云："召节来金阙，扁舟望石门。家山秋渺渺，烟水暮昏昏。竟失临分语，徒伤远别魂。殷勤谢池月，相对宿江村。"严格依照原唱韵字，证明确为五律。《宋诗选注》虽然删去左纬，但钱先生后在《管锥编》中又提及此诗，尤对"水边"一联之佳胜予以好评。《管锥编》第一册第79页讲到《毛诗正义·燕燕》"瞻望勿及，伫立以泣"的"送别情境"时，认为左纬"水边"一联，比之苏轼、张先、梅尧臣、王安石诗词之明言"不见""唯见""随去"之"说破着迹"来，"庶几后来居上"。当然，这一对勘的可比性容或尚可讨论：左纬此诗是写追送不及，"竟失临分语”（一本“语”作“约”），因而客去后在“水边”独自徘徊不忍离去，苏轼、张先等人则写当面话别后而放目远望，两者的情景是有差别的。

另一处对《宋诗纪事》的质疑，则需斟酌。《札记》说：“黄裳序：‘自言每以意、理、趣观古今诗。’按，《宋诗纪事》卷四十谓裳此序引经臣《招友》句云云，误也，仅引经臣此语耳。”查《宋诗纪事》卷四十，在采录左纬断句“一别又经无数日，百年能得几多时”后，加注云：“《赤城集》：《委羽居士集·黄裳序》政和癸巳陈瓘跋，称其《招友》句云。”黄裳的《委羽居士集序》引及左纬语者确仅“自言每以意、理、趣观古今诗”一句，但林表民所编《赤城集》卷十七，在收录黄裳序后，还有四篇跋文，其中两篇即为陈瓘所作：一作于政和癸巳，一作于政和乙未，而称赞左纬《招友》句（即《招友人饮》“一别又经无数日”一联）即在后一篇政和乙未的跋文中：

> 余扺丹丘之三年（按，指政和癸巳，1113 年），左经臣携黄公《序》见访，尝为跋其后。今又两年矣（按，指政和乙未，1115 年），复持以相示。余读经臣诗编，有《招友人》之句云“一别（人）〔又〕经无数日，百年能得几多时”，非特词意清逸可玩味也，老于世幻，逝景迅速，

读此二语，能无警乎？《序》所谓“使人意虚而志远”，非溢言也。政和乙未三月二十八日延平陈瓘题。

据此，《宋诗纪事》所注除把“乙未”误作“癸巳”外，尚无大错，但今本标点常出问题，或将此句标点为：

《赤城集》：《委羽居士集·黄裳序》：“政和癸巳陈瓘跋，称其《招友》句云。”

把“政和癸巳”两句当作黄裳序中之语，那就不对了。今拟标校为：

《赤城集》：《委羽居士集·黄裳序》政和（癸巳）〔乙未〕陈瓘跋，称其《招友》句云。

《札记》又对左纬《春日晓望》诗作了文字校勘，尤其是指出诗中“斜阳”与诗题“晓望”不合，元陈世隆所编《宋诗拾遗》卷二十录此诗题作“晚望”，义胜可采。但《宋诗拾遗》却把作者标为“孟大武”。钱先生顺手指出：“《拾遗》所著作者姓名多不可信，如以王绩无功为宋人王阒是也。”事见该书卷十六，把王绩的名篇《在京师故园见乡人问讯》的主名弄错了。具见钱先生日常阅读时目光如炬、烛照无隐的情景。

面对《钱锺书手稿集·容安馆札记》这部罕见的大书，我们的第一步工作是“照着说”，即努力认识和整理其具体内容，然后才能试着“接着说”，与之对话和讨论，把研究工作推进一步。

附录：

《容安馆札记》卷一第286则论左纬

左纬《委羽居士集》一卷。王棻辑，亦《台州丛书》后集本。不矜气格，不逞书卷，异乎当时苏黄流派，已开南宋人之晚唐体，佳者清疏婉挚，劣处则窘薄耳。黄裳序：“自言每以意、理、趣观古今诗。”按，《宋诗纪事》卷四十谓裳此序引经臣《招友》句云云，误也，仅引经臣此语耳。

《避贼书事》：“怀宝恐吾累，蔽形何可遗。囊衣入山谷，势急还弃之。及到出山日，秋风吹树枝。免为刀兵鬼，冻死宜无辞。”（三）“搜山辄纵火，蹑迹皆操刀。小儿饥火逼，掩口俾勿号。勿号可禁止，饥火弥煎熬。吾人固有命，困仆犹能逃。”（五）“今我有三子，欲谋分置之。庶几一子在，可以收我尸。老妻已咽绝，三子皆号悲。生离过死别，不如还相随。”（十）《半山庵》：“杉高方见直，石怪不成粗。”

《避寇即事》:“寂寞空山里,黄昏百怪新。鬼沿深涧哭,狐出坏墙嚬。小雨俄成霰,孤灯不及晨。开门谢魑魅,我是太平人。”(九)“借问今何所,空山号白龙。秋声凄万窍,雪意黯千峰。俯首烧残叶,披衣听断钟。生涯都付贼,只有一萍踪。”(十)见第二首当是建炎元年八月陈通兵变。

《春日晓望》:“屋角风微烟雾霏,柳丝无力杏花肥。朦胧数点斜阳里,应是呢喃燕子飞。”按,“斜阳”与“晓望”语不合,《宋诗纪事补遗》卷四十六引此作孟大武诗,“晓”作“晚”,“飞”作“归”,皆胜此本,盖采之《宋诗拾遗》。《拾遗》所著作者姓名多不可信,如以王绩无功为宋人王阗是也。

《送许左丞至白沙为舟人所误》:“短棹无寻处,严城欲闭门。水边人独自,沙上月黄昏。老别难禁泪,空归易断魂。岂知今夜梦,先过白沙村。”按,《诗人玉屑》卷十九黄玉林引前四句,《宋诗纪事》遂误为五绝矣。“水边”一联可继阴铿《江津送刘光禄不及》云:“泊处空馀鸟,离亭已散人。”《永乐大典》一万四千三百八十“寄”字引《赤城左氏集》全同,题多“以诗寄之”四字。

《招友人饮》:“入门相见喜还悲,不免樽前细问之。一别又经无数日,百年能得几多时。后生衮衮皆成事,吾辈栖栖亦可疑。日暮东风吹鬓发,拍床嗔道酒行迟。”按,义山《寓目》云:“此生真远客,几别即衰翁。”魏仲先《东观集》卷六《寄唐异山人》云："能消几度别，便是一生休。"《荆溪林下偶谈》卷一谓陈了翁喜此联，因举魏野诗。又戴叔伦《寄朱山人》云："此别又万里，少年能几时。"杜荀鹤《送人游江南》云："能禁几度别，即到白头时。"

《送别》："骑马出门三月暮，杨花无赖雪漫天。客情唯有夜难过，宿处先寻无杜鹃。"

句："怪岩摩足力，空谷答人声。"（《灵岩》）"禽巢先觉晓，蚁穴未知霜。"（《落叶》）按，此本唐人刘（义）〔叉〕《落叶》诗："返蚁难寻穴，归禽易见窠。"《渔隐丛话》前集卷五十五所谓"谜子"者也。《桐江集》卷三《跋尤冰寮诗》极称其《落叶》之"蚁返愁寻穴，鸦归喜见巢"，何虚谷之眼谩耶！《江湖后集》卷三周端臣《落叶》云："归巢便觉栖禽冷，觅穴空教返蚁迷"，自此化出。唐时升《三易集》卷五《和沈石田先生咏落花》诗之十三："巡檐游蚁迷新穴，远树归禽识旧巢。"

钱锺书先生与宋诗研究
——初读《宋诗纪事补正》

钱锺书先生辞世时,学术界的不少有识之士及时提出,整理出版钱先生的遗著,是对先生最切实的纪念,也是学术建设的当务之急。三年多来,除了生活·读书·新知三联书店推出十三卷本《钱锺书集》(内含未刊稿《人生边上的边上》)外,影印钱先生大量笔记的《钱锺书手稿集》(约 40 多卷)和出版逾百万字的《宋诗纪事补正》则是已在运作之中的两大巨著。人们关心的《管锥编》"续编"(包括论《全唐文》等五种)或许能在《手稿集》中看到雏形,而作为《管锥编》"外篇"的《感觉·观念·思想》或也能从中找到踪迹。《宋诗纪事补正》是钱先生宋诗研究在文献整理方面的重要著作,也是深入研究钱先生宋诗观的基础性资料。大家翘企已久,切盼早日捧读。我趁编辑《新宋学》第一辑之机,向杨绛先生请求摘抄若干冠于书端,以光宠篇幅。杨先生即命栾贵明兄寄来前六卷样书，遂与新出宋诗总集本对读，择其可供补益充实者万馀言，以《钱锺书先生未刊稿〈宋诗纪事补正〉摘钞》为题，先予揭载，当为学界同道所欢迎。

书前有钱先生手书题辞："采摭虽广，讹脱亦多，归安陆氏《补遗》，买菜求益，更不精审。披寻所及，随笔是正之。整缀董理，以俟异日。槐聚识于蒲园之且住楼。"钱先生曾于1949年早春寄居在蒲园（在上海蒲石路即今长乐路上）某宅之三楼，自命之为"且住楼"，殆为暂且寄居之意。至8月底，他就举家北迁，任教于清华大学了。这说明早在1949年此书已初具规模，离今已逾半个世纪。有意思的是，今尚存他《蒲园且住楼作》一律："夹衣寥落卧腾腾，差似深林不语僧。捣麝拗莲情未尽，擘钗分镜事难凭。槎通碧汉无多路，梦入红楼第几层。已怯支风慵借月，小园高阁自销凝。"（此诗收入《槐聚诗存》时改题《古意》）此诗精丽密致、包蕴深隽，颇具玉溪生风调，而怀抱又似能从清人黄仲则《两当轩集》中找到："结束铅华归少作，屏除丝竹入中年。"（《绮怀》）钱先生自述其学诗经历云："十九岁始学为韵语，好义山、仲则风华绮丽之体，为才子诗。"此诗或许近乎少作风韵。也说明在他40岁左右时，一方面进行大规模的宋诗文献搜集与整理工作，一方面仍写作与宋诗异趣的"风华绮丽之体"。这倒证明他的另一自述："实则予于古今诗家，初无偏嗜”，并不囿于规唐或矩宋之域，而持有博采众长、融贯百家的宽容态度。

一、《宋诗纪事补正》一斑

钱锺书先生在《宋诗选注·序》中对厉鹗《宋诗纪事》和陆心源《宋诗纪事补遗》都有过评论。他说《宋诗纪事》“不用说是部渊博伟大的著作”，但又有“开错书名”“删改原诗”等重大缺失，既肯定又批评，与《题辞》所说“采摭虽广，讹脱亦多”一致。说起《宋诗纪事补遗》，他下了“错误百出”的断语，举出陆心源把唐人、金人诗误作宋诗等事例，这可以作为《题辞》说他“买菜求益，更不精审”的证据。[①]《宋诗纪事》虽是继南宋计有功《唐诗纪事》以后的“纪事”体著作，入选作家逾3800人，但大都有诗而无本事，用力在别集以外佚诗和无别集传世的作家作品的收集上，实际上成为一部宋代诗歌的总集，与“纪事”体例不甚吻合。钱先生针对它的“脱”和“误”，予以“补”和“正”。“补”者，主要有补人、补诗、补事诸项；“正”者，则涉及主名错讹、引书误舛、

① “买菜求益”典出东汉严光；在《谈艺录》中，钱先生又据《开元天宝遗事》所载李白语，缀合成“买菜求益，市瓜拣肥”一联妙对，比成语“贪多务得”“贪求无已”更为生动，再一次表现他的“修辞机趣”。

作品真伪、本事异闻、字句校勘等多方面，具见钱先生渊博、严谨、精细的一贯治学风格。从文献学角度对此书作全面述评，因未读全书，为时尚早。谨举数事以示一斑。

王禹偁的诗集，经过徐规先生的精心整理，已臻完善，《全宋诗》即收徐先生的点校本；但钱先生原与之各自成书，又有30多首为徐先生点校本所缺或互有异同。杨亿名下补诗亦夥，也有10多首(含句、联)为《全宋诗》所无。至于钱先生在1984年版《谈艺录》第620页中曾举过一首长达2534字的宋人长诗《妾薄命叹》，批评厉著未能采录，更是一大发现，惜《全宋诗》似亦未收入。在考辨方面，精彩之处，所在多有。如卷四王禹偁名下《少年登楼》诗："危楼高百尺，手可摘星辰。不敢高声语，恐惊天上人。"钱先生按云："《侯鲭录》卷二《李白题诗》注：或云王元之《少年登楼》诗云云。按，《事文类聚前集》卷四十四及《锦绣万花谷后集》卷二十四又摘引此诗于杨文公亿名下，《竹坡诗话》也怀疑是杨亿幼年所作。……《西清诗话》也坚谓李白所作，但白集中不见收录。请参观本书第六卷杨亿名下《危楼》条补正。"再翻至杨亿名下，考证更详："《事文类聚前集》卷四十四《幼悟门》及《锦绣万花谷后集》卷二十四《楼门》引此诗前两句。按，《西清诗话》谓此乃李白诗。《竹坡诗话》谓：'岂好事者窃太白之诗，以神文公之事与？抑亦太白之碑为伪耶？'又，《后村千家诗》卷十六收此诗，题作《危楼》，作主为'王文公'，故《侯鲭录》卷二称为王元之《少年登楼》云云。《舆地纪胜》卷四十七'蕲州'：王得臣《麈史》云：'蕲之黄梅有乌牙山，僧舍小诗曰李太白也："夜宿乌牙寺，举手扪星辰。不敢高声语，恐惊天上人。"'李集中无之。此诗属名之争，注家纷争不已，姑均存之。"以"均存"为断案，审慎不苟；尤其是具体考辨过程，不仅资料丰赡，而且逻辑严整，足堪示范。

二、《宋诗选注》的篇目之争

钱先生是集学者、才人于一身，融古今中外为一体而又兼擅各类著述体裁的一代宗师。研究他的宋诗观，应该从《宋诗选注》《谈艺录》《管锥编》乃至《槐聚诗存》、小说创作中广泛取材，并应相互补证，"循环阐释"。《围城》中董斜川关于"陵谷山原"的议论，当然不能径视为作者的诗学观点，但这个对"唐以后的大诗人"的名字概括，却包含着作者自己的一份体会。比如"三陵：杜少陵，王广陵——知道这个人么？——梅宛陵"，颇堪玩味。王广陵是宋代年轻诗人王令，只活了27岁，在文学史上一向不被重视，正是《宋诗选注》称赞他为"宋代里气概最阔大的诗人"才为人们所知，读到“知道这个人么”这一特别提示，总不免联想起钱先生在《宋诗选注》中对他的格外揄扬，郑重推荐，让世人都能“知道这个人”。

现在有了《宋诗纪事补正》，为我们更全面深入地理解钱先生的宋诗研究提供了又一重要材料与视角。学术界对《宋诗选注》的选目问题议论颇多。钱先生自己说过：“这部选本不很好；由于种种缘因，我以为可选的诗往往不能选进去，而我以为不必选的诗倒选进去了。”(《模糊的铜镜》)他这番话就是为回应胡适“对选目很不满意，并认为迎合风气”而发的。这主要指在内容题材上多选了一些反映民生疾苦的社会诗而言，作者和读者对这一点容易取得共识。但除这一共识外，还可讨论三点：(一) 作家入选篇数多寡是否有失比例。现今所选共 377 首，以陆游第一(33 首)，范成大第二(27 首)，苏轼第三(24 首)，汪元量第四(21 首)，而黄庭坚仅 5 首，与华岳、方岳等人相同。(1989 年版《宋诗选注》把黄庭坚四首七绝错排成两首七律，总数成了三首；初版及《钱锺书集》不误。)(二) 所选以“浅明俊爽”意境风格者为多，似是宋诗中的“唐诗”，如七绝多达 192 首，占 1/3，而最能体现“宋调”特点的七古(63 首)、七律(54 首)相对较少。(三) 选诗所据底本范围问题。最早也是胡适所说：“他大概是根据清人《宋诗钞》选的。”别的学者经过细心核对，发现王禹偁、林逋、苏舜钦、欧阳修等22家诗，无一不见于《宋诗钞》或《宋诗钞补》，占全书80家的1/4。我以为，上述（一）（二）两点在钱先生那里可能不是“真问题”。对作家地位的估定并不一定要以是否入选或入选篇数多寡来体现，如他推崇朱熹“算得道学家中间的大诗人”，但无一诗入选；叶适“号称宋儒里对诗文最讲究的人”，却不过是不会飞翔的“鸵鸟”，不如小作家虽像“麻雀”仍属飞禽，于是也没有选叶适的诗；其他像杨亿、谢翱等名家，都无一字见录。他特意表彰王令，但也只选了3首。至于黄庭坚，倒是个特例。钱先生自述作诗经历时，说到对九部诗集“用力较劬”，其一即为《山谷集》；他借董斜川之口所说的“陵谷山原”，“谷”当然少不了黄山谷；《谈艺录》中对黄诗的有关补注与阐发，潘伯鹰先生赞为“精细的见解”，“所言极精实”，并于《黄庭坚诗选》中屡屡引为确解。钱先生对黄诗尽管也有批评，但他平日密吟深咏，情有独钟，都不是秘密；选篇过少，仅为当时风气所限，以免招惹是非而已（黄氏时被加以形式主义诗人之恶谥）。至于对“唐音”与“宋调”的总体特征的区别，钱先生当然了然于胸，《谈艺录》第一条即是“诗分唐宋”，“唐诗多以丰神情韵擅长，宋诗多以筋骨思理见胜”，也已成为广被引用的经典性名言。但选本原可多样化。《四库全书总目》卷一九〇《御选唐诗》提要说：

"撰录总集者,或得其性情之所近,或因乎风气之所趋,随所撰录,无不可各成一家。"因而元结《箧中集》尚古淡,令狐楚《御览诗》尚富赡,方回《瀛奎律髓》尚生拗,元好问《唐诗鼓吹》尚高华等等,各具个性与特色。宋诗选本可以选体现"宋调"群体风格的诗,也可以只选宋人所写的各类好诗或某类好诗,应该是自由的。此外,(一)(二)两点所含的问题,还可以从钱先生的"六不选"选诗标准中寻找答案,因与本文题旨稍远,容后再予申述。要之,《宋诗选注》的选目,"既没有鲜明地反映当时学术界的'正确'指导思想,也不爽朗地显露我个人在诗歌里的衷心嗜好"(《模糊的铜镜》),反过来说,既有受制时风而造成的遗憾,又自有他个人的标准在。他的确不大理会一般选本所要求的"代表性"和"涵盖性",像主持礼仪者把一切安排得停当均匀,面面俱到,或像他所调侃的选诗如选理事会那样。对选本的多样性和自由度,我想是理应得到理解和尊重的。

三、《宋诗选注》的工作方法

杨绛先生曾告诉我,钱先生作《宋诗选注》时,工作量很大。他没有从选本到选本,而是从各类总集、别集中直接选诗,几乎把宋人集子都看完了。比如专门买来一部《宋诗钞》，在上面加圈，由她帮忙剪贴。有些选篇是别人不注意的，如曹勋《入塞》，写一个“掠去随胡儿”的女子，见到南来使臣，“忽闻南使过，羞顶羖羊皮”，这种场景和心理刻画，很有特色。笼统地说选目“很不好”，不大公平。书中也有错误，如注释持节的“节”，说是“拿一根金属或竹头做的东西”，“金属”云云，或许不妥。杨先生这段话（大意），平允客观，同时也印证此书多从《宋诗钞》取资的推测（当然不止于《宋诗钞》一书）。现在我们已知道，钱先生编注《宋诗选注》时期，同时也正在再度修订他的《宋诗纪事补正》，见杨先生《记〈宋诗纪事补正〉》（《读书》2001 年第 12 期）。前面已说过，《宋诗纪事》旨在搜集别集以外佚诗和无别集传世的作家作品，因而初具《全宋诗》的性质；钱先生的《宋诗纪事补正》旁搜远绍，出入书海，后出转博转精，实际上做的也是《全宋诗》编纂工作。在 1999 年《全宋诗》正式问世以前，海内外很少有人能达到他掌握宋诗文献的广度和深度。然而我们也发现，《宋诗选注》确实没有充分利用他自己《补正》的成果。[①] 这是什么原因呢？钱先生有次在回答如果

① 个别也有，如王禹偁《寒食》“山里风光亦可怜”句，他注“亦可怜”时说：“王禹偁有首诗，《小畜集》里没有收，是把唐人的旧诗改头换面，写他贬官在外的心情。”此诗中有“鼓子花开亦喜欢”句，钱先生认为，《寒食》中的“亦可怜”就是“亦喜欢”。这首佚诗题即《齐安郡作》，见《宋诗纪事补正》卷四，亦可参看《新宋学》所载《摘钞》稿。

重新编选、将选何作品这一问题时，曾写道："说来话长；又事隔数十年，懒于更提了。请原谅。"言语之间似有些无奈。我私心猜测，此书作为文学研究所编校的"中国古典文学作品第五种"，乃属普及读物，又有大致统一的篇幅规模。而有人提出，应从一代全部诗歌中来定选目，"必需有了这种基础，才有选全宋诗的可能"，否则是"冒险之举"。（杜松柏《钱锺书宋诗选注之评注》，见台湾大学中国文学研究所主编《宋代文学与思想》，台湾学生书局，1989 年）这在学理上看上去是个正确原则，但在《全宋诗》问世以前，这又是难以实际操作的理想化要求。在《宋诗选注》完稿 40 多年后才问世的《全宋诗》正编，共 72 册，总字数近四千万，为《全唐诗》的 10 倍；诗作共 247183 首（不计残诗、断句），为《全唐诗》的 5 倍。要求在近 25 万首诗中选出 377 首，也实在难为了选家。可以断言，在《全宋诗》出版以前，古今所有宋诗选本，如张景星等《宋诗百一钞》、陈衍《宋诗精华录》等，均不能达到这一要求。《宋诗选注》又是当时文学研究所的计划项目，每月要填进度报表，年中、年终要写汇报，此书已因精心打造，迁延两年，已有碍不久提出的"多快好省"精神了。杨绛先生曾说："《管锥编》《谈艺录》的作者是个好学深思的锺书。"也可以帮助理解《宋诗选注》。

要之，议论评泊，应贴近具体的历史情势；而面对皇皇巨著《宋诗纪事补正》，再不会遽谓《宋诗选注》"选诗基础之不巩固"吧？

钱锺书先生的南宋诗歌发展观

钱先生的著述大都采取我国传统著作体裁，如诗话（《谈艺录》）、选本（《宋诗选注》）、札记（《管锥编》）等，他的几篇论文（从《旧文四篇》到《七缀集》），也与目前流行的学院派论文风格迥异，因而在钱锺书研究中发生了一个重要争论：即有没有“体系”，甚至有没有“思想”？这一争论至今仍在时断时续地进行。

一、钱先生到底有无“理论体系”？

从钱先生早年学术发轫时期来看，他对西方哲学、心理学兴趣很浓，也开始写作《中国文学小史》等通论性著作，不乏体系性、宏观性的见解。1984 年在修改《中国诗与中国画》一文时，他增加了一段话，提出所谓“狐狸与刺猬”的讨论。他说：“古希腊人说：‘狐狸多才多艺，刺猬只会一件看家本领。'当代一位思想史家把天才分为两个类型,莎士比亚、歌德、巴尔扎克属于狐狸型,但丁、易卜生、陀思妥耶夫斯基等属于刺猬型,而托尔斯泰是天生的狐狸,却一心要作刺猬。"(《七缀集》,上海古籍出版社,1985年)文中所说"古希腊人"乃指阿克洛克思,他的这句话另译为:"狐狸多知,而刺猬有一大知。""当代一位思想史家"是指英国人柏林(I. Berlin),与钱先生年龄相仿,他关于"狐狸与刺猬"的发挥,见于1951年出版的《刺猬与狐狸》一书。这里"狐狸"的"多知",即谓无所不知,而又眼光精微;"刺猬"的"一大知",殆谓有体系,有总体把握。钱先生此处借以助证苏轼之企慕司空图、白居易之向往李商隐,即所谓"嗜好的矛盾律",能欣赏异量之美,因对"狐狸""刺猬"两种类型采取兼容并包的立场,不加轩轾。而在1978年修改《读〈拉奥孔〉》时,也增加一节文字:"不妨回顾一下思想史罢。许多严密周全的哲学系统经不起历史的推排消蚀,在整体上都已垮塌了,但是它们的一些个别见解还为后世所采取而流传……往往整个理论体系剩下来的有价值的东西只是一些片断思想。脱离了系统的片断思想和未及构成系统的片断思想,彼此同样是零碎的。所以,眼里只有长篇大论,瞧不起片言只语,那是一种粗浅甚至庸俗的看法——假使不是懒惰疏忽的借口。"这里对体系崇拜论的批判和颠覆,读来令人惊悚，当然他同时提醒人们说“自发的简单见解正是自觉的周密理论的根本”，并不绝对地排斥“自觉的周密理论”（《旧文四篇》，上海古籍出版社，1979 年）。

这两段在修改旧作时特意增写的文字，似乎对以后钱氏有无体系的“争论”，预先准备了回答。20 世纪 80 年代，在学界“争论”发生之后，钱先生在私人场合也直接发表过意见。他在 1987 年 10 月 14 日致友人信中说：

> 我不提出“体系”，因为我认为“体系”的构成未必由于认识真理的周全，而往往出于追求势力或影响的欲望的强烈。标榜了“体系”，就可以成立宗派，为懒于独立思考的人提供了依门傍户的方便。……马克思说：“我不是马克思主义者。”马克·吐温说：“耶稣基督如活在今天，他肯定不是基督教徒。”都包含这个道理。

此从师门宗派传授、流弊丛生的角度来揭示“体系”之异化。李慎之先生在 2003 年 2 月 10 日的一封信中提到：“钱先生曾对我说过，自己不是‘一个成体系的思想家’，我曾对以‘你的各个观点之间，自有逻辑沟通’。”李先生希望能把钱先生著作中表现有关中国前途在现代化、全球化、民主化三方面的思想材料“钩稽”出来，表达出从钱著中寻找一以贯之思想的愿望。(以上两信,均见《财经》杂志2006年第18期。)

衡量学问家水平的高低,评估学术著作价值的大小,与其是否给出一个“体系”,其实并无直接的对应关系;尤为重要的,是对“体系”的认识和真正的理解,大可不必对之顶礼膜拜,加以神圣化和神秘化。我姑且把“体系”分为两种形态。一是作者本人给出的体系。比如我们熟知的黑格尔,他用“理念”“绝对观念”等概念把世界万事万物贯穿在一起;宋代理学家则用先于天地而存在的“理”为核心,重建他们的世界观。这或许可称为“显体系”。二是“潜体系”,即作者虽然没有提供明确的理论框架,但在其具体学术成果之中,确实存在一个潜在的、隐含的体系。钱先生就是如此。我在本书第一辑第一篇《记忆的碎片——缅怀钱锺书先生》中曾经说过:

> 他一再说,“我有兴趣的是具体的文艺鉴赏和评判”,而没有给出一个现成的作为独立之“学”的理论体系。然而在他的著作中,精彩纷呈却散见各处,注重于具体文艺事实却莫不“理在事中”,只有经过条理化和理论化的认真梳理和概括,才能加深体认和领悟,也才能在更深广的范围内发挥其作用。研读他的著述,人

们确实能感受到其中存在着统一的理论、概念、规律和法则，存在着一个互相“打通”、印证生发、充满活泼生机的体系。

十多年来，学者们对“钱学”的研究已取得了不少的成果，在阐释、梳理和提升钱先生的学术思想方面也有可喜的进展，对深入探讨和把握钱氏“体系”大有助益；但我自己却进展不大，至今仍“无力说个明白”。为帮助自己阅读钱著计，我想能否提出第三种“体系”，即能否初步提炼出一个阅读结构或竟谓阅读体系呢，以作为进一步建构其“潜体系”的基础？不妨从个别专题着手，作一尝试。

二、《容安馆札记》中具有“坐标点”作用的三则

《容安馆札记》对近300位南宋诗人进行了精彩的评述，犹如“大珠小珠落玉盘”，其中能否寻找出自身的贯串线索？我认为有三则具有发展阶段“坐标点”的作用。

（一）《札记》卷二第443则第1005页论范成大时云：

南宋中叶之范、陆、杨三家，较之南渡初之陈、吕、曾三家，才情富艳，后来居上，而风格高骞则不如也。

（二）《札记》卷一第252则第410页又云：

盖放翁、诚斋、石湖既殁，大雅不作，易为雄伯，馀子纷纷，要无以易后村、石屏、巨山者矣。三人中后村才最大，学最博；石屏腹笥虽俭，而富于性灵，颇能白战；巨山写景言情，心眼犹人，唯以组织故事成语见长，略近后村而逊其圆润，盖移作四六法作诗者，好使语助，亦缘是也。

（三）《札记》卷一第22则第24页又云：

此次所读晚宋小家中，《雪矶丛稿》才力最大，足以自立。《佩韦斋稿》次之，此稿（指毛珝《吾竹小稿》）又次之。

南宋诗歌发展脉络与国势、政局的演变息息相关，可谓大致同步，也有局部不相对应之处。我们曾将其划分为四个阶段："渡江南来与文学转型""中兴之局与文学高潮""国运衰颓与文运潜转"和"王朝终局与文学馀响"。（见王水照、熊海英《南宋文学史》，人民出版社，2009年）《札记》的前两条有明确的时间定位："南渡初""南宋中叶"南宋后期（第三则提到“晚宋小家”则涉及“宋末”王朝终局阶段了），他在每一个阶段中选出三位作家，即南渡初的陈与义、吕本中、曾几，南宋中叶的范成大、陆游、杨万里，南宋后期的刘克庄、戴复古、方岳，显然是从整个诗坛全局出发，又以基于艺术成就而具有的影响力和诗史地位作为选择标准的。第三则提出“晚宋小家”的前三名次序，即乐雷发《雪矶丛稿》、俞德邻《佩韦斋稿》、毛珝《吾竹小稿》，则是以“此次所读晚宋小家”为范围而作的评比（该则《札记》共论及陈鉴之、胡仲参、林希逸、陈允平、吴惟信等16家，有的已是入元的作家），而非诗坛全局，所以乐、俞、毛三人不足以担当该时段的代表性诗人，与上述三时段、九诗人的情况不同，但均表明钱先生既从诗史发展着眼，又细心辨赏诗艺、诗风，较量高低，斟酌得失，他提供的名单不是率意为之的。

三、《宋诗选注》提供的南宋诗歌发展图景

九位诗人名单中不见“中兴四大家”之一的尤袤，不会引起人们的异议，而选择方岳，恐不易成为学人们的共识。若需推究其中原委，《宋诗选注》所提供的南宋诗歌发展脉络的另一种描述，或可帮助寻求答案。

《宋诗选注》的81家作者小传，是作者精心结撰之作，

蕴含丰富的学术信息，有作家作品的评赏，有宋诗专题研究（如道学与宋诗、使事用典、以文为诗与破体为文等），也有关于诗史的阐释。下列四则对理解他的南宋诗歌发展观关系最大。

（一）汪藻小传：

> 北宋末南宋初的诗坛差不多是黄庭坚的世界，苏轼的儿子苏过以外，像孙觌、叶梦得等不卷入江西派风气里而倾向于苏轼的名家，寥寥可数，汪藻是其中最出色的。

（二）杨万里小传：

> 从杨万里起，宋诗就划分江西体和晚唐体两派。

（三）徐玑小传：

> 经过叶适的鼓吹，有了“四灵”的榜样，江湖派或者“唐体”风行一时，大大削弱了江西派或者“派家”的势力，几乎夺取了它的地位。

（四）刘克庄小传：

他是江湖派里最大的诗人，最初深受“四灵”的影响，蒙叶适赏识。……后来他觉得江西派“资书以为诗失之腐”，而晚唐体“捐书以为诗失之野”，就也在晚唐体那种轻快的诗里大掉书袋，填嵌典故成语，组织为小巧的对偶。

这四则虽散见在四处，“捉置一处”则宛如一篇完整的诗史纲要：南渡初，诗坛由北宋末年“苏门”与“江西”两派并峙，转而演化为江西雄踞坛坫而学苏者“寥寥可数”。南宋中叶，以杨万里创作为标志，宋诗就分成江西体和晚唐体两派，这是一个很创辟的重要判断。南宋后期，“四灵”“开创了所谓‘江湖派’”，晚唐体或江湖体风行一时，取代了江西派的地位；而江湖派的最大诗人刘克庄，却又同时开始表现出调和“江西”“江湖”的倾向，诗坛上流行起“不江西不江湖”的风气。

四、如何钩稽、丰富诗史主线索

从《札记》和《宋诗选注》中分别钩稽出来的诗史主要线

索来看，两者所述时段是可以对应的（都隐含着四个时段的时间背景），但《札记》论及的标志性的九位诗人是从其诗歌成就及影响、地位来衡定的，《宋诗选注》则主要以诗歌体派嬗变（苏门与江西、江西与江湖等）为依据。由于时段相同，可以也应该合观互参。诗人的基本艺术风格必然受到其所隶属或承响接流的诗歌体派的规定，他的影响力和历史地位也与诗体、诗派紧密相联，体派的演化又与其代表作家的引导和示范息息相关。《札记》与《宋诗选注》这来源不同的两条发展线索是统一的，构成了钱锺书先生把握南宋诗歌走向的“主线索”。

《札记》与《宋诗选注》所给出的南宋诗歌发展图景，清晰而确定，但毕竟是粗线条式的大致轮廓。这就需要联系《札记》中对具体作家作品的大量评述和例证，来丰富其细节，深入其内层，补充其侧面，促使这条主线索丰富、深刻和多元起来；另一方面，这条主线索也为我们理解钱先生的许多具体论述指明了方向。如他论左纬：“不矜气格，不逞书卷，异乎当时苏黄流派，已开南宋人之晚唐体。”（《札记》卷一第 286 则）按生年，左纬正处于汪藻与杨万里之间，他能够摆脱当时苏轼、黄庭坚的笼罩，而在杨万里之前，就开创晚唐体即江湖体，实际影响力虽不能与杨万里相提并论，但实已处于承前启后的位置，这使整个诗史链条更显得环环相扣了。

另一个例子是萧立之，这位《宋诗选注》中的最后一家，受到钱先生的格外推举。《札记》卷二第530则第881页云："谢叠山跋，谓江西诗派有二泉（引者按：赵蕃号章泉，韩淲号涧泉）及涧谷（罗椅），涧谷知冰崖（萧立之）之诗。夫赵、韩、罗三人已不守江西密栗之体，傍参江湖疏野之格，冰崖虽失之犷狠狭仄，而笔力峭拔，思路新辟，在二泉、涧谷之上。顾究其风调，则亦江湖派之近江西者耳。"这段议论，正好与前文论及的刘克庄调和江西、江湖，"不江西，不江湖"诗风流行相接榫，既可补充"主线索"的内容，也为萧立之在诗史链条中找到他应有的位置："要于宋末遗老中卓然作手，非真山民、谢叠山可及。"在《宋诗选注·萧立之小传》中也说：萧氏"没有同时的谢翱、真山民等那些遗民来得著名，可是在艺术上超过了他们的造诣"，主要原因是："他的作品大多是爽快峭利，自成风格，不像谢翱那样意不胜词，或者真山民那样弹江湖派的旧调。"意在标举晚宋诸小家中那批能"不江西不江湖"而"能自成风格"的诗人。

顺便提及，他在评及俞德邻时，前已提到把俞氏置于乐雷发之次，而在《札记》卷二第628则第1170页中，又把他视为可与萧立之并肩，说他"感慨沉郁者，差能自成门户，非宋末江湖体或江西体，于遗民中，足与萧冰崖抗靳"。《札记》和《宋诗选注》中论及宋末诗人“自成风格”“自成门户”者，往往与其摆脱江西、江湖所谓“影响的焦虑”有关，材料亦丰，对进一步完善诗史“主线索”是十分有益的。

对钱先生实际展示的“主线索”，一方面需要从其大量具体论述中加以丰富和完善，另一方面也需要充分认识其复杂性。所谓“主线索”，只是从宏观上概括指出诗坛的总体艺术走向，指示文学风尚的大体转化；但对具体作家作品而言，却又是千差万别，各具面目，而不能整齐划一、生硬套框的。

比如敖陶孙，这位诗人先在“庆元诗祸”中因同情朱熹、赵汝愚而受到牵连，却因此在江湖中声名鹊起，其诗集《臞翁诗集》也被陈起刻入《江湖集》，横遭“江湖诗祸”。刘克庄在为他而写的墓志铭中说：“先生诗名益重，托先生以行者益众，而《江湖集》出焉。会有诏毁集，先生卒不免。”（刘克庄《臞庵敖先生墓志铭》，见《后村先生大全集》卷一四八）敖陶孙跟江湖诗人的社会关系不可谓不密切。但钱先生强调指出，他的诗作却不具有江湖诗体的特征和风格，不能列入该系列。在《札记》卷二第446则第1026页论及《南宋群贤小集》（旧题宋陈思等编）所收《臞庵诗集》时说：“纯乎江西手法，绝非江湖体。虽与刘后村友（《诗评》自跋云：自写两纸，其一以遗刘潜夫），却未濡染晚唐……《小石山房丛书》中有宋顾乐《梦晓楼随笔》一卷，多论宋人诗，有云'臞翁虽不属江西派，深得江西之体'，颇为中肯。"就诗风而言，敖氏应入江西一脉。而在近出《中文笔记》中，钱先生在评述《南宋六十家[小]集》（陈起编，汲古阁影宋钞本）时，对敖氏更下了一个明确的论断："此六十家中为江西体者唯此一人。能为古诗，近体殊粗犷。有《上石湖》四律、《题酒楼》一律，不见集中。"（第三册，第375页）这种诗人个体的差异性和群体的复杂性，更提醒我们对"主线索"不宜作机械的理解。

关于《宋诗选注》的对话

内山精也，文学博士，早稻田大学教育与综合科学学术院教授。1988年夏作为高级进修生至复旦大学，从王水照教授研究宋诗和苏轼。曾组织宋诗研究班（属早大中国文学研究会），专门从事钱锺书先生《宋诗选注》的日译工作，刊于宋代诗文研究会会刊《橄榄》，后出版为日译本四册。著有《传媒与真相——苏轼及其周围士大夫的文学》《苏轼诗研究——宋代士大夫诗人之构造》《庙堂与江湖——宋代诗学的空间》《宋诗惑问——宋诗能否表现近世》等。1989年，就《宋诗选注》与王水照教授进行对谈。

一、日本学者对《宋诗选注》的评价

王水照：钱先生的《宋诗选注》不是一部一般意义上的文学选本。它虽然属于普及性读本，入选两宋诗人80家

(初版81家),诗约380首,共300多页,却又是一部独具慧眼特识、别有学术风采的诗学专著。你们的日译工作审慎细致,不仅对原书作了忠实的翻译,而且介绍了原书中全部引用书籍,还从日本读者的需要出发,增加了补注和备考。经过踏实而有成果的劳动,你们必定会对此书加深体会吧?

内山精也:是的。随着翻译过程的深入,我们对此书的评价越来越高了。首先使我们感佩的是钱先生引用资料的严格和他的闻名于世的渊博。有关宋诗的资料,迄今为止似乎还没有作过系统的整理。钱先生却从基本文献直至个别生僻的零星材料,差不多囊括无遗。他凡有引用,必定是第一手材料,并详注卷次。我们因翻译所需,一一作了查对,几乎没有错漏。资料准确是一切学术工作的前提和基础,但像钱先生这种经得起查核的著作是并不多见的。

王水照:我可以补充他在评注范成大田园诗时的两个小例子。一是在注释“少住侬家漱井香”的“井香”时,他原先引用佛书中称清净水为“华水”“水华”的说法,后认为用道书更好,改引《云笈七签》等书;一是讲司汤达《红与黑》中那个文艺中掺入政治的比喻,即音乐合奏时的一响手枪声,原来引称出自该书第五十二章,后据善本改为第二部第二十二章。这种一丝不苟的治学态度，令人叹服。

内山精也：钱先生引用材料的广泛也是惊人的。其中有不少稀见的书籍，在日本无法找到，这部分工作打算在中国补做。

王水照：广征博引，自由骋游于中外文化典籍的海洋，这已构成钱先生一切学术著作的鲜明风格，有人名之为“钱锺书风格”。钱先生曾说：“我有兴趣的是具体的文艺鉴赏和评判。”他正是在苦心搜集的大量资料基础上，加以别择、排比、综合、分析，也就是说，一切从具体特殊的审美经验和事实出发，来进行经验的描述、一般的概括和理论的推演，从具体上升到抽象，来把握古今中外相同和相通的“文心”或人类一般的艺术思维。这一严肃的科学方法既不同于文抄公式的材料罗列，也不同于逞才炫博。例如徐俯的一联名句“一百五日寒食雨，二十四番花信风”，《宋诗选注》指出曾为南宋陆游、楼钥、敖陶孙、钱厚等人所摹仿，又为金人张公药所沿袭，连类引证，充分反映了江西诗派“脱胎换骨”的时代风尚和影响。

内山精也：事实的确如此。我们的日译工作在查核材料上花了不少精力（现在还无法精确统计此书引用书目的种数和次数），但我深深感到，这是对自己一次很好的材料训练，为今后的宋诗研究打下了最扎实的基础。

王水照：日本学术界对此书有些什么评价？

内山精也：从事宋代文学研究的日本学者，对此书的评价一直很高。被誉为日本汉学“泰斗”的吉川幸次郎先生，他本人也是宋诗研究专家，有《宋诗概说》名著。他生前十分重视《宋诗选注》，嘱咐他的门生山本和义先生进行翻译，以介绍给日本读书界。山本先生在1988年出版的《宋代诗词》的《序》中，深情而又不无遗憾地回忆这桩往事。另一位汉学权威小川环树先生早在1957年，当此书的部分诗人评论和《序》在《文学研究》上选载时，就密切注意，并期待全书的出版；1958年此书初版发行后，他随即在《中国文学报》（第十册）上发表书评，给予热情的高度赞扬。他说：我们以期待的心情迎接此书，我又以其完全没有辜负我们的期待而感到喜悦。这两个有代表性的事例已足以说明《宋诗选注》在日本的广泛影响和重要地位。在今日日本，编辑宋诗的选本或研究宋诗之际，首先研读此书已成为一个无一例外的必需过程。说它在日本的有识之士中间，已经公认为宋诗的最有价值的注本、宋诗的一种有权威性的参考文献，我想不算夸大。

面对中国第一流学者的著作，我们深感翻译的不易。尽管我们慎之又慎，但必然仍有缺失。王老师曾亲身受到过钱先生的指导，我很想听到您研读此书的体会。

二、《宋诗选注》的四种"读法"

王水照：以钱先生这样的大学者、大手笔来编写这本普及性读物，竟两历寒暑，印行六次而每次都有修订。全书丰富的内蕴、恢宏的气度、犀利的眼力和敏锐的艺术感觉等，我不能也不敢妄谈"体会"。我只能谈谈个人阅读此书的四种"读法"。第一是从宋代诗歌演变史的角度读"评"。此书80篇作家评论，篇篇有新意，字字有分量。我曾使用苏轼"八面受敌"读书法，一口气专读评论，不啻是一部宋诗发展史的纲要，处处表现出钱先生对宋诗宏观把握的独特见解。如论西昆体"只有极局限、极短促的影响"；论北宋中后期诗坛可分"苏门"与"江西诗派"对峙的两派，以及超出两派之外的贺铸、唐庚等人；论两宋之交诗风以学黄为主，学苏者仅为苏过、孙觌、叶梦得、汪藻等个别作者；论南宋从杨万里起，宋诗就划分江西体和晚唐体两派，一般诗人又都有力求摆脱江西体的倾向；论"四灵"开创"江湖派"等。这些论点，或发前人所未发，或力辟旧说，为宋诗研究指明了方向。例如西昆体的影响，其范围和时间，一般估计较大、较长。石介《怪说》云"今天下有杨亿之道四十年矣"，其《祥符诏书记》又说杨亿"为文章宗主二十年"，具体时间虽有差异，但历时皆甚久。欧阳修《六一诗话》说“杨刘风采，耸动天下”，又说“后进学者争效之，风雅一变”，则范围甚广，后世史家遂据以立论。但钱先生则从文彦博、张咏等人现存文集面貌上作出“极局限、极短促”的判断，看来，石介等人似是为了反对对手而故意夸大“敌情”。又如对江湖派，旧说强调它跟“四灵”的异，并认为此派得名之由是因为杭州书商陈起刊行《江湖诗集》，钱先生却突出它跟“四灵”的同，并认为江湖诗人之称，早在《江湖诗集》之前，名叫“江湖派”是因为这一体的作者一般都是布衣或不得意的小官之故。

这 80 篇评论还包括一些宋诗重大问题的专论。如王安石、苏轼、黄庭坚、杨万里等条论用典问题，刘子翚条论道学和诗歌的微妙关系等，都为宋诗研究提供了新的思考和观察点。对各诗人特点的分析也是其重要内容，如论苏轼诗的“博喻”、论范成大田园诗是我国古代诗歌中三个系统的结合，都已得到学界的普遍赞赏和称引。

内山精也：小川先生在书评中也说：由于《宋诗选注》的出现，宋代文学史的很多部分恐怕应该重写。

王水照：第二，从比较鉴赏学的角度读“注”。钱先生的注释，打破了传统选本着重于词语训释、名物阐解、章句串讲的框架，而是把注释和鉴赏、评判结合起来。他运用的基本方法是比较法。比较的项目有题材、境界、风格、意象、句式、用语等，比较的类型有平行比较和影响比较，而涉及的学科有政治社会学、民俗学、心理学、逻辑学、方言学等，正是在广阔的文化背景上展开以鉴赏评判为目的的多种比较，使此书在诗歌鉴赏学上达到一个崭新的高度。用时下流行的话来说，这是多角度、全方位的立体式鉴赏。它的最大特点是使传统的直觉体验和主观感悟式的鉴赏，上升到理性的艺术规律性的认识。如此书分析王禹偁《村行》“数峰无语立斜阳”句说：“按逻辑说来，‘反’包含先有‘正’，否定命题总预先假设着肯定命题。诗人常常运用这个道理。”山峰本来是不能语而“无语”的，但王禹偁此句却“仿佛表示它们原先能语、有语、欲语而此刻忽然‘无语’”，如改用正面说法，则意味顿减。注文中又引证李白、司空图、徐夤、龚自珍的相似用例，证成此说。这种把逻辑、心理、语言融会贯通、充满艺术辩证法的分析，在个别用语的分析中也常有体现。如对洪咨夔《泥溪》中“塞明”的相反相成，文同《织妇怨》“停”字的一字而具相反两义等分析，都不停留在语句浅层次的阐释上。

宋诗中的一些名句，前人评赏已成千累万，钱先生更能别出新意，因难而尤见功力。王安石“春风又绿江南岸”的“绿”字，钱先生指出在唐诗中早见且屡见，由此而提出“一连串”五个问题，钱先生不予回答却妙在不言中。这里提示我们在作影响比较研究时，应注意作者种种复杂的创作心理状态，切忌简单化。陆游“此身合是诗人未？细雨骑驴入剑门”一联，注文中引述两方面的材料：一是有关李、杜等诗人“入蜀道中”，一是有关诗人骑驴，综合这两方面，“于是入蜀道中、驴子背上的陆游就得自问一下，究竟是不是诗人的材料”。这里对诗人心态的惟妙惟肖的揣摩，是依赖于对历史文化背景的充分揭示而实现的，因而加强了说服力。叶绍翁“春色满园关不住，一枝红杏出墙来”一联，注文引了五个用例，更可看做这一意象的演化小史：唐人的不及叶氏的“醒豁”，陆游的不及其“新警”，张良臣的不及其“具体”。这里有来龙去脉的爬梳，有优劣长短的评赏。一个意象的产生总不是孤立的、静止的，对意象作出历史的动态的描述和分析，此书中是大量的，也最使人心折。

总之，“注”和“评”是此书最见精彩的两个部分。正如你们刊物的名称“橄榄”那样，需要细细咀嚼回味。

内山精也：钱先生在描述某一意象演变过程时，往往涉及诗文以外的材料，如从散曲、戏曲、白话小说等通俗文学方面取材，这不仅使描述更全面丰富，也为诗歌提供了新的鉴赏角度。

王水照：第三，从版本学的角度研究“修改”。钱先生此书已重印六次，每次都有增订，因此有个特殊的“版本”问题。我自己有个习惯，读他的著作，总喜欢用“对读”的方法，研究和体会他的改笔。例如郑文宝《柳枝词》“载将离恨过江南”一句，初版引证了苏轼等六个相似的用例，但再版时全部删去，改用周邦彦等四例：周邦彦例是把郑诗改写为词，说明其影响颇广；石孝友词把船变为马，王实甫戏曲把船变成车，这从运载工具一面着眼；陆娟诗却把愁、恨变为“春色”，这又从所载之物一面落笔。原来苏轼等六个用例，也是经过精挑细选，得来不易的，但他们沿袭多，创新少；修改后更能看出一个艺术意象嬗递演化的轨迹，把作家们的创作构思抉剔入微。

内山精也：我们的日译本原有新旧版本校勘的项目，但有位日本前辈学者善意地提出，这样做对作者是否合适？

王水照：钱先生的所有著作，从《谈艺录》《旧文四篇》《也是集》（后二书又合编为《七缀集》）到《管锥编》，都有反反复复的“增补”“补订”“补遗”，而且都是“明码标价”，而不是暗中“改头换面”“自我整容”。《管锥编》有专册《增订》本，《谈艺录》（补订本）更是新旧合璧，“订益”几达全书之半。这些修改，除少数属于订正外，绝大多数是增补例证，发展和完善论点，表现了他潜心琢磨、孜孜矻矻、精益求精的精神和一位大学者坦荡的学术品格。这也应是“钱锺书风格”的独特表现之一。他因此获得读书界的更大崇敬。

第四，从贯通互参的角度读全书。由于体例的限制或当时学术环境的影响，此书的有些部分如能跟钱先生的其他著作联系起来合读，可以加深理解。《谈艺录》《管锥编》中对宋诗的直接论述尤应辑录、对读。例如《宋诗选注》中对江西诗派以至宋诗的用典之风都持严峻的批评态度，就可参看《管锥编》第四册"《诗品》之特识"条（1447 页），该条称赞钟嵘对用典之病的批评，并戏称为"钟嵘症"，如果再读《谈艺录》中举王安石"每遇他人佳句，必巧取豪夺"的 20 多例（243 页），论黄庭坚"钩章摘句"条（22 页），论陆游的"蹈袭之病"（118 页）等，对钱先生的严峻态度就能了然于胸。《谈艺录》"山水通于理趣"条（237 页）论邵雍、周敦颐、程颢、朱熹等人"皆以怡情于山水花柳为得道"的"玩物为道"的观点，与其"玩物丧志"说相反相成，也与本书中论道学与诗歌的微妙关系一脉相承。有时《宋诗选注》中的片言只语，如能互参综观，收获必多。如论张耒"有一小部分模仿杜甫的语气雄阔的七律，又好像替明代的前后'七子'先透了个消息"，《谈艺录》"七律杜样"条（173 页）对此有较详的说明。最有意思的是陆游《醉歌》一诗。此诗写作者对当年从戎时杀虎豪情的追忆，但一个长注撮述了陆游对此事的前后自述，却发现此事有疑："或说箭射，或说剑刺，或说血溅白袍，或说血溅貂裘，或说在秋，或说在冬"，点明武器、情景、时间的破绽。如果读《谈艺录》中关于陆游“好谈匡救之略”的“官腔”等议论(132页、457页),对此处的言外之意也能心领神会了。总之,钱先生对宋诗的见解自成体系、前后一贯,他的著作实互为经纬,可以彼此发明的。

三、关于选目的疑问

内山精也:提一个可能不恰当的问题:有些历久传诵的作品似未选入此书,这能否适应初学者借以了解宋诗概貌的要求?

王水照: 钱先生去年为香港天地图书公司出版的《宋诗选注》新写一篇前言——《模糊的铜镜》(又载《人民日报》1988年3月24日),回答了这个问题。他说:“这部选本不很好;由于种种原因,我以为可选的诗往往不能选进去,而我以为不必选的诗倒选进去了。”这部书作为文学研究所编校的“中国古典文学作品”读本丛书的第五种,它的选目必须经过所内集体讨论才能决定。由于当时学术环境的影响,编者本人反而不能自由地表达自己的意愿。这种情况对你来说,似乎不可思议,但这是事实。

尽管如此,钱先生在《序》中提出了著名的“六不选”原则①，其主旨就是把诗当作诗，坚持艺术审美的标准，这在当时起过振聋发聩的作用，他为不选文天祥《正气歌》而付出过代价。选目中还发掘了有价值的作家作品，在宋诗比较缺乏浪漫主义精神的情况下，王令这位"宋代里气概最阔大的诗人"，却一度遭遇冷落，经过此书的表彰而为学术界重新重视，就是著例。

［附记］

真没想到，这次"对话"促成了一桩跨越国别、超越年龄的"文字因缘"。

内山精也君1988年来沪留学时，在给我的《进修计划表》上，曾要求给予访问钱锺书先生的机会。但他深知钱先生倦于应接，我也一向遵守"不干扰即尊敬"的原则，所以彼此就不再议及。我和他《关于〈宋诗选注〉的对话》发表后，他终于委婉地说："我想到北京去一次。"于是我不得不向钱先生提出请求。很快就收到先生的来函："内山先生惠过，当遵命晤谈，以结文字因缘，亦杜诗所谓'蓬门今始为君开'也，一笑。"他还说已看过我们的《对话》，"奖借过量，益增惭悔"。内山君获悉后，

① 押韵的文件不选；学问的展览和典故成语的把戏不选；大模大样的仿照前人的假古董不选；把前人的词意改头换面而绝无增进的旧货充新不选；有佳句而全篇太不匀称的不选；当时传诵而现在看不出好处的不选。

1989年11月1日即匆匆飞往北京。

11月7日晚，窗外大雨如注，宿舍区阒然无声，内山君竟来叩门。在门口，他就急切地告诉我："我已见到了钱先生，这次对我太有意义啦！"我让座后，才知他刚从京返沪，要把会见的情况尽快让我知道。他说："这次谈话真是一种享受。整个谈话过程中，我只是静静地聆听。先生思维敏捷，幽默风趣，时时夹着英语、法语，对目前国外情况也了如指掌，仍在经常阅读外文的报章杂志，完全看不出已是年届八十的老人了。他谈了一个半小时，我却全然没有感到时间的流逝。"他还告诉我："钱先生一直杜门谢客，已有两年不在家里接待外国朋友了。我作为少有的例外，实现了自

内山精也与钱锺书先生合影

己长久以来的愿望,得到了最大的满足。唯一的遗憾是我的汉语水平还差,不能把他的每句话'吃'进去。"临别时,钱先生亲自题签赠书给内山同学,我们至今还能从当年的照片上看到他郑重而愉快的面容。

这次会见给予内山君极大的鼓舞。他和他的朋友们更努力地从事《宋诗选注》日译工作,还陆续将登载日译稿的《橄榄》杂志按期寄呈钱先生,受到先生的肯定与赞许。钱先生谢世后,杨绛先生继续关注他们的工作,她还特意命我撰写序言,即本书所收《祝〈宋诗选注〉走出国门——〈宋诗选注〉日译本序》,全书四册由日本平凡社出版,受到彼邦学术界与一般读者的欢迎。钱先生所说的这桩"文字因缘",值得铭记与怀念。

祝《宋诗选注》走出国门
——《宋诗选注》日译本序

钱锺书先生的《宋诗选注》是我多年来时时研习、常读常新的读物，也是导引我深入研究宋代文学的经典性著作。这部选本兼具普及性和学术性的双重品格，因而在一般读书界和学术界都产生了广泛而深刻的影响。一部选本能同时获得不同层面读者的青睐和倾倒，真正达到普及和提高的统一，这在近年来的出版物中是罕见的。

从普及层面而言，作为中国社会科学院文学研究所编校的“中国古典文学作品第五种”，它当然应遵循这套历代诗歌选本的统一规范和文字风格，篇幅有一定的限制：入选两宋诗人80家（初版为81家），诗约380首，用语上要求明净生动，可读性强。杨绛先生曾风趣地说：“锺书选注宋诗，我曾自告奋勇，愿充白居易的‘老妪’——也就是最低标准；如果我读不懂，他得补充注释。”可见钱先生对普通读者的顺利接受有着充分的关注。比如对诗意的阐述、词语的训释，钱先生往往用直接语译的办法，三言两语即表达无遗。这种“以译代注”，如果没有高超的运用现代汉语的功力，是做不到的。此书在国内一版再版，已发行五万册以上，就是读者众多的一个有力的证明。

对于专业研究者而言，这部选本又具有特殊的意义和价值：既可看作一部宋诗发展史纲要，又可当作宋代诗学专著来研读。日本著名汉学家小川环树先生说：“由于《宋诗选注》的出现，宋代文学史的很多部分恐怕应该重写。”（京都大学《中国文学报》第十册，1958 年）这是一句分量很重的评语。此书由序言、选目、作家小传、注释四个部分构成，其中 80 篇小传，不着力于作家仕履的考订，实乃 80 篇作家论，连缀阅读，不啻展现出宋代诗歌发展、嬗变的轨迹，虽仅属鸟瞰式的轮廓，但均为作者个人的独特观察，新见迭出，益人神智。其注释部分，与传统选本偏重于词语训释、名物阐解、章句串讲等有所不同，而是把这些项目与诗歌鉴赏、评判结合起来，尤在诗歌题材、境界、意象、语言技巧等方面提出一系列精见卓识。如论某一诗歌意象，往往追踪觅源，备举众多前人或时人诗句，予以比勘对照，对诗人文心的抉发深刻精微，令人耳目一新，可谓作者之独诣，也最让人们为之心折。因为它不仅来源于冥索穷搜之功（在电脑检索未使用以前，全凭腹笥之丰），而且植根于对诗歌艺术真谛的真正把握。至于在作者小传中，论宋代诗派沿革，论用典利弊，论道学与诗歌之关系等等，已为当今宋代文学研究者所瞩目，称引阐发，随处可见，亦证这部选本的学术价值。此书虽因产生于我国特定年代，并不能完全体现钱先生的宋诗观，然而仍是宋代文学研究的一部名著，值得后人参考研读。

我和内山精也君结识于1984年，那时我应聘在东京大学任教，承他不弃，按时前来听课，对他的好学深思留下很深的印象。嗣后在交谈中发现，他已把自己的研究范围锁定在宋代文学，并打算翻译钱先生的《宋诗选注》，使我倍感兴奋。我立刻想起吉川幸次郎先生生前曾嘱咐他的高弟日译此书，却因种种原因未能实现；现由内山君完成此一遗愿，自是功德无量之盛事。我返国后，他又来复旦大学从我研究宋代文学，同时继续进行此书的日译工作。他和他的朋友们还专门创办《橄榄》杂志先期刊载译稿，以听取学术同道们的意见。我在阅读数期《橄榄》以后，深为他们严肃认真的态度所感动。他们对原书作了忠实的翻译，保证原书的完整性，而且设置了“补注”“通释”“备考”等栏目。这些栏目，一方面便利了日本读者的阅读，如详注入选诗篇的诗型、韵字、出处，尤其是原书中所列出的众多的书名卷数篇名以备“参看”的部分，译者均一一据善本将引文补出，不避繁重，用心甚细；另一方面又在学术性考辨上用力甚劬，多有译者的心得体会。可以看出，他们日译此书，既出于对钱先生的由衷敬仰，严格遵守学术规范，黾勉从事，绝无丝毫懈怠；同时，又作为自己进入宋代文学研究领域的一次难得的学术训练和资料准备。于是我遂致函钱先生作了引荐，钱先生破例俯允接谈，还引用了一句杜诗：“蓬门今始为君开。”他与内山君亲切畅谈了一个半小时，还书面回答了内山君提出的问题，达13个之多。钱先生在1992年读过《橄榄》后写道：“惊喜之馀，又深感惭憾。诗歌的译文往往导引我们对原作增进理解和发现问题。”但他自谦因不谙日语，未能利用其“精心迻译”来修改原书的一些注释，是“一件恨事”（见《宋诗选注》“第七次重印附记”）。钱先生称赞这部译本为“精心迻译”，固然含有对后辈的奖掖和鼓励，但也是符合译者们的求精务信的译事态度的。钱先生的话还表明他的著作是一个开放的天地，他不希望自己的著作成为凝固不变的“定本”，不仅自己要做反反复复的不断修改，也欢迎并吸收读者们的一切有益的意见（新版《宋诗选注》后附的“补注”即是拟采纳的读者意见）。大海不弃细流，长者不掩人善，才是大学者的坦荡胸襟，真正实践了“以学术为公器”的宗旨。这部译本所体现的创造性劳动，我以为已

日本宋代诗文研究会译注《宋诗选注》,〔日〕平凡社 2004 年版

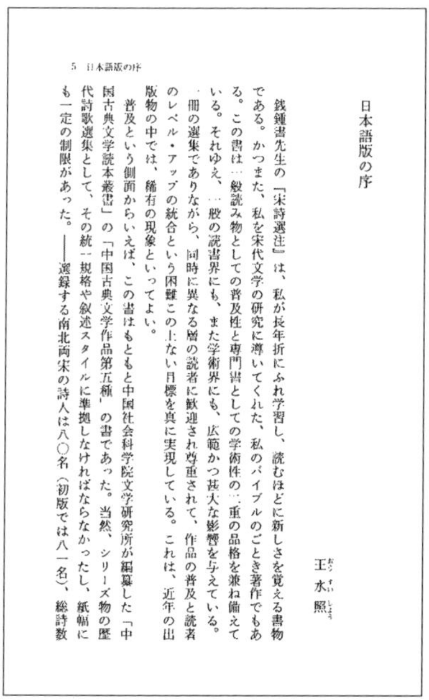

日本語版の序

王水照

銭鍾書先生の『宋詩選注』は、私が長年折にふれ学習し、読むほどに新しさを覚える書物である。かつまた、私を宋代文学の研究に導いてくれた、私のバイブルのごとき著作でもある。この書は一般読み物としての普及性と専門書としての学術性の二重の品格を兼ね備えている。それゆえ、一般の読書界にも、また学術界にも、広範かつ甚大な影響を与えている。一冊の選集でありながら、同時に異なる層の読者に歓迎され尊重されて、作品の普及と読者のレベル・アップの統合という困難この上ない目標を真に実現している。これは、近年の出版物の中では、稀有の現象といってよい。

普及という側面からいえば、この書はもともと中国社会科学院文学研究所が編纂した「中国古典文学読本叢書」の「中国古典文学作品第五種」の書であった。当然、シリーズ物の歴代詩歌選集として、その統一規格や叙述スタイルに準拠しなければならなかったし、紙幅にも一定の制限があった。——選録する南北両宋の詩人は八〇名（初版では八一名）、総詩数

5　日本語版の序

日本版《宋诗选注》序

可优入“钱学”之林，虽然“钱学”这个称呼始终得不到钱先生本人的认可。

我还要向杨绛先生表示衷心的谢意。她一直关心这部译著的进展情况，给予了真诚的鼓励。为了出版方面的具体问题，我一再去打扰她老人家，但她不辞烦冗，几次赐函，费心尽力，终使问题获得圆满解决。我想译者们必定铭记不忘，我也是感同身受的。

祝《宋诗选注》走出国门，带去学术的严肃，情谊的诚挚，期盼的殷切。

第四辑

《钱锺书手稿集》管窥

《钱锺书手稿集·容安馆札记》"初学记"

在钱先生生前，我曾有机会两次看到过他的笔记。在一篇回忆文字中，我写过："他的读书笔记本也颇与众不同，满页密密麻麻，不留天地，一无空隙，但他一翻即能找到所需之处。"如今公开面世的《钱锺书手稿集·容安馆札记》（以下简称《札记》）可以印证这个印象。我还写过"钱先生的随意闲聊更充满这种耐人寻味揣摩的东西"，并举了一些例证，比如"韩愈的《原道》与明清的八股文之间有否暗脉相通之处，又是为什么"等等（见本书第一辑第二篇《钱锺书先生的闲谈风度》）。今阅《札记》第三卷1771页："《原道》'呜呼，其亦幸而出于三代之后'云云一节，《原毁》全篇，皆开八股机调。《孽海花》第二回（引者按，应是第三回）钱唐卿谓'制义创始韩愈，细读《原毁》便见'是也。柳子厚《书箕子碑》'当其周时未至'一节亦然。"面对书籍，恍然如遇故人。

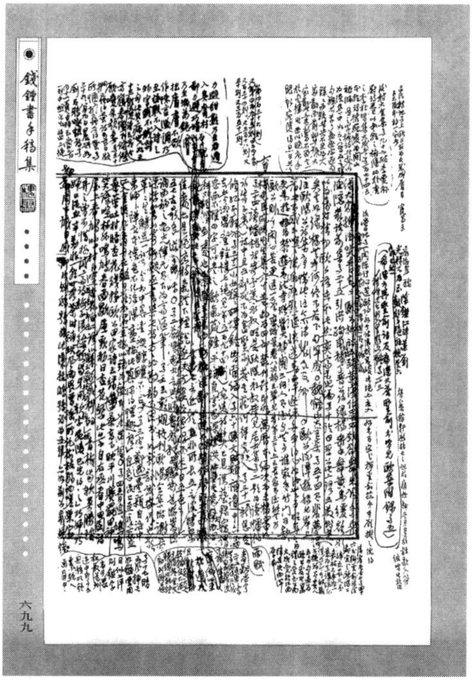

《钱锺书手稿集·容安馆札记》中的一页

记得当年有次闲谈到“八股”起源、得失时，钱先生急忙一摆手：“等等，给你看我的笔记！”即从内室取来此本，翻到此页向我讲说一番。我贪婪地凑过头去，他立即合上本子，打了句乡谈：“勿好再拨倷看哉！”直逗得我望“书”兴叹，憾失不已。

感谢杨绛先生授权商务印书馆影印出版钱先生的手稿集，其博大精深的学术内涵，值得我辈终身奉为鸿宝。今仅就书中论及宋诗者数端，略述“初学记”。

一、垂青一般选本所冷落的诗人

《宋诗选注》选诗 80 家，其中的王令，素为一般的选本所冷落，而因钱先生对他“宋代里气概最阔大的诗人”的特别表彰，始引起人们的重视。阅读《札记》，还知道他对晚宋的乐雷发也格外垂青。第一卷 24 页云：“此次所读晚宋小家中，《雪矶丛稿》才力最大，足以自立。《佩韦斋稿》次之，此稿（指毛珝《吾竹小稿》）又次之。”宋末小诗人众多，一般囫囵视之，很少细致分疏，钱先生抉发出乐雷发、俞德邻、毛珝前三名的次序，值得注意。

具体论及乐氏时，他说：“乐雷发声远《雪矶丛稿》笔力健放，不拘拘于晚唐体。七言歌行尤排奡，七绝次之，律诗率滑”，并点评《九嶷紫霞洞歌》《常宁道中怀许介之》《乌乌歌》等十首作品。

《宋诗选注》里评乐氏有一句“近体诗还大多落在江湖派的圈套里”的话，曾引起一些学者如萧艾先生的质疑，认为佳作多为七律（见萧氏注释的《雪矶丛稿》前言，岳麓书社，1986 年），萧先生的观点其实与四库馆臣一脉相承，《四库全书总目提要》卷一百六十四评乐氏云：“其诗旧列《江湖集》中，而风骨颇遒，调亦浏亮，实无猥杂粗俚之弊，视江湖一派迥殊。”还举例评赏，都是近体。《札记》中虽然没有“还大多落在江湖派的圈套里”的话，但说“律诗俚滑”，意差近似。钱先生垂意的是其七言歌行，“笔力雄放”，已摆脱“晚唐体”也就是“江湖派”的路数。乐氏之于江湖派，有依有违，应从不同诗体来论析。重视文体区别与特点，是钱先生一以贯之的评赏原则。

检《宋诗选注》，选乐雷发诗共四首，其《乌乌歌》《常宁道中怀许介之》《秋日行村路》三首均见《札记》提及，其评语可与《选注》对读，多有异同。仅《逃户》一首，不见《札记》所选十首之列，这类反映民生疾苦的“人民性”题材，当是因时代“大背景”而“照顾”选入的，为“我以为不必选的诗倒选进去了”作一例证①。

钱先生的《札记》原是记录个人日常读书心得，初不拟立即示于外人；但从全书已亲自编次，共 802 则，且随笔附注互相参见等来看，实又粗具著作形态。这一特殊情况使其在钱先生的著作系统中具有特殊作用：作为钱先生读书时的第一印象的记录，反映他接触文本时最初的注意点或兴奋点，可以借此了解他的选择方向与旨趣，这对研究他的具体艺术趣味、爱好和标准是不可多得的材料，比如这首

---

① 参看本书第三辑《关于〈宋诗选注〉的对话》。

《逃户》肯定未能进入他的最初视野，是不免违心而为之选录的；作为原生态学术作品，《札记》又具有与其公开发表的著作比较对照的价值，从《札记》到《宋诗选注》《管锥编》乃至《谈艺录》的增订部分，其异同详略、改易修润，往往有深意存焉，值得探索。

二、电脑检索不能替代对艺术创作奥秘的深刻把握

《札记》中对乐雷发《秋日行村路》“一路稻花谁是主，红蜻蛉伴绿螳螂”一联评赏尤详：

> 按，绝好一副没骨花卉，仿放翁《水亭》诗（《剑南诗稿》卷七十六）“一片风光谁画得，红蜻蜓点绿荷心”而胜之。机杼皆本之韩致尧《深院》绝句之“深院下帘人昼寝，红蔷薇映绿芭蕉”，白香山《寄答周协律》“最忆后庭杯酒散，红屏风掩绿窗眠”……

而《宋诗选注》此诗注释，仅依次引录李商隐、韩偓、陆游三联（后改订本又增入白居易一联），两相对勘，从改笔中可探其深微用心。《札记》和《选注》都采用广义的比较方法，但有影响比较与平行比较的区别。《札记》指出“红蜻蛉伴绿

螳螂”一联，其句法和颜色对比的用法，导源于白居易、李商隐，经韩偓入宋，为陆游所仿，乐氏又仿陆而胜之，属于影响研究的范畴；《选注》改用平行的叙述方式。这一改动颇堪玩味。因果链的确定，实际上总是充满着种种不能确定的因素，甲事物受乙事物影响而形成这一类常见的判断，实际上存在着“证伪”的极大可能性，因而应该慎之又慎。

《宋诗选注》重视对诗歌特定意象的研究，或溯源追踪，或指出文心的相通相异之点，这是《选注》的独诣，最令人折服；但也可发现在方法上，使用平行研究远较影响研究为多。最好的例子之一是论及王安石《泊船瓜洲》“春风又绿江南岸”的“绿”字，钱先生指出“绿”字用法在唐诗中“早见而亦屡见”，并举了丘为、李白、常建的诗例，但并不简单坐实此乃王安石用字的“出处”，而是一连串提了五个问题：

> 王安石的反复修改是忘记了唐人的诗句而白费心力呢？还是明知道这些诗句而有心立异呢？他的选定“绿”字是跟唐人暗合呢？是最后想起了唐人诗句而欣然沿用呢？还是自觉不能出奇制胜，终于向唐人认输呢？

在电脑检索大为盛行的今天，我们可能找到比钱先生更多的唐诗用例（包括前唐之诗），但恐很难达到他对艺术创作奥秘的深刻把握。这里对王安石创作运思的精微揣摩，都是假设，而且这种假设是没有穷尽的，这说明两种诗歌意象在表面上的某种类似，除因果关系以外，还可能产生多种的关系，足以提供无限的联想空间。

三、有学术的人生

据杨绛先生介绍，《钱锺书手稿集》共有三类：外文笔记、中文笔记和《日札》（即《容安馆札记》）。外文笔记纯系读书摘抄，“他做笔记的习惯是在牛津大学图书馆（Bodieian——他译为饱蠹楼）读书时养成的”。其实我国古人就有以抄书为读书的习惯。杨慎《丹铅别录序》自述“自束发以来，手所抄集，帙成逾百，卷计越千”，抄了达千卷之巨；顾炎武甚至倡言“著书不如抄书”（《抄书自序》），这是秉承其嗣祖顾绍芾的主张。钱先生跟这两位博学的前辈当可异代相视而笑。中文笔记，原与日记混在一起，因1952年“思想改造”时，“风闻学生可检查‘老先生’的日记”，就把“私人私事”的日记部分“剪掉毁了”。这中文笔记虽有“自己的议论”和“少许批语”，看来也是以摘抄原书为主的。（均为杨绛先生语，见《〈钱锺书手稿集·容安馆札记〉序》。）

而《日札》应是日记体学术札记，是以记录“读书心得”为重点的。钱先生作于1929年的《复堂日记续录序》中说：“……然参伍稽决，乃真积力充之所得；控名责实，札记为宜。未有详燕处道俗之私，兼提要钩玄之著，本子夏日知之谊，比古史起居之注，如晚近世所谓日记者也。”（《复堂日记》，河北教育出版社，2001年）在《序》末又说：“生本南人，或尚存牖中窥日之风。丈人（徐彦宽）哂之邪，抑许之邪？”时徐氏尚在世。徐氏卒于1930年，而1929年他已编定《念劬庐丛刻》待刊（包括《复堂日记续录》），故推测钱先生此序约作于1929年（参见刘桂秋著《无锡时期的钱基博与钱锺书》，上海社会科学出版社，2004年）。其实，2002年10月生活·读书·新知三联书店出版的《钱锺书集·人生边上的边上》第216页中，编者注引用1981年12月13日钱锺书先生致汪荣祖信，谓此《序》“成于十九岁暑假中，方考取清华，尚未北游”。“十九岁”即1929年。指出日记体札记应具有私人性和学术性兼擅的特点。

这类性质的日札，钱先生其实早年就开始写作了。1935年2月21日钱基博先生在连载《读清人集别录》的引言中说：“儿子锺书能承余学，尤喜搜罗明清两朝人集。以章（学诚）氏《文史》之义，抉前贤著述之隐。发凡起例，得未曾有。每叹世有知言，异日得余父子日记，取其中之有系集部者，董理为篇。乃知余父子集部之学，当继嘉定钱（大昕）氏之史学以后先照映，非夸语也。”（原载《光华大学半月刊》四卷6期，1936年3月）明言他父子俩均有“日记”。我们还从1934年6月出版的《国风》半月刊第四卷第11期中，看到钱锺书先生的《北游纪事诗》，自注云：“原廿二首，今录廿一首，本载日记中，故略采本事作注以资索引。”不仅证实钱先生早有记日记的习惯，且与现在面世的《容安馆札记》多记读集部的心得、多录自己诗作的情况一脉相承。作日札是钱先生的日常生活，实不可一日离此事，由此也可部分解释他最重要的学术著作《管锥编》采取札记体的原因。

《札记》中“私人私事”的被删削，实在是件深可惋惜之事。本来那不仅可以真切地了解当年知识分子的生存状态，更重要的是领略那一代学者以学术为生命、融人生与学问为一体的精神面貌。如《札记》第三卷2235页钱先生于1966年与杨先生漫游北京中山公园、随即患病的记事一则，当是剪而未尽的残存，实是一篇睿思奔涌、寄慨于谐的绝妙散文：

> 丙午（1966）正月十六日，饭后与绛意行至中山公园，归即卧病，盖积瘁而风寒乘之也。嗽喘不已，稍一

言动，通身汗如濯，心跃然欲出腔子。《明文授读》卷十五李邺嗣《肺答文》云：“风自外干，涎从内塞”，“未发云云，辄闻喀喀”，“积邪大涌，蕴逆上溢”，“胸椎欲穿，背笞不释”，不啻为我言之。如是者十二日，始胜步武，杖而行于室中。今又一来复矣，仍殗殜无生意，杜门谢事。方疾之剧，如林黛玉临终喘甚，“躺着不受用，扶起来靠着坐坐才好”（《红楼梦》九十七回）。每夜劳绛卧起数回，真所谓“煮粥煮饭，还是自家田里的（个）米，有病还须亲老婆”也（冯梦龙《山歌》卷［五］）。昔王壬秋八十老翁终日闷［睡］，自云“有林黛玉意思”（《湘绮楼日记》民国四年九月廿四日、廿五日）。余今岁五十七，亦自拟颦儿呻吟气绝状，皆笑枋耳。病榻两梦圆女，渠去年八月赴山右四清，未返京度岁。二月初六日书。起床后阅《楚辞》自遣，偶有所得，率笔之于此。

这是钱先生所写的“我们仨”。与杨先生平实淡雅、却把悲情深埋的叙述笔调不同，钱先生一口气连类引证李邺嗣文、《红楼梦》、冯梦龙《山歌》、王闿运日记等材料来写病中窘况和伉俪情深、爱女思切，不啻是《管锥编》《宋诗选注》“打通”法的生活版，使这段三百字的短文，俨然也是一则学术札记。“曲终奏雅”，这篇妙文原来是他记录自己读

《楚辞》心得的引言，而此处所记读《楚辞》的心得即是《管锥编·楚辞洪兴祖补注》十八则的取资来源，无意中展示出《管锥编》的成书过程。日常生活与学术著述也于此“打通”。

四、有人生的学术

如果说，上面的例子代表的是有学术的人生，那么，更多的情形是表现为有人生的学术：即在论学评诗中融注着个人性的生活与体验，只是有时不为人们察觉而已。

钱先生对宋人唐庚的《白鹭》和罗公升的《送归使》两诗似乎颇为注目，在《管锥编》中曾分别论及。《管锥编》第一册348页称引西汉武安侯田蚡关于聚徒“腹诽”对君上危害的言论，“盖好友交游而多往还，则虽不结党而党将自结，徒党之形既成，即不犯上而为乱党，亦必罔上而为朋党”，然后引及唐庚《白鹭》：“说与门前白鹭群，也宜从此断知闻。诸君（似应作“公”）有意除钩党，甲乙推求恐到君！”评为“谈虎色变，从来远矣”。这是对历史上党锢之祸的客观评论。《管锥编》第四册1470页引罗公升《送归使》诗：“鱼鳖甘贻祸，鸡豚饱自焚。莫云鸥鹭瘦，馋口不饶君。”则仅因论及徐陵《鸳鸯赋》，以“事物写入诗画”现象作评赏，“鸳鸯”作为

“长合会”之团圆象征，吟咏不辍，但却因其羽毛鲜丽而被扑杀，而吴融《池上双凫》就说双凫“幸是羽毛无取处，一生安稳老菰蒲”。钱先生反驳吴融说：“然凫之‘羽毛’或‘无取处’，其躯肉岂不任充庖厨耶？”引罗公升此诗为证。此处纯系客观评艺，尚无其他寓意。

而在《容安馆札记》第二卷1200页中却有另一番记述。他先引罗公升此诗云：“按，沉痛语。盖言易代之际，虽洁身远引，亦不能自全也。”紧接引唐庚《白鹭》诗，评云：“机杼差类而语气尚出以嬉笑耳。”两诗“捉置一处”，即显别有会心。他关注诗中种种罗织、诬陷、告密、伪证等情事，与他曾经横遭的青蝇之玷（所谓清华间谍案，参看本书第一辑第四篇《钱锺书先生横遭青蝇之玷》）联系起来看，不难读出一点潜通暗合的消息。这种评诗赏艺与个人生活体验的关联，在原先仅供个人备忘、未拟公开示人的《札记》中，或隐或显地随处可见，对于了解他的学术人生，倍感亲切而真实。

解读《钱锺书手稿集·容安馆札记》

一、《容安馆札记》：半成品的学术著作

《钱锺书手稿集》是钱先生的读书笔记，字字句句都由他亲笔写成，是已知手稿集中篇幅最大的个人巨著。不仅篇幅大，更在内容广和深；不仅“空前”，恐亦难乎为继。《钱锺书手稿集》分为三类，均由商务印书馆影印出版：一类是《容安馆札记》三卷，2003 年面世；一类是《中文笔记》二十卷，2011 年面世；一类是《外文笔记》，共 6 辑，48 册，于 2014 年至 2015 年渐次出版，原外文笔记本共有 178 册，34000 多页。

《钱锺书手稿集·容安馆札记》原本有 23 册，2570 页，802 则，如果每页以 1200 字匡算，共约 300 万字，其中论及宋诗的约 55 万字，占《札记》的 1/5，表明宋诗研究在钱先生的学术世界中占有相当重要的地位。

《札记》以阅读、评论、摘抄作家的别集为主要内容，一般是先述所读别集版本，再加总评，然后抄录作品，作品与总评之间又有呼应印证关系。这种论叙形式在全书中具有统一性。从作者自编目次802则来看[①]，它已不是“边读边记”的原始读书记录，而是经过了“反刍”（杨绛先生语），即反复推敲、酝酿成熟的过程，每则不是一次阅读就完成的。而且又有许多旁注“互参”，既有参看前面的第几则，也有注明需参看后面的，说明对全书已有通盘的设计。因而，此书性质应该是半成品的学术著作，有待加工成公开出版的正式著作。如《管锥编》中的《楚辞洪兴祖补注》《周易正义》《毛诗正义》就是在《札记》的基础上“料简”“理董”而成的。

二、《容安馆札记》的特点：私密性与互文性

《容安馆札记》具有两个显著特点，即私密性与互文性，这对进一步理解此书性质十分重要。

《容安馆札记》有很多别名，其中之一就叫《容安馆日札》（或《容安室日札》《容安斋日札》《槐聚日札》等），日札

---

① 此书实际则数似不到802则，其中有缺码（如248则、353则、367则、368则、387则、388则、411则、412则、546—554则），有重码（如80则、147则、326则、458则），有乱码（如401—452则放在572则之后，未接上400则），有空码（如卷二自1186页至1212页共26页未编则数）。

即具日记性质，把私人私事、旧诗创作和读书心得等统记在一起，因而自然带有一定的个人性、私密性；即便是读书笔记部分，原来也不拟立即示之他人，只供自己备忘、积累，其间也不免有不足与外人道也的内容。然而，在这些日常生活、身边琐事到艺术思考变化过程乃至时事感慨中，仍然蕴含着丰富的学术内容。

南宋诗人吴惟信《菊潭诗集》有首《咏猫》小诗："弄花扑蝶悔当年，吃到残糜味却鲜。不肯春风留业种，破毡寻梦佛灯前。"所咏为一只老无风情的懒猫，已无当年"弄花扑蝶"的寻乐兴趣，吃吃残羹，睡睡破毡，无复叫春欲求。钱先生在《札记》中加一按语云："余豢苗介立（引者按，志怪小说《东阳夜怪录》中人物，此即指猫）叫春不已，外宿两月馀矣，安得以此篇讽喻之！"（《札记》卷一第22则）吴诗所咏之猫，乃无意风情之懒猫、老猫，与钱家所养之猫春情勃发、外宿不归交相照映，谐趣横生。先生之治宋诗，学术人生化、人生艺术化，也是苜蓿生涯中的一种慰藉。钱家的这只波斯雄猫名"花花儿"，是1949年8月他们举家从上海赴清华大学任教后收养的，杨绛先生有散文《花花儿》详记其事，说到"两岁以后，它开始闹猫了，我们都看见它争风打架的英雄气概，花花儿成了我们那一区的霸"。难怪钱先生要以吴惟信小诗来"讽喻"它了。这只儿猫，在钱先生那里，并不止于一桩生活小小情趣，而竟然进入他的学问世界。在《札记》卷一第165则中，他写道："余记儿猫行事甚多，去春遭难，与他稿都拉杂摧烧，所可追记，只此及九十七则一事耳。"在这里，引起钱先生关注的是猫的两个特性：神情专注和动作灵活，都引申到学术层面。他引《续传灯录》卷二十二："黄龙云：'子见猫儿捕鼠乎？目睛不瞬，四足据地，诸根顺向，首尾一直，拟无不中，求道亦然。'（按《礼记·射义》'以狸首为节'，皇侃谓：'旧解云：狸之取物，则伏下其头，然后必得。言射亦必中，如狸之取物矣。'正是黄龙语意。）"他认为均与《庄子·达生篇》"痀偻承蜩，梓庆削木"、《关尹子·一宇篇》"鱼见食"之旨，可以互相发明，以申述用志不分、神凝默运的精神境界。

钱先生又写道："余谓猫儿弄皱纸团，七擒七纵，再接再厉，或腹向天抱而滚，或背拱山跃以扑，俨若纸团亦秉气含灵，一喷一醒者，观之可以启发文机。用权设假，课虚凿空，无复枯窘之题矣。志明《野狐放屁》诗第二十七首云：'矮凳阶前晒日头，又无瞌睡又无愁。自寻一个消闲法，唤小猫儿戏纸球'，尚未尽其理也。"这段充满想象力的叙写，生动地描摹出艺术创作思维的灵动、变幻，不主故常，堪与杜甫刻画公孙大娘舞剑器诗相媲美。杜甫纯用比喻咏剑光、舞姿、舞始、舞罢："㸌如羿射九日落，矫如群帝骖龙翔。来如雷霆收震怒，罢如江海凝清光。”(《观公孙大娘弟子舞剑器行》)钱先生却出之以直笔甚或叙述语气，同样达到传神的效果。

附带说及，这只花花儿还成了联结钱、杨两位身边琐事、学术思考和文学创作的纽带。杨先生在《花花儿》一文中记述：院系调整时，他们并入北大，迁居中关园，花花儿趁机逃逸，“一去不返”。“默存说：‘有句老话：“狗认人，猫认屋。”看来花花儿没有“超出猫类”。’”这句“老话”是有来历的，仍见于《札记》卷一第165则，引《笠翁一家言》卷二《逐猫文》谓：“六畜之中最贪最僭，俗说‘狗认人，猫认屋’。”杨先生有散文记猫，钱先生则见之于诗。1954年作《容安室休沐杂咏》十二首，其六云：“音书人事本萧条，广论何心续孝标。应是有情无着处，春风蛱蝶忆儿猫。”《札记》第165则中说，中、日两国“皆以猫入画”，“若夫谐声寓意，别成一类，则《耄耋图》是也”。“惟睹日本人编印《中国名画集》第三册景印徐文长《耄耋图》，画两猫伺蝶，意态栩栩”，可为此诗结句作注。

家庭养猫，司空见惯，钱先生既入吟咏，又引诗讽喻，涉及文献中种种“猫事”，有禅宗话头、民间谚语、中外绘画，甚至进入梦寐：“一夕梦与人谈‘未之有也’诗”，如“三个和尚四方坐，不言不语口念经”之类，竟连带“兼及君家小猫儿念佛也”，于是“醒而思之，叹为的解，真鬼神来告也。以语绛及圆女，相与喜笑。时苗介立生才百日，来余家只数周耳。去秋迁居，大索不得，存亡未卜，思之辄痛惜。”（《札记》卷一第97则）生活学术化，学术生活化，融汇一片，在公开文字中就不易读到。

《札记》涂抹勾乙，层见迭出，从改笔适足见出作者思考过程，启示之处多多。如张先《题西溪无相院》诗之“草声”“棹声”“水声”之辩，就是佳例。张先此诗云：“积水涵虚上下清，几家门静岸痕平。浮萍破处见山影，小艇归时闻草声。”末三字“闻草声”似难解，于是有位葛朝阳说：《石林诗话》《瀛奎律髓》作“闻棹声”，他并分析道：“但上句‘萍’与‘山’分写，而景入画；若作‘棹声’，则与‘艇’字语复，意亦平平云。”钱先生加按语云：“窃谓‘草声’意不醒，‘棹声’则不称上句，易作‘水声’最妙，惜与首句‘积水涵虚上下清’重一字。”细心斟酌，却举棋不定：“草声”意思不醒豁，“棹声”与“艇”字语复，“水声”又与首句重一字。此页后有夹批：“姜白石《昔游》诗之五‘忽闻入草声’，即子野语意，作‘草声’为是，皆本之姚崇《夜渡江》之‘听草遥寻岸’。”张先原诗谓小艇渐行近岸，听到岸边窸窣草声，情景宛然。从对“草声”怀疑，到“棹声”“水声”的不稳，最后又回归到“草声”，这个推敲过程表现出作者思维的精密和艺术评赏的严细，这类珍贵资料幸赖这部未定稿的著作保留下来。

杨先生《〈钱锺书手稿集〉序》中说到，《札记》原把“读书笔记和日记混在一起”，后因“思想改造”运动牵连，把属于“私人私事”的日记部分“剪掉毁了”。这实在是无法挽救的憾事，不知有多少绝妙好辞从此绝迹人间。但有时会有“漏网之鱼”，如《札记》卷三第761则中，记1966年初与杨先生出游北京中山公园，归后患病一节，仅300字，全文都由引证联缀而成，左旋右抽，一气贯注，文气势如破竹，精光四射，令人噤不能语。（参看本书第四辑第一篇《〈钱锺书手稿集·容安馆札记〉“初学记”》）而更多的是在论及学术的字里行间，仍会透露出现实感慨和时事信息。在《管锥编》第一册中，他称引过唐庚《白鹭》诗（第348页），在第四册中又称引过另一位宋人罗公升《送归使》（第1470页），均用以说明特定的问题，敏感性和尖锐性均不强。而在《札记》中，我们发现两诗原来是一并论列的。《札记》第二卷（则数未编，不详）第1200页中说：

> 《宋百家诗存》卷二十四罗公升《沧州集·送归使》云：“鱼鳖甘贻祸，鸡豚饱自焚。莫云鸥鹭瘦，馋口不饶君。”按，沉痛语，盖言易代之际，虽洁身远引，亦不能自全也。《眉山唐先生文集》卷二《白鹭》云：“说与门前白鹭群，也宜从此断知闻。诸公有意除钩党，甲乙推求恐

到君。”机杼差类而语气尚出以嬉笑耳。

罗公升为宋元间人，入元不仕，有“一门孝义传三世（祖、父、弟）”之称（刘辰翁《宋贞士罗沧洲先生集序》）。这首抒写以言取祸的诗，背景不很明了，钱先生突出“易代之际”，颇堪注意。唐庚为北宋末年人，曾因作《内前行》颂扬张商英而被蔡京贬往惠州。此诗《鹤林玉露》甲编卷四谓作于惠州：“后以党祸谪罗浮，作诗云（即《白鹭》）。”他在惠州另一首《次勾景山见寄韵》云：“此生正坐不知天，岂有豨苓解引年。但觉转喉都是讳，就令摇尾有谁怜？”对言祸噤若寒蝉。《白鹭》诗的关键词是“除钩党”。我们如了解钱先生解放初“易代之际”所遭遇的“清华间谍案”，就不难从中得到一些重要信息（参看本书第一辑第四篇《钱锺书先生横遭青蝇之玷》）。前文提到的“去岁遭难”，因而导致他记叙“猫事”的文稿“拉杂摧烧”，这几句算得烬后之文，勾画出当年知识分子生存环境之一斑，也不是公开读物上能读到的。

《札记》的另一特点是互文性。互文原是我国修辞学中的一种手法，现今西方学者又把它提升为一种文艺理论，我这里主要是指应将《札记》跟钱先生的其他相关著作“打通”，特别是跟《宋诗选注》“打通”。《宋诗选注》初版选了81家，后删去左纬，为80家，其中约有60家在《札记》中都有论述。这些有关宋代诗人的论述，大致写于20世纪50年代，与《宋诗选注》的编选同时，是进行比较对勘的极佳资料。论述不外乎两种情形：一种是《宋诗选注》里的评论跟《札记》基本一致，但又有各种差异；一种是两者根本矛盾、对立。如华岳，《宋诗选注》里对他评价很高，“并不沾染当时诗坛上江西派和江湖派的风尚”，“他的内容比较充实，题材的花样比较多”，但在《札记》中却说：“然观其诗文，嗟卑怨命，牢骚满纸，又好星命占卜，殊不类虑患深而见识远之人，大言憸进，徒尚虚气，难成大事。以词章论，亦嚣浮俚纤，好饰丽藻，作巧对，益为格律之累，故渔洋谓其诗‘不以工拙论可也’。”（卷二第511则）在肯定与否定之间，给人们提出了继续研究的问题。利用互文性的特点，还可以解释《宋诗选注》中一些迷惑不解的问题。如为什么不选文天祥的《正气歌》？为什么在再版时要把左纬这一家全部删掉，而不是采取他曾使用过的“删诗不删人”的办法？本书第三辑中相关篇目已通过比较、对勘，试图解开这些疑团。

如果把比较的对象，从《札记》《宋诗选注》扩展到《谈艺录》《管锥编》等作多维对勘的话，就能发现在评泊优劣、衡量得失方面的更多异同，把握作者思考演化的轨迹，他的与时俱进、不断深化的过程。对梅尧臣诗，《谈艺录》中以为梅诗不能与孟郊诗并肩，“其意境无此（孟郊诗）邃密，而气格因较宽和，固未宜等类齐称。其古体优于近体，五言尤胜七言；然质而每钝，厚而多愿，木强鄙拙，不必为讳”，从正反两面落笔，侧重于贬。《宋诗选注》中则词锋犀利而揶揄，说梅诗“‘平’得常常没有劲，‘淡’得往往没有味。他要矫正华而不实、大而无当的习气，就每每一本正经的用些笨重干燥不很像诗的词句来写琐碎丑恶不大入诗的事物”。到了重订《谈艺录》时，他又写道：“重订此书，因复取《宛陵集》读之，颇有榛芜弥望之叹。”洋洋洒洒地连举近二十例，诚如他自己《赴鄂道中》诗其二所云“诗律伤严敢市恩”，执法严正、毫不假借了。（《宋诗选注·唐庚小传》记唐氏名句：“诗律伤严似寡恩。”）而在《札记》卷一第603则中则云：

> 宛陵诗得失已见《谈艺录》，窃谓“安而不雅”四字可以尽之。敛气藏锋，平铺直写，思深语淡，意切词和，此其独到处也。（《春融堂集》卷二十二《舟中无事偶作论诗绝句》云：“沧浪才调徂徕气，大雅扶轮信不诬。可惜都官真袜线，也能倾动到欧苏。”）力避甜熟乃至遁入臭腐村鄙，力避巧媚乃至沦为钝拙庸肤，不欲作陈言滥调乃至取不入诗之物、写不成诗之句，此其病也。

此评在字面上与《宋诗选注》有着某些类似，但细细玩索，似多从梅尧臣在宋诗发展中的历史作用着眼，看到他在反“甜熟”、反“巧媚”、反“陈言滥调”的不良时风中的矫正作用，甚至像王昶所言，能“倾动到欧苏”，因而对其“独到处”特予强调标举，对其为“改革诗体所付的一部分代价”（《宋诗选注·梅尧臣小传》）给予了更多的了解之同情。

《札记》对王安石诗歌和李壁注《王荆文公诗》的评论，也有类似情形。钱先生对王诗颇多关注，对李注王诗尤细心查勘。早在《谈艺录》中，即指责李注“实亦未尽如人意”，主要之失有二：一是“好引后人诗作注，尤不合义法”；二是“用典出处，亦多疏漏”。对于“出处”的“疏漏”，他曾“增注三十许事”，及至看到姚范《援鹑堂笔记》卷五十、沈钦韩《王荆公诗集李壁注勘误补正》二家书，发现已有若干勘误补正，所见相同，因“择二家所未言者”十馀则，书于初版《谈艺录》。1983 年，又“因勘订此书（指《谈艺录》），稍复披寻雁湖注，偶有所见，并识之”，书于补订本者达二十五则（两次共达四十则左右）。今检《札记》卷一第 604 则、卷二第 604 则（续）两处，更有大量文字论及李壁注，共约一万字左右，值得重视①。以《札记》与《谈艺录》初版本相较，基本

---

① 《钱锺书手稿集·中文笔记》第九册第 296—304 页（商务印书馆，2011 年）又有论及王诗李壁注约五十条，并明云“补《日札》第六〇四则”，说明论述同一题目，《中文笔记》虽大多写于《容安馆札记》之前，但也有写于其后的。

评价一致，但有两点重大差别：

一是对“好引后人诗作注，尤不合义法”的批评，作了自我反思。他说：“雁湖注每引同时人及后来人诗句，卷三十六末刘辰翁评颇讥之。余《谈艺录》第九十三页亦以为言。今乃知须分别观之。”（卷二第604则续）如卷四十《午睡》云：“檐日阴阴转，床风细细吹。翛然残午梦，何处一黄鹂。”李壁注引苏舜钦诗“树阴满地日卓午，梦觉流莺时一声”，钱先生认为“捉置一处，益人神志”。他还进一步补引王安石《山陂》诗“白发逢春唯有睡，睡闻啼鸟亦生憎”，则是“境同而情异矣”，同一啼鸟声，喜恨之情有别。“捉置一处，益人神志”，本是钱先生评诗赏艺的一贯方法，也是他“打通”原则的一条具体操作法门，从这个思路来反思原先的旧评，就觉得有失片面。《札记》这层“须分别观之”的意思，在《谈艺录》补订本第389页更有畅达的论述。他说：“余此论有笼统鹘突之病。仅注字句来历，固宜征之作者以前著述，然倘前载无得而征，则同时或后人语自可引为参印。若虽求得词之来历，而词意仍不明了，须合观同时及后人语，方能解会，则亦不宜沟而外之。”旧时笺注家有避免以后代材料注释前代的义例，自有一定的道理，但不能绝对化。在一定条件下，可以而且应该用同时人或后人的材料互为“参印”，这又是钱先生所提倡的“循环阐释”的原则了。

二是对李壁亦有褒扬之语。他写道："雁湖注中有说诗极佳者"，并连举五例。如卷一《纯甫出释惠崇画要予作诗》云："金坡巨然山数堵，粉墨空多真漫与。"李壁注云："据《画谱》云：'巨然用笔甚草草'，可见其真趣。诗意谓巨然画格最高，而拙工事彩绘者，乃为世俗所与耳。"李壁认为，巨然以笔墨简略以求"真趣"，而忽于细笔彩绘，"不应有'粉墨空多'之讥"（引者按：此为李壁注文，但钱先生未引，或对此句之意有保留）。李壁"反复诗意"，认为下句乃是讥讽"世俗"崇尚"事彩绘"之画风，在巨然画作面前，更显识见卑下。又如卷三十六《至开元僧舍上方》："和风满树笙簧杂，霁雪兼山粉黛重。"李壁注云："粉喻雪，黛喻山，故云'兼'。雪霁山明，始见青色，故云'重'。"钱先生予以认同，并补充一例：米芾《宝晋英光集》卷四《过当涂》"朝烟开雨细，轻素淡山重"句，写雨霁山色浓翠情景，也用"重"字，可作"参观"。又如卷四十八《赠安太师》云："败屋数间青缭绕，冷云深处不闻钟。"李壁注云："唐人诗：'重云晦庐岳，微鼓辨湓城。'此言阴晦之夕，鼓声才仿佛耳。亦犹钟声为冷云所隔，而不之闻也。"以唐人谓鼓声因阴晦而微，来诠释王诗之钟声因冷云而稀，情境相类，拈来作注，确能加深对王诗的理解。

再论钱先生对王安石诗歌本身的评价。在《谈艺录》中，他对王诗有褒有贬："荆公诗精贴峭悍，所恨古诗劲折之极，微欠浑厚；近体工整之至，颇乏疏宕；其韵太促，其词太密。"尤对两事爱憎分明：一是对他"善用语助"的肯定："荆公五七古善用语助，有以文为诗、浑灏古茂之致，此秘尤得昌黎之传。"二是对其"巧取豪夺"的贬斥："每遇他人佳句，必巧取豪夺，脱胎换骨，百计临摹，以为己有。"及至《宋诗选注》中，仅肯定他"比欧阳修渊博，更讲究修词的技巧"，"作品大部分内容充实"，但一句"后来宋诗的形式主义却也是他培养了根芽"，分量就很重了。这里的"形式主义"，实际上是考究用词、精于用典的同义词，我们可以有不同的理解。而在《札记》中，我们发现他对有些王诗别有赏会，却未发布于公开著作。如王诗《永济道中寄诸弟》云："灯火匆匆出馆陶，回看永济日初高。似闻空舍乌鸢乐，更觉荒陂人马劳。客路光阴真弃置，春风边塞只萧骚。辛夷树下乌塘尾，把手何时得汝曹。"此诗为王安石北使时所作。钱先生说："此诗殊苍遒，而诸选皆不及。"（卷二第 604 则）惋惜之情，溢于言表，他还详引王安石其他相类诗句加以"参印"，然而《宋诗选注》也未收此首。他对《拟寒山拾得十二首》也独具识见，认为王安石这十二首诗大都"理语太多，陈义亦高，非原作浅切有味之比"，唯第十一首则当别论，诗云："傀儡只一机，种种没根栽。被我入棚中，昨日亲看来。方知棚外人，扰扰一场数。终日受伊谩，更被索钱财。”这犹如一首宋时风俗诗，写观看傀儡戏有感，虽“浅切”却“有味”。钱先生评云：“非曾居高位者不能知，非善知识不能道。”耐人寻味。他还兴味盎然地引了一首刘克庄的《无题》：“郭郎线断事都休，卸了衣冠返沐猴。棚上偃师何处去，误他棚下几人愁。”评云：“亦入棚亲看过人语也。”二诗均从市井傀儡戏中，观照出表里不一、尔虞我诈的社会世相，寄寓另一番人生况味。

三、不衫不履不头巾

如前所述，《札记》的性质是半成品的学术著作，但若从其内容、特点来看，还可以有另一种解读。《札记》比之《谈艺录》《宋诗选注》等，产生于不同的写作环境，后两者都是公开出版的正式著作，都有预先设定的读者对象，如果说《谈艺录》是作者急于想对学术界表达自己个性化的诗学理想，那么《宋诗选注》尽管在当时选本中已属异类，聂绀弩《题〈宋诗选注〉并赠钱锺书》诗中有“真陌真阡真道路，不衫不履不头巾”之赞语，但客观上它作为文学研究所编著的“中国古典文学作品第五种”，不能不受主流意识形态的影响，实未完全达到聂绀弩此评，诚如钱先生自己所说，是反映时代的一面"模糊的铜镜"。而《札记》则完全疏离于主流意识形态，沉浸于古代文献资料之海洋，独立于众人所谓的"共识"之外，精心营造自己的话语空间。他不是依据诗人们的政治立场、思想倾向和道德型范的所谓高低来评价诗歌的高低，而着眼于作品本身的艺术成就，所以他的品评就成为真正的审美批评。《札记》是一座远离外部喧嚣、纷争世界的自立的学术精神园地，一部真正"不衫不履不头巾"的、心灵充分舒展、人格完全独立的奇书。

读《容安馆札记》拾零四则

因编本书，杂拾读书笔记中所记数事，率而成篇，以求教正。

一、钱先生与《唐诗选》

中国社会科学院文学研究所编著《唐诗选》时，有个重要工作环节，即在注释稿写成并传阅后，针对发现的疑点、难点，召开专门例会予以讨论解决。会议在王伯祥先生寓所举行，据《王伯祥日记》，自1962年5月23日至7月25日之间，例会召开过7次，每次均有两三小时，其中一次在钱先生家。我曾记叙过，在讨论会上，余冠英、陈友琴、王伯祥先生"对诗意、诗境、诗风的评赏剖析，都能切中肯綮。钱先生尤其论辩滔滔，犀利明快，大部分时间常在听他说讲"(《〈唐诗选〉编注工作的回顾》，见《岁月熔金：文学研究所五十年记事》，中国社会科学出版社，2003 年）。但我们的会议记录今已遗失，令人痛惜不已。而《容安馆札记》中竟有四处提及当年情事，唤醒回忆，即予记述。

《札记》第 728 则："今日为诸君说韩君平《送孙泼赴云中》诗，谓其诗分三节，始则壮，继而悲，终而愈壮，即符辩证之道，因并书之。"这条意见在讨论中被完全接受。韩翃此诗云："黄骢少年舞双戟，目视旁人皆辟易。百战能夸陇上儿，一身复作云中客。寒风动地气苍茫，横吹先悲出塞长。敲石军中传夜火，斧冰河畔汲朝浆。前锋直指阴山外，虏骑纷纷胆应碎。匈奴破尽人看归，金印酬功如斗大。"今检《唐诗选》注文："全诗十二句，起四句'壮'，中间四句'悲'，结四句又回复到'壮'，恰像交响曲的三个乐章，正反而合，首尾衔接。"此诗顿挫起伏，致慨遥深，但重心似在结尾四句，不仅在章法上"首尾衔接"，而且与中四句"衬托对照"，经过"悲"的过滤与反衬，结尾之"壮"更翻上一层，即钱先生所说的"愈壮"。

《札记》第 758 则："晏几道《玉楼春》：'旋织舞衣宫样染。织成云外雁行斜，染作江南春水浅。'按，本之白香山《缭绫》云：'织为云外秋雁行，染作江南春水色。'又按香山此二句与前云'中有文章又奇绝，地铺白烟花簇雪'自相凿枘，诸君选注唐诗时，余为拈出。"《缭绫》设色"春水色"与"花簇雪”的绿、白“凿枘”事，钱先生曾多次提及。在名作《读〈拉奥孔〉》中有详细论述，甚至作过研究生入学之考题。但是，在讨论中众人意见并不一致，今《唐诗选》中未采用此说。注释中说：“文章”乃指缭绫的花纹，“地”即底子，“花簇雪”指底子所织的花纹有如簇聚的白雪；而后面的“染作江南春水色”，乃为“染”出的水色。更引人注目的，紧接此句之前有“去年中使宣口敕，天上取样人间织”两句，注文中说，“自此以下另起一段，追叙‘去年’的事”，如此则非同一匹缭绫：“去年”的要“染”出春水色，今年的是底子织成白色花纹，因而不算“凿枘”。我当时颇倾向此解。钱先生此例，在不同地方的表述也有所不同。《文学评论》1962 年第 5 期发表《读〈拉奥孔〉》，批评《缭绫》：“先说‘地铺白烟花簇雪’，后说‘织为云外秋雁行，染作江南春水色’，那就不免失于照顾检点，因为上文讲的白和下文讲的绿都是实色。”在 1979 年 8 月出版的《管锥编》第二册第 594 页论《离骚》讲到“前后失照”时，又举《缭绫》此例以为缺失：“一绫也，色似白复似碧，文为花忽为鸟。又本身抵牾之病已。”观点尚未改变。但在 1979 年 9 月出版的《旧文四篇》和 1985 年 12 月出版的《七缀集》中，所收《读〈拉奥孔〉》此段批评均删去，是否表示钱先生观点的改变，待斟酌。

另一则涉及韦庄《秦妇吟》。《唐诗选》中韦庄一家的小传注文是我执笔的，现仅选《台城》《登咸阳县楼望雨》《稻田》三首。我提出能否补入《秦妇吟》，理由是：我国叙事长诗不多，此诗在叙事艺术上尚有可取，陈寅恪先生论定“此诗为端己平生诸作之冠”，又以“生平之杰构，古今之至文”十字评赏之（《韦庄秦妇吟校笺》，见《寒柳堂集》）；题材重大而特殊，虽敌视黄巢农民军，但“轰轰昆昆乾坤动，万马雷声从地涌”“内库烧为锦绣灰，天街踏尽公卿骨”，客观上反映出义军的巨大声势和对上层统治的打击，对唐军残民的揭露也有力量。讨论时未遭反对，决定入选，我也写出初稿。但后来与钱先生面谈时，他对我说，《秦妇吟》结尾不佳，与全诗不称（参见本书第一辑第二篇《钱锺书先生的闲谈风度》）。我才知他有保留，惜语犹未畅。今读《容安馆札记》第789则中有长篇议论，认为杜甫《石壕吏》、白居易《琵琶行》“两种收法可谓异曲同工”，而谈《秦妇吟》则云：

唐人纪叙之什莫长于韦端己《秦妇吟》，絮烦不杀，支蔓失剪。起处只字不及秦妇身世，而妇自言乞浆逢翁，却转述是翁乡贯家业甚备，详略已属失当。更可议者，通首尽记妇语，正津津颂赞周宝（见《观堂集林》卷二十一《秦妇吟跋》）德政，忽然便止（“避难徒为阙下人，怀安却羡江南鬼。愿君举棹东复东，咏此长歌献相公”），几同曳白。与少陵取别、香山下泪之皆落到自身者大异。则端己与此妇陌路相逢，如何了局收场，令人闷损——殆类《文心雕龙·附会》篇引《周易》所讥“臀无肤”者。晚唐小家，仅知求工字句，至谋篇之大，章法之完，概乎未知。三篇相较，亦可觇唐诗之盛衰也。又按皮相之徒侈称《秦妇吟》篇幅之长冠冕古诗，以余睹记所及，宋人《鬼董》卷一载王氏女《妾薄命叹》……都二千五百三十四字……端己之作，不足一千七百言，瞠乎后矣。

洋洋洒洒，新见迭出，除提出正面论点外，还可能别有用意，特予标举。我写的《秦妇吟》注释稿最终未入《唐诗选》，倒不是获知钱先生的上述详细看法，而是交稿时（1966 年）环境突变，“自觉”抽出。

《札记》第 729 则：“诸君选注唐诗，强余与役，分得王绩等十七人。因复取《全唐文》温读一过，合之十年前评识，录于此。”短短数语，信息量颇大：一是《管锥编》未完成稿“全唐文卷”于此可见端倪，它是钱先生五十年代和六十年代（1962 年）两次通读《全唐文》的产物；二是《唐诗选》的最初分工。此书初选 600 多首，其中小家约占十分之一。1962 年时学术环境较为宽松，入选了不少罕见而又有艺术特色的小家作品，这些作品大都没有前人的注释可供参考，因而我们都推给了钱先生。他说“强余与役”，也符合实情。但《唐诗选》后在1975年修订时，这些小家显已不合时宜，就被大加删节了（时钱先生和我都未参加具体的修订工作）。这批钱释唐诗本来可以构成这部《唐诗选》的一个特色，颇拟恢复旧貌，惜原稿至今寻找未果。

钱先生在《管锥编》中论及杜甫“欲往城南望城北”句，也与《唐诗选》有关，详参本书《自序》。

二、韩愈与古文运动

《管锥编》是部未完成稿，钱先生说过，他至少还要写《全唐文》和《韩愈》各卷，最终未果。但在《容安馆札记》中保存了大量有关材料。聂安福君已整理出《严别正变说唐骈——〈管锥编〉未完成稿“〈全唐文〉卷”探原》（载《文学遗产》2006年第4期），但唐代古文部分尚待继续整理。今检《札记》共有九则论及《全唐文》，即第729、731、733、735、737、739、741、743、745则，合计约一百七十页，篇幅巨大，论析广博而精细，独出己见，一无蹈袭前人，可以视作钱先生富有个人特色的唐代文章史。今仅就论韩愈古文运动问题作一简单梳理。

一、韩愈的古文理论与古文运动的性质。韩愈明言宣告："愈之志在古道，又甚好其言辞。"(《答陈生书》)或换个说法："然愈之所志于古者，不惟其辞之好，好其道焉尔。"(《答李秀才书》)，似在反复强调文道应该兼备，而道又是决定性的。因而在学术界流行的主流观点，认为韩愈所创导的古文运动既是恢复儒学的思想运动，又是改革文体的文学运动，所谓开启赵宋时期"新儒学新古文的文化运动"，甚或主张是"翼道卫教"的儒学运动，所谓"'尊王攘夷'所以为古文运动中心之思想也"(均见陈寅恪先生《论韩愈》，《金明馆丛稿初编》)。

20世纪60年代初，我参加文学研究所《中国文学史》的编著工作，执笔"古文运动和韩愈、柳宗元"一章。领导要求有独创见解，不要人云亦云；我便提出古文运动是"借助儒学复古旗帜而推行的文体、文风和文学语言的改革运动"，不能将其主要归结为一场恢复儒学的思想运动，目的在于"翼道卫教"。写作过程中自然得到过钱先生的指导，但具体内容已记不确切。有次他来我房间(当时在集中编书)，看到我正在阅读钱基博先生的《韩愈志》，他立即说："这本书你用不着看！"见我大吃一惊，他又说："这部书稿是我在暑期中替他誊抄的，他奖赏了我一支钢笔。"《韩愈志》的解释框架自然较为传统，今读《容安馆札记》才恍然大悟。

探究韩愈的古文理论，不必太较真他公开宣言的门面话，而应该重其写作实践的经验之谈。《札记》第720则即指出“昌黎为文与学道，分成两橛”，钱先生说：

> 《进学解》云：“抵排异端，攘斥佛老”，即《原道》之说也。（方孝孺《逊志斋集》卷十一《答王秀才书》言韩舍《原道》外，无“言圣人之道”者……）然自道其学为文章则云：“下逮《庄》《骚》，太史所录。”《送孟东野序》又云：“其末也，庄周以其荒唐之词鸣。楚，大国也，其亡也，以屈原鸣。……汉之时，司马迁、相如、扬雄，最其善鸣者也。”合之《送王秀才序》云：“学者必慎其所道。道于杨、墨、老、庄、佛之学，而欲之圣人之道，犹航断港绝潢，以望至于海也。”足征昌黎以“文”与“道”分别为二事，斥庄之道而称庄之文，如《答李翊书》《送高闲上人序》即出《庄子》机调。

在继续列举众多书证后，钱先生又选择可信度高的作者自白和近属评价之参证来进一步证成“两橛”说：

> 李汉《昌黎先生集序》一起云：“文者，贯道之器也，

不深于斯道有至焉者不也。”而下文只尊昌黎之文，不及其道，所谓“摧陷廓清”亦指文言，所谓“后汉至魏，气象萎薾”是也。证之昌黎《答窦秀才书》“专于文学”、《上兵部李侍郎书》“性本好文学”、《与陈给事书》“道不加修，而文日益有名”等语，乃知宋人以昌黎入道统，尊之而实诬之也……近人论韩，更如梦呓矣！

以昌黎入道统的“宋人”，指宋代古文运动的先行者，如柳开、孙何、孙复、孔道辅、石介等人，而另一类宋代道学家却并不认同。程颐说韩学“道”是“倒学”，朱熹指责他“以末为本”，这些指责是有一定道理的。

此则《札记》还指出，作为古文运动另一位领袖人物的柳宗元，虽然明言“文以明道”，却也是文与道的两橛论者：他对《国语》就是非其理而学其文的双重态度。《札记》写道：

《少室山房稿》谓“柳州爱《国语》，爱其文也；非《国语》，非其理也”云云（《全唐文纪事》卷六十九引），可以发明。《司马文正公传家集》卷七十四《迂书》之《斥庄篇》即谓《庄子》“文胜而道不至，君子恶诸”；《老学庵笔记》卷十：“徐敦立侍郎为予言：‘柳子厚《非国语》之作，正由平日法《国语》为文章，看得熟，故多见其疵病。此俗所谓没前程者也。'予曰：'东坡公在岭外特喜子厚文，朝夕不去手，与陶渊明并称二友。及北归，《与钱济明书》乃痛诋子厚，岂亦由朝夕紬绎耶？'"

此以对待《国语》为例，揭出柳宗元著《非国语》一书痛诋其理，但在《答韦中立论师道书》中，又明言他自己作文时"参之《国语》以博其趣"，态度迥异。

在《札记》第737则进一步发挥此旨。钱先生引述柳宗元《报崔黯秀才论为文书》《答韦中立论师道书》《报袁君陈秀才避师名书》诸文，指出柳氏"论古文皆以道与词隐分两橛：道必源于儒书，勿取异端；词则可参庄老，未尝墨守。退之宗旨亦复如是。"但又指出与韩氏相异之处："然子厚尊儒乃专为作文地，安身立命则回向释氏，亦不废老子，此又大异乎昌黎，而略同于独孤（及）、权（德舆）、梁（肃）辈者。"韩柳二人在对待释氏上有依有违，各不相同；但尊重六籍等儒家经典和诸子百家，目的是"专为作文地"，作为写作实践时的取资之源，这是他们共同的祈向。清包世臣《与杨季子论文书》中说："虚言'道'以张其军者，自退之始，而子厚和之"，韩柳所言，不过是"门面言道之语"。语气直截尖锐，这虽不免全部抹煞韩、柳复兴儒学的一份主观真诚，但也算是揭底之言。

二、变骈为散的文体改革。韩愈的真正关注点是“文”，变骈为散的文体改革是古文运动的重点所在。早在1933年，钱先生便于《上家大人论骈文流变书》(《光华大学半月刊》第7期，1933年4月)中，就骈文的形成机制和时间等作过论析。他说：“汉代无韵之文，不过为骈体之逐渐形成而已。其以单行为文卓然领袖后世者，惟司马迁，而于汉文本干要为枝出，须下待唐世，方有承衣钵者。”又指出骈体实由辞赋演化而来：“错落者渐变而为整齐，诘屈者渐变而为和谐；句则散长为短，意则化单为复”，“汉赋之要，在乎叠字，骈体之要，在乎叠词”，“骈文定于蔡邕，弘于陆机也”。这些观点，至今仍未失去其参考价值，宜为治骈文者所重视。

诚如钱先生所言，以司马迁为代表的散体文，“须下待唐世，方有承衣钵者”，这便是韩愈的古文运动，它又开启了变骈为散、以复古为革新的改革。他在反对六朝骈文大盛以后所产生的实际流弊中，努力主张在词汇和语法两方面建立起“古文”的新标准：一是“惟陈言之务去”(《答李翊书》)，要求语言的新颖；二是“文从字顺各识职”(《南阳樊绍述墓志铭》)，要求文句的妥帖和流畅。并且要能将此二者水乳交融地结合起来。《札记》第720则即描述韩愈的努力过程：

> 《文心雕龙》标宗经之目，以六经作文章观，此彦和之卓识。然徒托空言，虚张门面，楷模所在，只是东京以后俪偶之体。至昌黎，始真能酌古斟今，自成馨逸。使仅有苏绰《大诰》，而无《画记》《平淮西碑》（李耆卿《文章精义》谓《画记》学《顾命》，《平淮西碑》学《舜典》），则《尚书》之文莫为之后，虽美而勿彰矣。昌黎亦有诘屈类李攀龙之学古者，如《本政》是也。《魏博节度观察使沂国公先庙碑铭》《曹成王碑》《袁氏先庙碑》，则李、何、王、李得心应手时，或尚可到。至《毛颖传》，则七子学史公，血指汗颜，正苦未能臻此熟境。

韩愈之所以能创造出“自成馨逸”的新古文，并取代东汉以来骈文的统治地位，端赖其含英咀华、酌古斟今的继承创新之功。他的《画记》学习《顾命》，《平淮西碑》学习《舜典》，却有《尚书》朴茂质实之长而无诘屈聱牙之病；他的《毛颖传》深得《史记》神髓而臻至成熟之境，其因在此。

钱先生曾以“中书君”为笔名，他似对以中书君（毛笔）为传主的《毛颖传》情有独钟。《札记》第720则继续抄录胡应麟之语云：

> 《少室山房类稿》卷九十八《欧阳修论》云："昌黎'中书'一《传》，真足颉颃司马，而意欲自开堂奥，尽削陈言。故太史之文，不以驰骤于《顺宗(实录)》，而以戏剧于《毛颖》"；卷百五《读昌黎毛颖传》："昌黎才具，特高于诸人。自出体裁，亦千亿化身，靡一律焉。故其机轴若生龙活螭，不可摹执，真足起八代之衰。今天下枕藉史公，殆百年矣！有能跃出《毛颖》之上者乎？昌黎者，能为史公而能勿为者也。然又不肯尽没其伎，故假《毛颖传》以泄之"。

钱先生引用胡应麟赞《毛颖传》语，亹亹不绝，但他自己不加评论，不赞一字，可以视作知音之言吧。

唐代古文家变骈为散的写作努力有一个过程。选择古文、摈弃骈文的原因是多方面的，但以文章发展的自身规律最为基本。丽藻、隶事、骈偶、声韵这四个构成文章之美的因素，在造成魏晋南北朝骈体文之黄金时代以后，逐渐转化为"文弊"，改革的呼声勃然而起。钱先生敏锐地观察到：韩、柳之前，"唐人率意漫与之文，则成单散；精心刻意之作，每复骈俪。虽李(华)、萧(颖士)、梁(肃)、独孤(及)诸家抗志希古者亦然，惟元次山（结）免乎此”（《札记》第737则）。在这些古文运动先驱者那里，骈文尚处一定地位。至韩、柳振臂高呼、创导古文之后，散体文遂风行一时。

《札记》第737则评析韩、柳的骈、散体写作情况云：

> 子厚文有矜心作意，然往往棘塞，确不如退之之浑灏舒适。《望溪文集》卷五《书柳文后》、卷六《答程夔州书》所评殊允……退之偶为骈语，如《明水赋》《为韦相公让官表》……《潮州刺史谢上表》，皆木强质滞。子厚较圆熟，亦未为工丽……退之不屑为骈文，子厚当是为而未升堂哜胾者，此李义山之所以难能可贵也。然使退之、子厚摄心抟意为之，必不在四杰之下，盖古文难为于骈文多矣！

韩、柳二人，对骈文一是“不肯为”，一是为而未入堂奥，如果专心致意，则可比肩四杰，以此提出“古文难为于骈文多矣”的观点，还补充清代骈文名家彭兆荪（甘亭）因深知古文写作之难遂“去而作排偶文字”的自白以作参证。

此时即便仍有反对古文之声，但反对之中却又向“对手”认同靠拢。《札记》第733则云：“裴度《寄李翱书》力非古文，尤斥昌黎，文即不为偶俪声韵所拘，已是散文。历数文家，周、孔以下荀、孟，骚人贾、扬、刘、董、两司马，亦隐隐秉韩公议论矣。”然而，韩柳之后，古文、骈文再次发生此消彼长的变化。《札记》第741则云：

据现存篇轴论之，韩、柳以后为古文者，尚不如为骈文者之多。然古文名家辈出，骈文大家唯义山一人。自是而后，为古文者愈少，皮、陆、表圣、昭谏而外，滔滔者莫非骈文，亦变而为纤弱冗滑，古意荡然矣。

从唐代古文运动发展过程来看，骈散两体盛衰起伏的变化主要是文章自身发展规律所致。文章的表达手段与其内容之间自然有一定关系，如诏诰敕令之类例须用骈；但与表达内容的特定思想体系不一定发生必然关系，“文”并非必须成为宣扬儒家之道的工具。钱先生《谈艺录》初版本，书端一《序》（“《谈艺录》一卷”云云）一引（“余雅喜谈艺”云云），两文即是一骈一散，就因为当时人对海归学生忘了中国传统词章之学备致嘲讽，钱先生展才以杜其口而已。《札记》第737则中有两处振聋发聩之语：一是论梁肃崇佛，“叙释氏最为精博”后，钱先生按云：“世人乃谓唐人作古文乃所以尊儒家之学，直瞽说耳。”二是论陆贽骈体文“容与啚达”，“论事明切犀利”，以陆氏《论裴延龄奸蠹书》《兴元论中官及朝官赐名定难功臣状》等为例证，发问“此等何须韩柳古文革除？亦非韩柳古文所能革除也！”坚持并强调古文运动的文章学本位的一面。

三、“八股”溯源及其他。钱先生的文章学，尤注重于文体的探讨。除了上述骈散问题外，还着意于八股文起源、杂传体乃至“涩体”等问题，均有新见。

《札记》第787则云：“余读昌黎《原道》‘呜呼，其亦幸而出于三代之后’一节，叹其修词之善作波澜，论事之不遗正反，沾丐后来八股文不少。”在第720则，他也写道：

> 《原道》“呜呼！其亦幸而出于三代之后”云云一节，《原毁》全篇，皆开八股机调。《孽海花》第三回，钱唐卿谓制义创始韩愈，细读《原毁》便见，是也。方桑如《集虚斋学古文》卷七《储于宾文序》早曰：“今试取兔园册子，人口相传以熟者，如昌黎《原毁》，如东坡《刑赏论》，訾相其质，去今时文，复远几里？”柳子厚《书箕子碑》“当其周时未至”一节亦然。

此两则（第720、787则）文字颇长，其要点有三：一是对八股文应采取公允客观态度，一味贬斥固不可取，肆意抬高大可不必。如他引元代刘将孙《养吾斋集》卷二十五《题曾同父文后》"能古文而不能时文者有矣,未有能时文为古文而有馀憾者也",把时文写作视为难于、高于古文写作,此说颇有抬高时文之嫌。钱先生的说法是:"文无时古,亦无奇偶,唯其用之宜、言之当。如实斋之说理周匝,机吻圆利,虽曰时文,又何病焉?"就文体本身而言,不必强分高下难易,唯以"用之宜、言之当"是求。二是时文产生的机制。在唐以前的赋、文中,已有长对而成两比的迹象。钱先生引用自己的《管锥编》论《全汉文》时,举扬雄《羽猎赋》以及在左思赋中,已有句子"几似八股文中两比",仲长统《昌言》、颜之推《颜氏家训》等文中,亦有纯系八股机调的文句。直至唐李百药的《封建论》,"一正一反作长对,已由骈俪而开八比矣",《原毁》等文,几至于"全篇开八股机调"。钱先生又说:"夫唐宋以还,说理工者,破立相衔,顺逆兼顾,更端而不离宗,设宾而以喻主,酣畅无不尽之隐,锋锐无不透之间。其机调与时文往往不谋而合。"八股文正是吸收、融化文章写作中"说理工者"的优点而形成,自然有其存在的合理性。第三,八股文之受诟病也无可讳言,原因在于它的格套化(在内容上又是"为圣贤立言"),钱先生一再说:"八股者,以宜于说理之体,勒为定式,句栉字比,如填匡格。求燕雀铢两之称,损鸢鱼飞跃之机。""其病初不在排比,而在拘于定式,强为排比也。"真乃击中要害的不刊之论。他评论八股文确有高出时人之处。

《札记》第741则论司空图《容成侯传》，谓此篇为镜立传，“仿昌黎《毛颖传》者”。此下一连举出陆龟蒙《管城侯传》，文嵩《即墨侯传》《好畤侯楮知白传》《松滋侯易玄光传》，“岂鲁望作《管城侯》，文嵩遂补其馀三友《传》，而合刊之耶？”此外，在宋代又有王禹偁《乌先生传》（墨裘），苏轼《杜处士传》（杜仲）、《万石君罗文传》（罗纹石砚）、《黄甘陆吉传》（黄柑绿橘）、《温陶君传》（面食）、《江瑶柱传》……（以下又列举二十六例，文长不录），不啻为杂传类开列一份详细书单，也见出《毛颖传》的影响力。

《札记》第729、731、741等则均论及古文中“涩体”问题，也是颇有兴味的材料。因想昔年在“五七”干校他与我议论过“虬户篌骖”（龙门竹马）等“代字”问题，认为“好为艰深之辞以文浅易，不足为训”（参见本书第一辑第一篇《记忆的碎片——缅怀钱锺书先生》）。今阅《札记》中“岂非虬户篌骖之类耶”句（见729则），真有历历如在目前之感。

《札记》颇多他人从未引用过的材料，值得重视。韩愈幼孤，由兄韩会抚养，后谪居韶州。韩愈时年十岁，居韶三年。有的学者认为韶州为“新禅宗之发祥地”，韩愈“断不能无所接受感发”（陈寅恪《论韩愈》），由此连类引起好事者探究韩会对韩愈启蒙教育的影响。《札记》第720则有云：

昌黎兄会有《文衡》一首，仅见洪庆善《韩子年谱》，载王铚撰《韩会传》中（《全唐文》未收），排斥老、庄、屈、宋、马、班，与昌黎宗旨大异。王性之即伪撰《龙城录》《云仙杂记》者，此文疑亦伪托。唐人无道及会者。其议论有曰："比讽之文，屈、宋离之；纪述之体，迁、固败之"云云，与昌黎主张水火也。

《文衡》真伪，实仍可细考。但揭出韩愈与乃兄"主张水火"，仍为研究者提供进一步思考空间。现存韩会资料极稀，聊记此以作谈助。

三、杨万里与"诚斋体"

在南宋诗人中，杨万里大概是钱先生最看重的作家，至少是最喜爱的。《宋诗选注》的作家小传中，杨万里传篇幅最长，也是率先在《文学研究》创刊号发表的《宋代诗人短论（十篇）》之一，而在《容安馆札记》中，其第611则论析杨万里达几千字，进一步发挥《宋诗选注》中的观点。

杨万里在《荆溪集》自序中，述其创作发展过程："予之诗始学江西诸君子，既又学后山五字律，既又学半山老人七字绝句，晚乃学绝句于唐人。"《江湖集》自序又说："予少作有诗千馀篇，至绍兴壬午七月皆焚之，大概江西体也。今所存曰《江湖集》者，盖学后山及半山及唐人者也。”就是说，他首先是学江西诗，后又学王安石，转而学晚唐诗人的绝句，最后面对生活，从生活中学诗。《宋诗选注·曾几小传》中说到，曾几的一部分近体诗，“已经做了杨万里的先声”。而在《札记》中更用大量具体诗例，证明曾几七律“已开诚斋”，强调了曾、杨的沿承关系。论及曾几《茶山集》云：

《苏秀道中自七月二十五日夜大雨三日秋苗以苏喜而有作》：“一夕骄阳转作霖，梦回凉冷润衣襟。不愁屋漏床床湿，且喜溪流岸岸深。千里稻花应秀色，五更桐叶最佳音。无田似我犹欣舞，何况田间望岁心。”按此诗与卷六《雪作》（“卧闻微霰却无声，起看阶前又不能。一夜纸窗明似月，多年布被冷于冰。履穿过我柴门客，笠重归来竹院僧。三白自佳晴亦好，诸山粉黛见层层”）皆开诚斋法门。他如卷四《蛱蝶》之“一双还一只，能白或能黄”，卷六《李相公饷建溪茗》之“饭羹正昼成空洞，枕簟通宵失杳冥”、《雪晴》之“自起穴窗看不见，却来欹枕听无声”、《十二月六日大雪》之“松鬣垂身全类我，竹头抢地最怜渠”之类，求新得俗，亦已导诚斋先路矣。

这里以七律为例，从作品实际出发，说明杨万里“求新得俗”“新鲜泼辣”的写法，实取径于曾几。这对杨万里的自述创作经历作了补充与纠正。《宋诗选注》曾批评杨万里“把自己的创作讲得来层次过于整齐划一”，如江西体在他晚年诗中仍然出现。《札记》第611则中，他更以大量作品和评论资料，“拈其（杨万里）学山谷处，以见诚斋乃江西派之教外别传，面目不同而血脉相承”，指出学江西并不仅仅限于早年。而从《札记》第434则具体论证“茶山律体已开诚斋”来看，杨万里自述学诗经历还没有说全。

钱先生喜爱杨万里，主要是欣赏“诚斋体”。他在《宋诗选注》中说，“在当时，杨万里却是诗歌转变的主要枢纽，创辟了一种新鲜泼辣的写法，衬得陆（游）和范（成大）的风格都保守或者稳健。因此，严羽《沧浪诗话》的《诗体》节里只举出‘杨诚斋体’，没说起‘陆放翁体’或‘范石湖体’。”钱先生未曾对“诚斋体”作过具体“定义”，但《札记》中的评赏仍给我们以启发。第611则云：“王逢原《广陵集》卷十《暑中懒出》‘已嫌风少难平暑，更被蝉饥取实肠’，卷十一《苦热》云‘风微不饱腹，蝉亦为身号’，盖坐实‘餐风饮露’一语。余《谈艺录》第二十七页所谓‘将错认真’之法也。（引者按：原文为“将错而遽认真，坐实以为凿空”）……《诚斋集》卷五《新秋盛热》云：‘晚林不动蝉声苦，蝉亦无风可得餐。’

卷九《午热登多稼亭》：‘小风不被蝉餐却，合有些凉到老夫。’”前诗谓新秋盛热，蝉作“苦”声，乃因无风可餐；后诗则叮嘱鸣蝉，切勿把微风“吃”光，应留些风凉给我老头子。这与王令诗思一脉相承，坐实“餐风饮露”常语，“将错认真”，获得别样的诗趣与情韵，杨诗更显活泼灵动。

另一种叫“倩女离魂法”。《札记》云：“《诚斋集》卷九《登多稼亭》第二首：‘偶见行人回首却，亦看老子立亭间。’按卷十三《上章戴滩》云：‘回看他船上滩苦，方知他看我船时。’方虚谷《桐江续集》卷八《立夏明日行园无客》第四首云：‘爱栽竹树爱栽花，新筑舡轩傍石斜。古庙炷香知某客，半山摇扇望吾家。闲看红袖穿林去，可着冰纨作画夸。说似渠侬应未信，诗翁烦恼政如麻。’颈联即师诚斋《多稼亭》腹联之意，不特全诗风格学诚斋活法也。”钱先生还指出，以“倩女离魂法作诗”原是金圣叹评点《西厢记》的用语，而此处“诚斋诗句正用‘倩女离魂法’”。

倩女为追随所爱，魂魄脱却身躯，此由“离魂”比喻获得观察世物的另一视角。诚斋诗句更进一步构成双方互为视觉对象，犹如卞之琳现代名诗《断章》所云“你站在桥上看风景，看风景的人在楼上看你”，变成你中有我、我中有你，两个画面并置于同一空间，更能引人遐想，别添理趣。

《札记》还特意介绍“看虱如车轮，驱车入鼠穴”之法：

> 宋时常州画草虫最有名，诚斋诗中屡及之（卷四《题萧岳英常州朱氏画草虫轴》、卷十四《戏题常州草虫枕屏》……其诗中刻划飞趯鸣嘤之情，如蜘蛛、蝴蝶、蚊蝇之属，曲尽神态，妙夺化工，非腻粉雌黄涂滴所能及（语出卷八《春兴》）。尚有"看虱如车轮，驱车入鼠穴"一法，如卷十《秋怀》云："聿来胥宇蚁移穴，无以为家燕入秋。"卷三十一《中元日午》云："蜂过无花绝粮道，蚁行有水遏归师。"此盖得诀于山谷《落星寺》之"蜂房各自开户牖，蚁穴或梦封侯王"……

"看虱如车轮"，典出《列子·汤问》纪昌学射，"驱车入鼠穴"则见于《世说新语·文学篇》，讲梦中所见不可能有的情事。《札记》把两事捉置一处，来解读诚斋笔下蚁而有"宇"，燕却无"家"可归，蜂过"绝粮道"，蚁行成"归师"，张皇其辞，超乎一般所用之夸张手法，而具"于芥子中现大千世界"之概，颇有想落天外之趣。当然，运用这三种手法的，只能涵盖杨万里的一部分诗歌，但其融通并超越真假、你我、大小的独特视角，丰富的艺术想象空间，体现"诚斋活法"，细化和深化了对"诚斋体"的理解。

近检《钱锺书手稿集·中文笔记》又有论杨诗一则（第2册第454—455页），云"诚斋精究性天，盖以理学家之心胸兼诗人之手眼，故无往而不自得，无语而不尽物。为真诗人，故无理障；为真理学，故无我障。……用俗语，亦正是理学家诗之故技耳”，把“诚斋体”与“理趣”联系起来，在论及南宋理学诗中，尚未见有人抉剔出此点。

四、论“江湖派”

（一）体派定名

钱先生不同意江湖派的命名起源于陈起编刻《江湖集》的旧说，认为早在此前已形成“江湖之士以诗驰誉者”这样一个社会群体。他在给我的信（1978年6月27日）中说：“江湖诗人之称，流行在《江湖诗集》之前，犹明末之职业山人。”以明末江南一带多如牛毛的“如蚊山人”（袁宏道语）相类比，又加“职业”两字，颇堪玩味。陈起的历史贡献在于把这批民间性诗人从一盘散沙的形态组成一个影响社会、影响诗坛的重要力量，也成为他们凝聚的纽带和交流的平台。钱先生这个观点有重大的意义：从阶层分析方法来考察中国士人自宋以后的分化趋势，或可概括为“科举体制内”和疏离于科举体制之外的两类士人，他们思想倾向、政治诉求、艺术趣味也由此发生变异。

在《容安馆札记》中，主要使用“江湖体”的名称，也使用

“江湖派”(《札记》第 509 则董嗣杲、第 541 则刘黻),个别地方也出现“江湖诗派”一词,但核心概念是“江湖体”。旧说把列入《江湖集》中的诗人都归成“江湖诗派”,这就把“江湖诗人群体”和“江湖诗派”混同起来。陈振孙《直斋书录解题》卷十五《江湖集》提要说,其书乃“取中兴以来江湖之士以诗驰誉者”刊之,而非以一定诗学标准和体式来加以选取的。因而《江湖集》所入选的诗人群,只是某种社会群体,而非严格意义上的“诗派”。钱先生提出的核心概念“江湖体”才是得以组成“诗派”的基本条件,而“江湖体”又是完全由文学标准来界定的。

(二)核心概念“江湖体”

诗人之作是否具备“江湖体”特征,是衡量他能否归属于“江湖派”的基本条件。在目前已出版的有关江湖诗派的专著中,张宏生先生的《江湖诗派研究》(中华书局,1995年)是一部功底扎实、思路周密的力作,书中有《江湖诗派成员考》专题详论其事,其于“诗派成员”之去取以现存多种《江湖诗集》(如残本《永乐大典》所保存者)为基准,如作者所言,“成为我们确定江湖诗派成员的原始依据”,又参之以五个标准:社会地位、活动时间、收录情况、唱酬情况、传统看法。《札记》和张著,各自成书,初无交集,但相互比勘,发现有同有异，特别是从异处入手，则别有深意存焉。如被张著列为江湖派五位代表诗人之首的刘过，张氏特别声明他“虽活动的时间略早些，但仍有充分理由列入派中”，而《札记》就表示异议：第452则说他“古体学太白，近体不江西不江湖，自成野调”，第494则又说“改之诗七古、七律、五古较为擅场，气机壮浪，于江湖游士诗中差为别调”。“野调”“别调”，显然不能入派。与刘过并称“庐陵二刘”的刘仙伦，《札记》第438则也称其“粗豪尚气，似龙洲道人，非江湖亦非江西也”。其他如黄文雷，第438则称他“五、七古颇动荡，非江湖体也”。敖陶孙，第446则称他为“纯乎江西手法，绝非江湖体。虽与刘后村友，却未濡染晚唐”。还有一位许棐，张著列入，《札记》第438则却说他“虽亦晚唐，而已不尽守‘二妙’家法”，表示出一定的保留。

另一类是张著否定而钱先生列入者：（一）王迈（第366则），“诗亦慷慨流走，乃江湖体中气势大而工夫未细者”；（二）蒲寿宬（第420则），“江湖滑薄之体”，“未得为陈宗之所网罗，声名寂寞”；（三）郑震（第490则），“（诗）只四十首……亦南宋晚唐体，可入《江湖小集》”；（四）董嗣杲（第509则），“亦江湖派，尖薄而未新警”，（五）刘黻（第541则），驳《四库提要》“蒙然莫辨其为江湖派之晚唐体也”，（六）姚勉（第562则），“为江湖体之近晚唐者”；

(七)连文凤(第587则),“江湖派晚唐体,琢润而无警策”。三言两语的作家点评,却是实实在在的审美活动的记录,而理性的判断亦在其中。

“江湖体”的主要特征是“晚唐体”。严羽《沧浪诗话》云:“以时代论”,则有“晚唐体”,被视为时代风格;至北宋初、南宋晚期,亦有晚唐体,则已转为群体风格,尤以后者与“江湖诗人群体”紧密相联。钱先生说:“从杨万里起,宋诗就划分江西体和晚唐体两派。”(《宋诗选注·杨万里小传》)“晚唐体”就成为考察南宋晚期诗歌发展演变的关键词,也是品评江湖派诗人的常用概念,因此,在《札记》中出现频率极高。兹据《札记》及《宋诗选注》所言,“晚唐体”大致有如下几个要素:反对“资书以为诗”,主张“捐书以为诗,以不用事为第一格”,尽量白描;刻意苦吟锻炼,以“琢润”为上,追求造语工致;诗风狭窄,不能“动荡”(第438则),不能“气机壮浪”(第494则);取径不远,多从近人中吸收诗思资源,“亦征江湖诗派之渊源不远,蓄积不厚”(第252则);所咏偏重在日常生活中的人生感慨,且多系五、七律等近体诗。高者富有“情意”和“兴味”,风格清深闲雅;其下者气弱格卑,浅率纤小。

据钱先生“有了‘四灵’的榜样,江湖派或者‘唐体’风行一时”(《宋诗选注·徐玑小传》)、“江湖派晚唐体”(《札记》

第 587 则)等语,“唐体”即“晚唐体”,那么“江湖体”和“晚唐体”两个术语是相通的;而又据“江湖派之晚唐体”“江湖体之近晚唐者”等语,则“江湖体”似比“晚唐体”范围要大。

钱先生又不把上述“江湖体”特征固定化,认为它具有变动不居、随时随人而变、易于浸染“异量之美”的特色。江湖派诗人所亲炙的前辈诗人多为近人,“取径不远”,但同时又转益多师,师法对象面广数众,不拘时代;甚至“南宋江湖派诗,盖出入于晚唐、江西二派之间,然不无偏至,秋崖则偏于江西,后村则偏于晚唐”(第 346 则),其中又蕴含着南宋诗歌演变嬗化的轨迹和信息。

(三)江湖派综论

《札记》第 252 则论方岳,方为“江湖体诗人后劲”,钱先生于是对江湖诗人群体作了一个总结性的论述:“盖放翁、诚斋、石湖既殁,大雅不作,易为雄伯,馀子纷纷,要无以易后村、石屏、巨山者矣。三人中后村才最大,学最博;石屏腹笥虽俭,而富于性灵,颇能白战;巨山写景言情,心眼犹人,唯以组织故事成语见长,略近后村而逊其圆润,盖移作四六法作诗者,好使语助,亦缘是也。”南宋以陆游、杨万里、范成大为代表的诗歌高潮之后,出现了一个大作家退席、中小作家腾喧、“馀子纷纷”的平缓发展期。《札记》选择刘克庄、戴复古、方岳为代表，已不能与陆、杨、范三人相提并论。这群中小诗人组成的“江湖派”，甚至被钱先生调侃为“白小”鱼，“这种细小微末的东西要大伙儿合起来才凑得成一条性命”（《宋诗选注·徐玑小传》），但丝毫不影响其作为研究对象的重要性，也不允许研究者掉以轻心。《札记》对作家作品所作的溯源流、辨异同、较技艺的方法，是一套纯“文学性”的研究范式，具有特别的意义。宋诗学术界在较长期间中存在重视大作家、轻视中小作家的偏颇，《札记》给出了纠正的示范。

关于《钱锺书手稿集·中文笔记》的对话

侯体健，复旦大学中文系古典文学教研室教授，2010年1月毕业于复旦大学中文系，随王水照先生治宋代文学，获文学博士学位。曾参与王水照先生主持的国家社科基金重点项目“钱锺书与宋诗研究”，发表《〈谈艺录〉：“宋调”一脉的艺术展开论》《钱锺书〈容安馆札记〉批评宋代诗人许月卿发微——兼及钱先生论理学、气节与宋末诗歌》等论文。2012年，就《钱锺书手稿集》采访王水照教授，做了对谈。

一、钱先生的三种手稿

侯体健：《钱锺书手稿集》的出版应该说是文史学界的大事。我们知道这部手稿集共有三个部分，目前只有外文部分没出版了。现在我们是否基本能够从《中文笔记》，到前几年出版的《容安馆札记》，到《管锥编》，窥出钱先生做学问的脉络和步骤？

王水照：《钱锺书手稿集》共三个部分，第一部分是2003年商务印书馆出版的《容安馆札记》三卷，第二部分是去年（2011年）下半年刚刚出版的《中文笔记》二十卷，第三部分是尚未出版的《外文笔记》，估计是钱先生为写作"西洋文学史"所作的准备工作吧。钱先生在清华念的是西语系，到英国、法国去留学，研究的是英国文学和法国文学，回来后在国立蓝田师范学院、西南联大、清华大学，都是搞外国文学的教学，他是有志写一部西洋文学史的。如果钱先生的西洋文学史能写出来，那肯定是能够和西洋人对话的西洋文学史，因为他是扎扎实实一部一部原著读过来的，不会是从西洋人的文学史翻译、改编的。钱先生的外文笔记共留一百七十八册，三万四千多页，估计要编成四十卷。《钱锺书手稿集》初步估算大概有六十三卷，这应是我们目前所知的个人笔记中规模最大的一种。所谓个人笔记，当然不包括像"盛宣怀档案"一类的文件，而是由作者一个字一个字写下来或者用键盘敲出来的。这可以说是"空前"的，恐怕也是"绝后"的，以后的人估计也不会用这种方式来做了。手稿集不仅是数量大，更重要的是它的内容十分丰富，是相关学术研究的富矿。外文笔记我们尚未见到，从钱先生的中文著作来看，我们可大致梳理出三种著述形态，或者说治学的三个过程：

第一是《中文笔记》，这是随读随记的产物，最能反映钱先生日常的读书生活，带有原生态的性质。

第二是《容安馆札记》，我将它定位为半成品的学术著作，因为《容安馆札记》三大卷是经过钱先生编辑过的，共编成 802 则，经过我们初步梳理，实际约 790 则，里面有个别的缺码、空码。这几百则的书写格式是基本统一的，总是先记所读某部书的版本，次做总评，再选取具体作品边抄边评。另外，许多条目之间还相互关联，在谈到某些问题时会出现“参观第几则”等情况。可见，《容安馆札记》是半成品的著作，已不是原始的读书笔记，用杨绛先生的话来说，就是经过了一定的“反刍”而成的。

第三就是《管锥编》。《管锥编》对十部古籍进行评论阐释，里面许多内容在《容安馆札记》中能够找到相对应的部分。杨绛先生也曾经举过例子，比如《管锥编》中的《楚辞洪兴祖补注》有十八则，而《容安馆札记》里读《楚辞》的笔记只疏疏落落记了十六页，两者篇幅差距很大。

这三部书，一般来说，是从《中文笔记》再加工到《容安馆札记》，然后再写定为《管锥编》，成为正式出版的成熟著作。其中也有交叉，因《中文笔记》时间段为 20 世纪三四十年代到九十年代，跨度很长，所以《中文笔记》里也有某些段落注明是补《容安馆札记》某某则的。二者之间时间有交叉，《中文笔记》的许多内容还写在《容安馆札记》以后。我们只是从著作形态或者说从研究过程角度来说，是先有随读随记的“笔记”，再有初步加工的“札记”，最后为成熟的笔记著作《管锥编》。

二、《手稿集》与钱先生的日常读书生活

侯体健：关于钱先生，以前说他有“照相式记忆”，过目不忘。现在从已出版的《钱锺书手稿集·中文笔记》反映出的钱先生日常的读书生活来看，更重要的恐怕还是勤奋做笔记？

王水照：确实如此。《中文笔记》一个重要的方面，就是能够最原始地反映钱锺书先生的读书生活，而对于钱先生这一代学者来说，读书生活也就是他们的学术研究生活，我们阅读《中文笔记》就可以在大师的手稿中体悟他的治学之道。钱先生的治学道路与方法，和他读书的方法，在某种程度上说，是合二为一的。这是部分老辈学者治学的特点。我们现在来看，学术研究有两种情况，一种就是当前的课题模式，先确立课题，以某种理论贯通，寻找架构，组织材料，

写成著作。一种就是某些老辈学者,像钱先生那样,是从目录学入手,由目录而读书,一部一部地读下去,以此为基础,随读随记,从而得出某些观点。这是两种在不同历史时期出现的不同的治学方法,我们暂且不予评论好坏。但钱先生这种治学方法在我们学术史上是具有很深历史渊源的,比如钱先生在《中文笔记》里抄的一部南宋黄震的《黄氏日抄》,就是抄书而成的著作。更有名的,则是顾炎武在《抄书自序》里所记其嗣祖父“著书不如抄书”的家训,顾氏秉承此训,四方访书抄书,以求从“多见”而“识之”,进而达到“知之”的问学之途,对其著成笔记名著《日知录》起到很大作用。

从钱先生的家学渊源来看,钱氏父子,志在集部之学。钱基博先生担任光华大学文学院院长时,在《光华大学半月刊》上发表《读清人集别录》,其引言中说:“儿子锺书能承余学,尤喜搜罗明清两朝人集。以章氏(学诚)文史之义,抉前贤著述之隐。发凡起例,得未曾有。每叹世有知言,异日得余父子日记,取其中之有系集部者,董理为篇,乃知余父子集部之学,当继嘉定钱氏(大昕)之史学以后先照映,非夸语也。”其中反映出钱先生在念书时即有笔记。钱氏家学强调读书,以目录学为导向,一本一本读下去,从而寻找研究道路。

《钱锺书手稿集》是钱先生生命的外在形式，他并不是把学术研究当成职业，而是他的志业。“职业”与“志业”，一字之差却相去万里。如果没有这种立场，钱先生也不会留下《手稿集》这么一大笔学术财富。我可以举两个例子，在第十六册有一部分是读柳宗元集的笔记，我第一次看到时十分吃惊，因为钱先生的手迹一般来说还是比较清楚的，虽常用草书，但基本规范，可是这一部分的字却写得歪歪扭扭，多在行格以外，猛看起来连小学生的字都不如。怎么钱先生的笔迹会这么乱七八糟呢？后来在书影下看到杨先生识语，这一册应当是在1974年至1975年间的笔记，“观《柳河东集》以后笔迹，可知‘流亡’期间，哮喘，急救后，大脑皮层受损，手不应心”。所谓“流亡”期间，指的是与邻居不和，迁居文学所办公室的那段日子。从这个例子可以看出，钱先生在重病未愈时，便开始做读书笔记了，这种勤奋、这

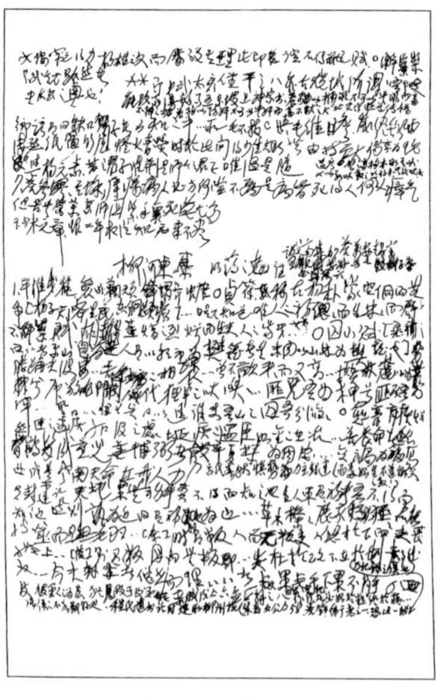

读《柳河东集》手稿

种毅力，是十分罕见的。

另外一个例子，第十七册读郑孝胥日记，注明为劳祖德整理本。劳祖德整理本《郑孝胥日记》的出版时间在1993年10月。钱先生这条笔记一共写了40页，篇幅是比较大的。而在1993年上半年钱先生动了一次大手术，摘掉了一个肾，1994年7月又发现了膀胱癌，进了医院就再也没出来。读《郑孝胥日记》的这40多页笔记，就是他在这两次大手术中间做的，在这种身体状况极其恶劣的非常时期，他依然手不停抄，“日课”不辍。

大家都知道钱先生学问博大，不管是崇拜他的人，还是质疑他的人，都公认这一点。这里面固然有天赋的原因，即钱先生记忆力确实特别好，但主要恐怕还是勤奋。他连《红楼梦》《水浒传》这样的常见书也大段大段地抄下来，这一方面可能是用以写作参考，因为他家是不藏书的，另一重要方面恐怕也是帮助他记忆。钱先生学问之博、记忆之强的谜底，正可在这里揭开。可以说这些笔记，是他生命的一种外在实现形式，这是令人感动的。

三、钱先生的读书兴趣

侯体健：您曾说过，钱先生最喜欢《西游记》，但《中文笔记》中《三国》《水浒》《红楼》都有笔记，很奇怪，却没有关于《西游记》的笔记。

王水照：这个原因还真不敢乱说。钱先生读《西游记》多达十几遍，《管锥编》也引及 50 多处，《容安馆札记》在最后第 800 则，是论《西游记》的，讲猴入马厩，可免马疫，因而孙悟空被封"弼马温"（避马瘟），但《中文笔记》中一时还未发现片言只语。《中文笔记》由残页、大本、硬皮本、小本等组成，残页保存情况不佳，有无《西游记》材料？或者散入他处？不妨举个例子。初版《宋诗纪事补正》第 11 册书端书影，原有钱先生手抄李清照《金石录后序》《词论》《打马图经自序》《打马赋》等文，整理者不知原委，一概阑入他的《宋诗纪事补正》。钱先生批云："不要，只是我自己摘录供参考的，那时候没有《李清照集》也。"说明他抄书"摘录供参考"已成习惯了。类似李清照的这些材料，按其著述体例，可以归入《中文笔记》。

你关心《西游记》，我则留意他的一首送夏承焘先生的七律。《夏承焘日记》1959 年 5 月的记事中，有《自京归杭得钱默存示诗感近事奉报一首》，事关钱先生《宋诗选注》受批判、文学研究所请夏老撰文"平反"事。夏老在诗中以"是非易定且高枕"相劝慰，但实际情况相当复杂，阴晴不定，馀悸犹在，引起我追索钱先生原唱的兴趣，他一生是很少麻烦别人的。《中文笔记》保留不少《槐聚诗存》以外的作品，却不见此首。凡此都说明现有的手稿集并不是钱先生手稿的全部。

侯体健：从《钱锺书手稿集》看，您觉得钱先生读书有什么特点？他的兴趣好像特别广泛？

王水照：我们曾经对《容安馆札记》三卷本的内容分布作了一些初步统计：从传统经史子集四部来看，主要在集部文献；从朝代来说，主要集中在宋、清两朝典籍（如宋、金、元诗文有290多则，达550多页，明、清诗文有170多则，达500多页，所占比例甚大）。这与《谈艺录》的情况是一致的。《中文笔记》有个好处，前面有目录，但我还没据以进行细致分析、统计，初步印象依然还是以别集为主，以宋、清两朝为主。所涉显得更广泛，可以说无书不读，毫无雅俗、难易、熟僻之别。杨先生说，钱先生读很俗很俗的书，也会读得哈哈大笑，很艰深很艰深的书，也可以一遍一遍兴致盎然地看。比如前面说到《中文笔记》里，连《红楼梦》也大段大段地抄。比如佛经，是比较难读的，义理的辨析也是很艰涩的，但钱先生也做了许多这方面的笔记。有的学者对中国"为学未有欢喜境界"表示不满，但是我想钱先生是达到"一片欢喜"这个境界了。他这么大量地抄写，一方面当然是做学问，一方面也是一种趣味，否则他不会不管什么书，只要是字写的东西，他都有兴趣。这是钱先生远离外部喧嚣世界、独立经营的一片精神园地。

四、寻找《管锥编》续编

侯体健：您前面也谈到《钱锺书手稿集》的"私密性"，钱先生的读书笔记中哪些方面表现出这一特点？

王水照：读书笔记的写作与将要公开出版的学术著作，显然是不一样的。学术著作有明确的预设读者，而读书笔记主要是留给自己查阅，因而里面很自然也就有极为私密的一些内容。这些内容包罗比较广泛，有些是很有趣味的。比如第一册中记载夫妻俩在牛津大学读书时，曾经争论孔子究竟最喜欢哪个弟子，是颜回还是子路？夫妻俩统一看法，孔老大了最喜欢的是子路。又比如钱先生想蓄须，杨先生笑他装模作样，他也就只好剃掉了。这些家庭生活，多有记录。《中文笔记》中还反映出钱先生广泛的兴趣，比如钱先生看了南薰殿帝后像，他把那些帝后像的各种胡须、眉毛样式都描画下来，并且颇有兴致地评论一番，哪种样式好看。这些完全是个人趣味。

另外一些私密性的笔记，是不太可能在公开场合发表的，比如说对章士钊《柳文指要》的批评。"文革"中，学术著作万马齐喑，唯有两部书流行，一部是章士钊《柳文指要》，一部就是郭沫若《李白与杜甫》。钱先生评《柳文指要》："此书与郭沫若《李白与杜甫》同意相类，均为逢迎主意之作。"接下来，钱先生引用了明代祝允明《罪知录》的一段话，祝允明是同时斥韩尊柳、斥杜尊李的，那就是说郭沫若和章士钊，加在一起也不过就是一个祝枝山。王士禛《香祖笔记》中曾经斥责祝枝山"肆口横议，略无忌惮"。钱先生对章氏批评得非常犀利："为柳之佞臣已殊可笑，因而不恤为韩之谗人，则可笑且可厌矣，于韩之文、之人及一语尊韩者，莫不丑诋"，乃至以"恶讼师"谥之。最妙处在于，章士钊曾经说他一生学"柳文之洁"，钱先生就把他《柳文指要》的"总序"摘抄了160多字，指出十条缺点，都切中肯綮。比如章序中有云："夫学问者，不足之渊泉也。"钱先生评云："秏矣哀哉，不通竟至此乎？学然后知不足、学无止境之意，忽欲翻新作词藻，遂成笑柄。"必欲以"渊泉"比喻"学问"，也应该是"不尽之渊泉""无限之渊泉"，"渊泉"之"足"与"不足"又如何分疏与理解？钱先生的"秏矣哀哉"，当然不如"呜呼哀哉"常见，但此语却非"翻新作词藻"，早见于《汉书·董仲舒传》，是有"来历"的。章士钊序中赞扬柳宗元"所用助字，字字叶于律令"而贬斥韩愈之"泥沙俱下"。钱先生又巧妙地揭橥章序中自己使用助字之不当，"以子之矛，攻子之盾”，辩驳有理有力。我们知道，钱基博先生在《现代中国文学史》中对章文有过甚高的评价，他说：“士钊既名重一时，出其凌空之笔，抉发政情，语语为人所欲出而不得出，其文遂入人心，为人人所爱诵，不啻英伦之于艾获生焉！”父子俩对章士钊前、后期文章的一褒一贬，似都有文章以外的政情、人格因素在，赞扬的是对其“抉发政情”、表达民意的肯定，批评的是对其“逢迎主意”的不齿。

另外在《中文笔记》中，还能找到许多钱先生的旧体佚诗。他年轻时很爱创作，后来编选《槐聚诗存》，应酬之作不选，嘲谑之作不选，为人捉刀之诗不选，钱先生是反对人家在《槐聚诗存》以外再去找他的诗歌的。《中文笔记》中留下他的大量诗作，特别是他在国立蓝田师范学院时期的创作特别多，基本都没选入《槐聚诗存》。我们从研究角度来看，这些诗还是很有价值的，可以从某些方面了解钱先生的一些想法。比如有首《答效鲁见嘲嗤》：“石遗未曾师，越缦堪尚友。一长有可录，二老亦不朽。伊余陋独学，闻道生已后。……无师转多师，守墨非墨守。惟其空诸傍，或可虚尽受。”这首诗真实表现了钱先生对待学问广采博取、不主一家一派的态度，类似的材料还是值得我们去搜罗、研究的。

侯体健：《钱锺书手稿集·中文笔记》出来后，《文汇报》有长篇报道，题为《心得尽在笔记取舍和材料钩沉中》，但我们如何才能有效地通过这样的著述形式去体味钱先生的心得呢？这好像比较难。

王水照：《文汇报》的这个标题取得很好，抓住了《中文笔记》的特点。《中文笔记》基本部分是抄书，但抄书为什么抄这条而不抄那条，这种取舍确实蕴含着钱先生的读书心得。另一方面也确实如你所言，这也是我们研究这部书最大的困难。在目前情况下，要读懂《中文笔记》，比读懂《管锥编》《容安馆札记》更困难，毕竟《容安馆札记》眉目还是清楚的，钱先生的评语也还比较多。《中文笔记》许多地方就只有材料抄录在那里，我们恐怕是真的读不出钱先生的心得。

就我目前的阅读感受来说，可以有两个办法：第一个办法，《中文笔记》里有少量的眉批和行间的短批，三言两语，文字虽少却很重要，这自然是了解钱先生心得的重要途径；第二个办法，就是充分利用钱先生自身著作之间的“互文性”，我们可以将钱先生留下的著作看成一个系统，中间有许多相关的问题相互勾连、相互映照，这则材料在《谈艺录》《宋诗选注》《管锥编》或者《容安馆札记》中，他是不是用过？如果用过，那么我们可能就会知道钱先生抄录的这则材料意义之所在，从而体会钱先生笔记的心得。

比如，钱先生生病期间“手不应心”写的读柳宗元集，记下了柳宗元的《南霁云睢阳庙碑》一文。大家知道，韩愈写过一篇《张中丞传后叙》，里面有个人物叫南霁云，柳宗元这篇文章就是给南霁云写的庙碑。钱先生为什么要记录这篇文章呢？他有批语云："俪偶之文。黄震曰：晦翁考为晚年所作，岂自隳以从俗耶?"可见，钱先生记录这篇文章，其用意在于注意到了柳文的文体是骈文而非古文，这对于更全面了解韩柳古文创作与古文运动的关系，是有意义的。黄震自己的考证，认为这篇文章是柳宗元的"少作"，又引朱熹考证为晚年之作作为注文。很明显，钱先生把这些材料抄录在这里，是从古文与骈文的关系中注意到这篇文章的。

又比如韦庄《秦妇吟》，共1666字，大概是最长的唐诗了，钱先生将它全文抄录。关于《秦妇吟》我有更多的感受。当时我在文学所参加《唐诗选》的工作，一般唐诗选本是不选《秦妇吟》的，那时恰好政治环境相对宽松一点，我就提议《秦妇吟》可不可以选入。选入理由一是黄巢起义这个重大历史事件，在这首诗中得到较全面的反映；另外我国诗歌像这么大篇幅的长篇叙事诗比较少，它在叙事艺术上有所发展。后来钱先生对我说，中国的叙事诗，结尾好的不多。《秦妇吟》假托秦地女子，经历了黄巢动乱逃出来，遇到作者倾诉，全诗以秦妇的第一人称叙述下来，结尾突然说"避难徒为阙下人，怀安却羡江南鬼"。韦庄写作此诗时要投奔镇海军节度使周宝，这篇作品是要投献周宝的。从全诗来看，结尾是存在缺陷的。当时钱先生跟我谈的不多，这次看《中文笔记》，里面就说得比较清楚了。他抄录《秦妇吟》后，批了三条意见，首先是评结尾："一味颂祷，浑忘已与此妇对语矣。参观少陵《石壕吏》'天明登前途，独与老翁别'，香山《琵琶行》'座中泣下谁最多，江州司马青衫湿'，两种结法。"钱先生认为《石壕吏》《琵琶行》的结尾和前文是呼应的，《秦妇吟》的结尾完全脱离前文叙述。其他几条，这里不谈了。可见这些少量的评语，为我们了解他的心得，指示了途径。

侯体健：有些人认为《钱锺书手稿集》其实是钱先生咀嚼过的剩下的没用材料，您怎么看？从《中文笔记》中，我们能看到钱先生未完成著作的端倪吗？

王水照：这是一个大大的误解。《中文笔记》绝对不是用剩的边角料，也不是咀嚼多遍的废渣，它仍然是一部具有独到内容和学术价值的著作。别的且不说，至少我们可以从中寻找"《管锥编》续编"。

钱先生《管锥编》出版后，他自己在多个场合说过将有续编的，至少有《全唐文》，有韩愈，有杜甫。有的在《管锥编》里还注明了。比如论《全唐文》，我们在《容安馆札记》中摘录到十万多字。我想，在《中文笔记》中应该有更精彩的内容。

钱先生说要写韩愈，从《中文笔记》中，我们发现他对韩愈的看法是非常独特的，可能会直接影响到我们目前对韩愈的研究。韩柳古文运动，新中国成立以后，一段时间内是充分肯定的。因为当时我们也强调文学要为现实服务，为政治服务，而韩愈古文运动的主要口号就是“文道合一，以道为主”。这个观念和当时政治上的文艺要为无产阶级服务，为工农兵服务，在某种程度上有契合的地方，所以那时对韩柳古文运动的评价是较高的。新时期以来，我们的文学观念有所改变，强调要回归文学本身，讲究文学的艺术特点等，所以对韩柳古文运动的评价，就低了些。一些重要的文学史著作，就把韩愈的古文运动，归结为功利主义的教化中心论，认为韩愈把文学当作政治的附庸，成为传道的工具，评价比较低。我原来有个看法，把古文运动定位为“借助儒学复古的旗帜，所进行的一场关于文体、文风和文学语言的改革运动”。韩愈当然是要传道的，但传道仅仅是他的旗帜，他的中心还是在传文。苏东坡《潮州韩文公庙碑》评价韩愈“文起八代之衰，道济天下之溺”，从文和道两方面对韩愈进行评价，文、道并举，当然是对的。在韩愈的主观上，是既要传道，又要传文的。但从他的理论本身和写作实践来看，他真正传道的文章并不多，主要就是“五原”，他大量的文章都是有感而发的。如果他仅仅是要将文章作为政治的附庸，那么韩愈的散文艺术恐怕就无法取得这么高的成就。这是我原来的看法。这次阅读《中文笔记》，看到钱先生的评论，我觉得有点底气了。在《中文笔记》第10册中，钱先生论韩愈道与文的关系，从李汉的《韩昌黎文集序》讲起，这篇序言一开始就说“文者，贯道之器也”，但李汉一路写下来，却只是推重昌黎之文而不及其道，他所谓“摧陷廓清”所言就是文，是“先生于文摧陷廓清之功”。钱先生又举了一些具体例子，昌黎的《答窦秀才书》里说自己“发愤笃专于文学”，《上兵部李侍郎书》里说“性本好文学”，《与陈给事书》里说“愈也道不加修，而文日益有名”，最后钱先生说“皆分明主‘文’”，“可见昌黎为文与学道，分成两橛”。钱先生论韩愈《原道》，称赞“仁与义为定名，道与德为虚位”，“两语精工”，接下来一段“辟佛语已透宋儒辟佛之说”：“今也欲治其心，而外天下国家，灭其天常；子焉而不父其父，臣焉而不君其君，民焉而不事其事”，钱先生说“领袖之道，尽此数语”，意思是说韩愈举起辟佛的旗帜，也就只说了这么几句话而已。所以，韩愈在儒学上，并未独立成家。从这里来看，韩愈古文运动的性质，究竟是偏向“文”，还是偏向“道”，应该从他的写作实践本身来进行定位。

另外，关于古文、骈文、八股文之间的关系，钱先生在《中文笔记》中也多有讨论。钱先生对骈文是非常喜欢的，他隶籍常州，常州是清代骈文重镇。钱先生在给别人的信中，谈到他对常州先哲们的骈文，多有能背诵的。他对骈文的起源问题，早在清华读书时，就有所论述，见于他的《上家大人论骈文流变书》。钱先生对唐代韩柳与骈文的关系，也有自己的看法。他说韩愈偶然也写骈文，但写得不好，“木强质滞”，柳宗元的骈文比较圆熟，但也“未有工丽”。原因在于，韩柳对骈文的态度有一些区别。韩愈虽写骈文，但是不屑为之；柳宗元能写，但是未能升堂入室。这个看法，与前人的见解多有不同，颇堪重视。关于骈文与八股，钱先生认为“八股实本之于骈俪之文”。他举了两个例子，一个是韩愈的《原道》，认为此文开八股之先河，这个观点在《容安馆札记》中已经有过，《中文笔记》里又出现了。《原道》开篇“博爱之谓仁，行而宜之之谓义；由是而之焉之谓道，足乎己无待于外之谓德”，就是八股文中的破题。该文的篇章结构，也是符合后来八股文起承转合的标准的，暗藏八股结构。《原道》是韩愈第一篇传道之文，这篇文章在韩愈手里，讲究的还是表达方法。钱先生认为，八股之文，后来越来越僵化，自然不足道，但从八股文中抽象出来的“起承转合”的思维模式、逻辑推理的规律，从文章写作角度来说是对的。即使像《原道》这样的应用性文字，在钱先生看来，韩愈最讲究的还是在于文章写作本身，钱先生还是从文章审美的角度来评价的。另一个例子是柳宗元的《国子祭酒兼安南都护御史中丞张公墓志铭》，这篇墓志中有两长联，钱先生认为此“骈体长句，似为后世制艺中之二比”，也就是说柳宗元的骈文已有八股的气息。这样的观点，值得重视。钱先生读《全唐文》的一些论断，是值得我们深入思考的。

由上可见，不是有了《管锥编》，《中文笔记》就没用了，《中文笔记》里有许多《管锥编》还没来得及发挥的好东西。

五、精微·会通·自得：钱先生的学术境界

侯体健：从宋诗研究角度来说，您认为《钱锺书手稿集·中文笔记》提供了什么新东西？您阅读《中文笔记》最强烈的感受是什么？

王水照：从宋诗研究角度来说，我首先关注的就是苏东坡。因为苏轼是宋代最大的诗人，但是钱先生除了在《宋诗选注》里给他写了个小传，《容安馆札记》里没有专门的读苏条目，而在《中文笔记》中却发现了多处评论苏轼的批注。比如他评竟陵派谭元春《东坡诗选》十二卷，谭友夏提出，当时有人认为“东坡诗不如文，文通而诗窒，文空而诗积，文净而诗芜，文千变不穷，而诗固一法足以泥人”，而他认为“诗或以文为委，文或以诗为委，问其原如何耳。东坡之诗，则

其文之委也”。钱先生批道:“议论好。盖谓东坡之诗太尽也,自是的评。”之后又引了许多古人的评论。钱先生这段批语,实际上牵涉到苏轼以文为诗的问题。我们一定对钱先生在《宋诗选注》中谈苏轼诗歌的比喻印象很深刻,特别是他谈苏轼《百步洪》中的“博喻”,比之如车轮战,让人应接不暇。这是从正面的修辞效果来说的。从反面来说,也就是“尽”,不留馀地,这实是散文的写法。在《中文笔记》中,钱先生还对苏诗进行了一些考辨,也多有收获。

还有一个诗人王令。王令是钱先生很喜欢的宋代诗人,本来文学史不是太注意他,但钱先生在《宋诗选注》中将他评为“宋代里气概最阔大的诗人”,在宋诗浪漫气息普遍缺乏的情况下,王令是比较特殊的。由于钱先生的表彰,我们在文学史研究中也就开始比较在意王令了,这是宋诗研究中比较重要的一件事情。但《中文笔记》里有这么一条:“阅王逢原《广陵先生文集》毕。古诗奇崛而优闲,极得昌黎之秘,但肌理逊其密致,词藻输其古茂,遂亦如慢肤多汗耳。亦时时参以玉川、东野。近诗太粗直,文亦排奡而恨繁冗。死才二十八岁,诗中多叹老嗟卑语,又多老□□儒正襟危坐道学语。”从《中文笔记》到《宋诗选注》,对王令的评价,有同有异:诗风奇崛,学韩、孟等是一致的,但又从宋诗的整体风格中,突出他是“气概最阔大的诗人”,从这个着意强调中又可以体会他对王令评价的精进，永不僵化。

我现在读《中文笔记》，最大的心得就是钱先生评论同一个作家，总是从不同的角度切入，往往有细致的差别，甚至还有整个评价完全相反的，这当然是另有原因的。比如对华岳的评价，在《宋诗选注》中是完全肯定的，是“爱国志士”，但在《容安馆札记》中批评得很厉害。这个原因是很显然的，就是编《宋诗选注》时政治风气的影响。我感兴趣的是艺术评论，在不同的语境中，钱先生对同一个作家的定位大致相同，但仍然有许多审美批评上的差异，这些差异没有对错之分，而是由于切入角度不同带来的。举两个例子，一个是王安石，另一个是梅尧臣。我在《文学评论》上发表的《〈钱锺书手稿集·容安馆札记〉与南宋诗歌发展观》一文里也谈到这个问题。钱先生在《谈艺录》《宋诗选注》、重订《谈艺录》《容安馆札记》《中文笔记》等书中都对梅尧臣诗歌有所评论，而这些评论又都存在一些细微的差别。比如《谈艺录》中以为梅诗不能与孟郊诗并肩，缺点明显；在《宋诗选注》中词锋犀利而揶揄，说梅诗“‘平’得常常没有劲，‘淡’得往往没有味”；重订《谈艺录》时，他又说读《宛陵集》“颇有榛芜弥望之叹”。在《容安馆札记》中，钱先生评梅尧臣的诗说：“力避甜熟乃至遁入臭腐村鄙，力避巧媚乃至沦为钝拙庸肤，不欲作陈言滥调乃至取不入诗之物、写不成诗之句，此其病也。”也就是说，梅尧臣诗歌缺点之所以出现，是有其原因的，乃是他要力避甜熟、力避巧媚，不作陈言滥调，是要改革当时诗风而出现的。这是从诗歌发展史的立场上来评价梅尧臣，而不是封闭式地谈梅诗的缺点。虽然与之前的评价总体相似，但切入角度不同，这是相当深刻的。而在《中文笔记》中，他说：“宋诗之有宛陵，如唐诗之有次山（元结）……造语平质近拙，而意思能细折，直起直落，全无腾拏作势取姿之态，唐宋两代，绝无仅有。”这些评价，在之前是没有的。

我们看钱先生的学术评论，有人疑惑究竟哪个观点是钱先生真实的见解，因为总是存在一些不同的说法，似乎总是在改变，他曾经开玩笑给自己一个谥号“钱文改公”，他的著作也不断地在改。我觉得，原因在于对象本身的多元性，容许也应该从不同方面进行解读，所以在他的学术研究中，没有唯一的结论，更没有最后的结论。他早年写《中国文学小史序论》就曾经强调文学无法定义，他说文学像“天童舍利，五色无定，随人见性”。这句话看上去玄乎，带有不可知论的味道，但实际上是深刻地把握了文学的本质，各种事物也好，文学现象也好，总不是单方面的，而是多方面的。这是我个人此次粗读《中文笔记》最大的感想。

王安石是另一个突出的例子。钱先生在《谈艺录》中，总评王诗时有褒贬，但贬重于褒，尤其是对其“巧取豪夺”的指责：“每遇他人佳句，必巧取豪夺，脱胎换骨，百计临摹，以为己有”，可谓入骨三分。在《宋诗选注》中，那句“后来宋诗的形式主义却也是他培养了根芽”，分量很重，在当时的学术语境中，这一贬斥，带有毁灭性质。《容安馆札记》只见少许赏会作品之语，未见总体评骘意见。《中文笔记》第二册中却有一大段评述：“荆公兼擅各体，而五七古、七绝尤为粹美。其古诗凝而不生涩，有力于欧，逸于梅，劲而能适，未酣放耳。其以文为诗处，直起直落，北宋无第二人。惟说理语、参禅语太多而不佳。五律雅有唐音，往往有似摩诘，拗相公恬淡如是，亦一奇也。七律对仗精切，一代无两，笔气矫挺。惜太半为词头所坏，纯粹者少。七绝则几乎篇篇可传矣。大体论之，荆公诗劲挺，是其所长，稍欠顿宕开阖，故笔阵轻疾稍□单□。要之是大作手，不下东坡，袁随园、潘养一辈正未知也。”这段170字左右的总评，除个别处外，均是颂扬一片，这在钱先生的评诗中极为罕见，“不下东坡”的“大作手”之评，尤为醒目。将其与他其他评论王安石诗歌的意见“捉置一处”，对勘互验，更会引出一系列的问题：是视角不同，横看成岭侧成峰，因而结论有异？是写作的具体时期、背景不同，评诗的标准有所调整？各处所言各有侧重，都非率意之笔，有其自己的理路与立场，但又如何综合考量？王国维评周邦彦，从词品拟为“娼妓”

到"词中老杜",至今仍是词学研究中的一道难题,钱先生似乎也提出了相类的新课题。

侯体健:曾有一种说法,钱先生的治学只是为卖弄记忆,而不是真正的学术研究。您对这种论点怎么看?

王水照:刚刚辞世的朱维铮教授,曾经长期担任上海电视台《大师》节目的顾问,他留下两句中肯的话:评价大师不要陈义过高,也不能谬托知己。我很认同这两句话,我们不能因为心存崇敬之情,而与研究对象粘合得太紧,但是,对钱先生留下来的学术遗产,我们又很难真正地贴近,很难真正洞悉他的底蕴。钱先生留下来的著作,绝大部分都是传统形式,《谈艺录》是诗话,《宋诗选注》是选本,《管锥编》是笔记。他的论文,从《旧文四篇》到《七缀集》,也与一般的学院派论文不在一个路数。虽然著作形式是传统的,但它们的内容却完全是新的,完全是用现代人的眼光对古今中外文学现象、文学资料的梳理、分析与阐发。在这些著作中,《手稿集》的形式是碎片式的,其内容及意义"所指"是不确定的,"能指"更是多意域、多向度的,怎样去接近钱先生创造的学术世界和达到的学术境界,是我们面对的重要问题。由于这些原因,对《钱锺书手稿集》从学术层面上进行解读的文章还很少,是需要我们艰苦努力地去钻研的课题。

几年前我曾应邀为台湾一家研究机构题词，写下了明代思想家王廷相的三句话："潜心积虑以求精微，随事体察以验会通，优游涵养以致自得。"精微、会通、自得，当时我心中想到的就是钱先生的学术境界。钱先生的生命与学术是合二为一的，他的读书笔记就是他外在的生命形式，我想，从某种意义上来说，钱先生这样的学者才是在进行真正的学术研究，而不是相反。

附录　本书所涉与钱锺书先生相关文献

钱锺书《宋诗选注》,人民文学出版社,1963 年。

钱锺书《旧文四篇》,上海古籍出版社,1979 年。

钱锺书《管锥编》,中华书局,1979 年。

钱锺书《谈艺录》,中华书局,1984 年。

钱锺书《七缀集》,上海古籍出版社,1985 年。

钱锺书《槐聚诗存》,生活·读书·新知三联书店,1995 年。

钱锺书《钱锺书散文》,浙江文艺出版社,1997 年。

钱锺书《钱锺书手稿集·容安馆札记》,商务印书馆,2003 年。

钱锺书《钱锺书集》,生活·读书·新知三联书店,2007 年。

钱锺书《钱锺书手稿集·中文笔记》,商务印书馆,2011 年。

钱锺书《钱锺书手稿集·外文笔记》，商务印书馆，2014年—2015年。

杨绛《记钱锺书与〈围城〉》，湖南人民出版社，1986年。

杨绛《我们仨》，生活·读书·新知三联书店，2003年。

杨绛《干校六记》，生活·读书·新知三联书店，2010年。

《钱锺书研究》第一辑，文化艺术出版社，1989年。

蔡田明《〈管锥编〉述说》，中国友谊出版公司，1991年。

张文江《营造巴比塔的智者·钱锺书传》，上海文艺出版社，1993年。

李明生等编《文化昆仑：钱锺书其人其文》，人民文学出版社，1999年。

何晖、方天星编《一寸千思：忆钱锺书先生》，辽海出版社，1999年。

沉冰主编《不一样的记忆：与钱锺书在一起》，当代世界出版社，1999年。

《钱锺书研究集刊》第三辑，上海三联书店，2002年。

汤晏《一代才子钱锺书》，上海人民出版社，2005年。

吴学昭《听杨绛谈往事》，生活·读书·新知三联书店，

2008年。

小川环树《钱锺书的〈宋诗选注〉》，载日本京都大学《中国文学报》第十册，1959年4月。

夏承焘《如何评价〈宋诗选注〉》，载《光明日报》1959年8月2日。

孔芳卿《钱锺书京都座谈记》，载《明报月刊》1981年1月。

彦火《钱锺书访问记》，载《明报》1981年6月24日。

柯灵《促膝闲话中书君》，载《读书》1989年第3期。

杜松柏《钱锺书宋诗选注之评注》，载《宋代文学与思想》，台湾学生书局，1989年。

陆文虎《钱锺书"锺书"述略》，载《科技文萃》1992年第2期。

柳苏《钱锺书和聂绀弩》，载《万象》2000年第1期。

杨绛《记〈宋诗纪事补正〉》，载《读书》2001年第12期。

绿原《几次和钱锺书先生萍水相逢》，载《新文学史料》2002年第3期。

徐公持《古代组"老先生"印象记》，载《新文学史料》2003年第2期。

谢泳《钱锺书与清华"间谍案"》，载《新文学史料》

2003年第4期。

杨建民《钱锺书为何不选〈正气歌〉》，载《中华读书报》2003年6月11日。

荒井健《〈围城〉周围之七——钱锺书书信九通》，载日本飙风会《飙风》第37号，2003年12月。

弥松颐《"钱学"谈助》，载《人民政协报》2005年4月18日。

刘再复《钱锺书先生纪事》，载《东方早报》2009年11月15日。